«rororo opernbücher» sind Werkmonographien des Musiktheaters. Sie dokumentieren und interpretieren bedeutende Einzelwerke der Operngeschichte.
Außer dem Textbuch (bei fremdsprachigen Opern mit neuer wortgetreuer Übersetzung) enthalten die Bände ausgewählte Quellentexte, Zeugnisse der literarischen Rezeption und Bildmaterialien, die einen Überblick über die Entstehungs- und Wirkungsgeschichte der jeweiligen Oper vermitteln. Der eigens für jeden Band der Reihe von einem Fachautor verfaßte Essay interpretiert und kommentiert das Werk aus heutiger Sicht und stellt so die Verbindung her zwischen dessen historischen und aktuellen Aspekten.

Richard Wagner

Parsifal

Texte, Materialien, Kommentare

Herausgegeben von Attila Csampai
und Dietmar Holland

rororo sachbuch
RICORDI
Rowohlt

Originalausgabe
Zusammengestellt und
erläutert von
Attila Csampai
und Dietmar Holland
Fachmusikalische und
redaktionelle Mitarbeit:
G. RICORDI & Co.,
Bühnen- und Musikverlag
GmbH, München
Redaktion Beate Menzel
Umschlagentwurf
Ingeborg Bernerth
(Umschlagfoto
von Maria Eggert:
Walter Raffeiner als Parsifal
in der Schlußszene der
Frankfurter Inszenierung
von Ruth Berghaus)
Veröffentlicht
im Rowohlt Taschenbuch
Verlag GmbH,
Reinbek bei Hamburg,
April 1984

Satz Times (Linotron 404)
Gesamtherstellung
Clausen & Bosse, Leck
Printed in Germany
1880-ISBN 3 499 17809 5

«Es wird ein Stück aufgeführt werden in Deutschland, wogegen die französische Revolution nur wie eine harmlose Idylle erscheinen möchte.»

Heinrich Heine

«Indem wir Kirche, Christentum, ja die ganze Erscheinung des Christentums in der Geschichte schonungslos daran geben, sollen unsere Freunde immer wissen, daß dies jenes Christus willen geschieht, den wir in seiner vollen Reinheit [...] uns erhalten wollen, um [...] ihn mit hinüberzutragen in jene furchtbaren Zeiten, welche dem notwendigen Untergange alles jetzt Bestehenden folgen dürften.»

Richard Wagner

«Wagner hätte, nach dem Verbrechen des ‹*Parsifal*›, nicht in Venedig, sondern im Zuchthaus sterben sollen.»

Friedrich Nietzsche

«Was ist aus diesem hochbegabten Burschen geworden, der mit ‹*Rienzi*› so schmetternd verheißungsvoll begonnen hat? Warum mußte er zum Hitler der dramatischen Musik werden?»

Hans Weigel

Inhalt

Egon Voss

Wagners ‹Parsifal› – das Spiel von der Macht der Schuldgefühle

Im November 1880 dirigierte Wagner in München das Vorspiel zu *‹Parsifal›* in einer Privataufführung für Ludwig II. von Bayern. Aus diesem Anlaß verfaßte er eine Erläuterung zu dem Stück (vgl. Seite 114), die überschrieben ist mit «Liebe – Glaube –: Hoffen?» Diese Begriffskonstellation ist – das ist leicht erkennbar – diejenige des 1. Korintherbriefes 13. Kapitel Vers 13, welcher lautet: «Nun aber bleibt Glaube, Hoffnung, Liebe, diese drei; aber die Liebe ist die größte unter ihnen.» Johannes Brahms vertonte diese Zeilen innerhalb des letzten seiner *‹Vier ernsten Gesänge›* op. 121 – auch sie ein Alterswerk wie *‹Parsifal›*. Brahms ließ in seiner Komposition den Bibeltext unangetastet und pries mit dem Apostel Paulus die Liebe als die größte Kraft und Fähigkeit auf Erden. Wagner dagegen mochte es bei der Auffassung des Korintherbriefes nicht belassen; er nahm eine Uminterpretation vor. In seiner Erläuterung des *‹Parsifal›*-Vorspiels ist nicht mehr die Liebe das größte der drei Phänomene, sondern die Hoffnung, und auch der Glaube scheint danach noch über der Liebe zu stehen.

Dennoch ist das Hauptthema nahezu aller Opern, die Liebe, auch im *‹Parsifal›* von zentraler Bedeutung. Im Gegensatz aber zu Wagners anderen Opern wird nicht die Liebe zwischen einem bestimmten Mann und einer bestimmten Frau dargestellt: ein Paar, dessen Liebesgeschichte Gegenstand der Handlung wäre, gibt es im *‹Parsifal›* nicht.[1] Daß in Hans-Jürgen Syberbergs *‹Parsifal›*-Film am Ende Kundry als Gralskönigin neben Amfortas aufgebahrt erscheint, ist als Rehabilitierungsversuch für Kundry aller Ehren wert und als Regieeinfall selbstverständlich legitim, stellt jedoch eine Deutung dar, für die es in Wagners Text nicht den geringsten Anhaltspunkt gibt. Von einer Beziehung zwischen Kundry und Amfortas, die über erotische Anziehung und das gemeinsame Erlebnis sexuellen Glücks, hinausginge, kann überhaupt nicht die Rede sein. In-

1 Wagner veränderte damit – bezeichnenderweise – seine Vorlage, Wolframs von Eschenbach Epos *‹Parzival›*, in dessen Verlauf eine ganze Reihe von Paaren, Liebes- wie Ehepaaren, auftritt, unter ihnen auch der Titelheld.

dem Wagner darauf verzichtete, die Liebe eines Paares darzustellen, klammerte er alle Eigenschaften, Züge und Aspekte aus, die für die Beziehung eines Paares neben und jenseits von Erotik und Sexualität charakteristisch und wichtig sind, wie zum Beispiel allgemeine Sympathie füreinander, gegenseitiges Verständnis, Solidarität, Anerkennung und Bewunderung oder – was nicht eben selten ist – symbiotisches Aufeinanderangewiesensein. Durch den Verzicht auf diese häufig zentralen Elemente der Beziehung eines Paares ist ausgeschlossen, daß der Zuschauer (oder der Leser des Textbuches) die dargestellten Beziehungen zwischen Mann und Frau – Kundry und Parsifal auf der einen, Kundry und Amfortas auf der anderen Seite – im Sinne der Liebe eines Paares mißversteht. Im *‹Parsifal›* erscheinen die Beziehungen zwischen Mann und Frau reduziert – oder auch konzentriert – auf Erotik und Sexualität.

Diese Reduktion und Konzentration geschieht nun freilich nicht, um zu demonstrieren, daß die Erfüllung sexueller Wünsche ein großes Glück bedeuten kann und daß Sinnenlust, gelebte Erotik ein selbstverständlicher und notwendiger Bestandteil eines erfüllten glücklichen Lebens ist.[2] Das Glück der Liebe in diesem Sinne spielt im *‹Parsifal›* kaum eine Rolle, und derjenige, der es wenigstens einen Augenblick lang erfuhr, Amfortas, muß bitter dafür büßen. Im *‹Parsifal›* erscheint die Liebe vielmehr als Qual. Nach Kundrys Kuß ruft Parsifal aus (zweiter Aufzug): «Hier! Hier im Herzen der Brand! Das Sehnen, das furchtbare Sehnen, das alle Sinne mir faßt und zwingt! Oh! – Qual der Liebe!» Ob Parsifal, Amfortas, Klingsor oder Kundry – alle sind von diesem «furchtbaren Sehnen» ergriffen und leiden darunter, wie ihre Äußerungen belegen. Die Liebe erscheint als Menschheitsgeißel, die nicht einmal vor denen haltmacht, die sich von vornherein von ihr abgewandt haben. Nichts anderes hat es zu bedeuten, daß die Geschichte, die im *‹Parsifal›* erzählt wird, in einer Gesellschaft keuscher Männer spielt. Gezeigt werden soll, daß auch diese Charakterfesten, Auserkorenen, nicht gefeit sind gegen die sinnlichen Begierden, gegen den Wunsch nach Körperlichkeit, Sinnenlust, Sexualität. Parsifal, die Titelfigur, beschreibt den täglich neuen qualvollen Umgang der Gralsritter mit der Sinnlichkeit sehr anschaulich und eindringlich, wenn er sagt, er «sah die Brüder dort in grausen Nöten den Leib sich quälen und ertöten»[3]. Aber nicht nur der einfache Knappe und der

2 Auch in diesem Punkt weicht Wagner von Wolfram von Eschenbach ab, der in seinem Epos stets aufs neue beschreibt, welch großes Glück Männer wie Frauen in der Sexualität finden.

3 Auch in Wolframs von Eschenbach Epos wird von den Mitgliedern der Gralsgesellschaft Keuschheit gefordert, aber niemand leidet darunter. Wer nicht auf die Liebe verzichten möchte, gerät dadurch nicht in Konflikte; er muß lediglich den Gral verlassen. Dem Gralskönig ist sogar innerhalb des Grals zu heiraten gestattet.

namenlose Ritter sind der ständigen Bedrohung durch die Sinnlichkeit ausgesetzt; den Königen und denen, die es werden wollen, geht es nicht anders. Parsifals Ausruf nach Kundrys Kuß, der ein Beleg dafür ist, wurde schon zitiert; Klingsor glaubt die Lösung darin zu finden, daß er sich selbst entmannt[4]; Amfortas vermag schließlich sogar nicht zu widerstehen und gibt sich hin: Selbst der Gralskönig, der ausgezeichnetste der Menschen (in des Wortes ursprünglicher Bedeutung), verfällt der Liebe.

«Schrecklichster Triebe Höllendrang»

Gurnemanz – wie es scheint, Zeuge von Amfortas' Liebesabenteuer[5] mit Kundry – beschreibt die Szene unmißverständlich: «ein furchtbar schönes Weib hat ihn entzückt: in seinen Armen liegt er trunken». Dem unvoreingenommenen Betrachter bezeichnen diese Worte nichts anderes als einen Zustand des Glücks. Amfortas' Verhalten erscheint normal-kreatürlich, human als dem Menschen angemessen, der nicht nur Geist und Seele hat, sondern auch einen Körper. Nicht so im ‹*Parsifal*›. Hier sind sich alle einig, die Mitglieder der Gralsgesellschaft ebenso wie Kundry, Klingsor und Parsifal, daß die Sinnlichkeit verwerflich sei. Die Lust ist böse. Wenn Gurnemanz von der «bösen Lust» spricht, zu der Klingsors Blumenmädchen die Gralsritter erwarten, dann mag die Formulierung im ersten Augenblick suggerieren, als gäbe es auch eine gute Lust, doch von der ist an keiner Stelle die Rede; das Attribut «böse» dient nicht der Unterscheidung, sondern der Verstärkung. In der Welt des ‹*Parsifal*› wird nicht zwischen guter und böser Sinnlichkeit unterschieden; die Sinnlichkeit ist unteilbar, und es duldet keinen Zweifel, daß sie des Teufels ist. Nicht zufällig erscheinen Gurnemanz die Mädchen aus Klingsors Zaubergarten als «teuflisch holde Frauen», und ebenso bewußt gewählt sind die Namen und Charakterisierungen, mit denen Klingsor Kundry anruft, nämlich «Ur-Teufelin», «Höllen-Rose», «des Teufels Braut». Die Frau ist im ‹*Parsifal*› ganz in der Rolle der alttestamentarischen Verführerin, selbst verführt vom Teufel und, ohne sich dessen recht bewußt zu sein, des Teufels Werkzeug. Es leuchtet ein, daß gerade sie der Erlösung bedarf, und es

4 Eine der tiefgreifendsten und aufschlußreichsten Veränderungen Wagners gegenüber der Vorlage: Bei Wolfram von Eschenbach wird Klingsor vom Ehemann der Frau, mit der er ein Liebesverhältnis hat, entmannt, gewaltsam und gegen seinen Willen.

5 Im Prosaentwurf von 1865 bezeichnet Wagner Amfortas' Begegnung mit Kundry als «Liebesabenteuer» (vgl. Richard Wagner, Sämtliche Werke, Band 30, Dokumente zur Entstehung und ersten Aufführung des Bühnenweihfestspiels Parsifal. Hg. v. Martin Geck und Egon Voss, Mainz 1970, S. 68, *und im vorliegenden Band S. 92)*.

versteht sich fast von selbst, daß nur ein Mann, der der Verführung durch die Frau widersteht, der Erlöser sein kann. In Parsifals Worten gegenüber Kundry ausgedrückt: «Auch dir bin ich zum Heil gesandt, bleibst du dem Sehnen abgewandt. Die Labung, die dein Leiden endet, beut nicht der Quell, aus dem es fließt: das Heil wird nimmer dir gespendet, eh' jener Quell sich dir nicht schließt.» Das Paradies wird durch jenen Adam zurückgewonnen, der Evas Verführung nicht zum Opfer fällt. So gesehen ist Wagners *‹Parsifal›* ein Spiel von der Aufhebung des Sündenfalls.

Es sind jedoch gar nicht so sehr die Frauen, von denen die Bedrohung durch die Sinnlichkeit ausgeht. Das zentrale Problem der Männer im *‹Parsifal›* ist ihr Umgang mit der eigenen Sexualität, ganz unabhängig von den Frauen, ihren Reizen und der Verführung, die von ihnen ausgeht. Das Verlangen nach Sinnlichkeit, nach sexueller Lust wird buchstäblich am eigenen Leib erfahren. Klingsor spricht von «ungebändigten Sehnens Pein! Schrecklichster Triebe Höllendrang.» Die Formulierungen zeigen, wie heftig und überwältigend dieses Verlangen nach Sinnlichkeit ist, wie selbstverständlich strikt aber auch die Überzeugung von seiner Verwerflichkeit, und wie quälend, ja existenzbedrohend es in Konsequenz dessen erlebt wird. Die Sehnsucht nach Ausleben der Sinnlichkeit, nach Befriedigung der sexuellen Bedürfnisse und Wünsche kann ja nur dann als Hölle erlebt werden, wenn diese Sehnsucht für böse und verwerflich gehalten wird.

Parsifal, der die eigene Sexualität zum ersten- und vermutlich auch zum einzigenmal bewußt nach Kundrys Kuß zu spüren bekommt, charakterisiert das Verlangen nach Sinnlichkeit noch treffender, wenn er feststellt: «Wie alles schauert, bebt und zuckt in sündigem Verlangen!» Analog heißt es von Klingsor, der sich entmannte, weil er aus dem Zwiespalt zwischen Sinnlichkeit und Schuldgefühl keinen anderen Ausweg wußte, er sei unfähig gewesen, «in sich selbst die Sünde zu ertöten». Der Sinnlichkeit nachzugeben, ist also nicht nur ein Vergehen im Sinne einer strafbaren oder zumindest für unmoralisch geltenden Handlung, die denjenigen, der sie begeht, gesellschaftlich in Mißkredit bringt, sondern es ist eine *Sünde*, eine Schuld von religiöser, existentieller Bedeutung. Folgerichtig werden diejenigen, die sich von Klingsors «teuflisch holden Frauen» haben verführen lassen, als «verdorben» bezeichnet, und von Amfortas, dem Musterbeispiel des Sünders, heißt es in bezug auf Kundrys Kuß: «das Heil der Seele entküßte ihm der Mund». Die Verknüpfung von Lust und Verworfenheit ist kaum anschaulicher auszusprechen. Bezeichnenderweise ist es Parsifal, der diese Formel prägt. An späterer Stelle geht er noch einen Schritt weiter, indem er der Hingabe an Sinnlichkeit und Sexualität eine geradezu apokalyptische Dimension verleiht: Die Sehnsucht nach der Erfüllung der sexuellen Wünsche nennt er «der Verdammnis Quell». Im Zusammenhang lautet die Stelle: «Doch wer erkennt ihn klar und hell, des einz'gen Heiles wahren Quell? Oh, Elend! Aller Rettung Flucht! Oh, Weltenwahns Umnachten: in höchsten Heiles heißer Sucht nach der Verdammnis Quell zu schmachten!»[6]

Der Begriff der Sünde erscheint im ‹*Parsifal*› nahezu reduziert auf die Hingabe an die Sexualität. Es duldet jedenfalls keinen Zweifel, daß einzig und allein die Keuschheit die Voraussetzung für die Mitgliedschaft in der Gralsgesellschaft bildet. Wer nicht keusch ist, findet den Weg zum Gral nicht; zu ihm gelangt man nur «auf Pfaden, die kein Sünder findet». Andere Vergehen dagegen hindern nicht daran, Knappe, Ritter oder gar König des Grals zu werden. Wagner hat an einer ganzen Reihe von Verfehlungen, die im Verlaufe der Handlung vorgeführt oder erzählt werden, deutlich gezeigt, daß allein der Verstoß gegen das Gebot der Keuschheit von Gewicht ist. Die müden Knappen zu Beginn des ersten Aufzugs, die statt Wache zu halten, die Nacht verschlafen und sich kaum vom Weckruf der Posaunen aus dem Schlaf holen lassen, sind alles andere als Muster an Unermüdlichkeit und Pflichterfüllung, und der Ritter Gawan kommt und geht, so hat man den Eindruck, wann und wie es ihm gefällt. Amfortas tadelt ihn zwar – wie Gurnemanz zuvor die verschlafenen Knappen –, daß er die Gralsgebote schlecht halte, aber andere Konsequenzen als den mündlich ausgesprochenen Tadel gibt es nicht. Auch Parsifal, dessen Vergehen ungleich gewichtiger sind, kommt ungeschoren davon. Weder daß er von zu Hause fortgelaufen ist und auf diese Weise den Tod seiner Mutter zumindest mitverschuldet hat, noch seine Tötung des Schwans im heiligen Bezirk des Grals stellen Schuld dar, die ihn von der Gralswelt ausschließt. Nicht einmal, daß er Kundry nach der Nachricht vom Tode seiner Mutter kurzerhand an die Kehle springt, hat irgendwelche Konsequenzen. Gurnemanz läßt an der Verwerflichkeit dieser Taten zwar keinen Zweifel und führt Parsifal seine Schuld eindringlich zum Bewußtsein, aber es sind Taten, die derjenige, der sie begangen hat, durch Einsicht in seine Schuld und durch Reue unmittelbar und restlos zu sühnen vermag. Einmal bereut, sind sie schnell vergeben und vergessen. Gegenüber der Sünde der Hingabe an Sinnlichkeit und Sexualität jedenfalls erscheinen sie wie Kavaliersdelikte. Gegen ihre Harmlosigkeit sticht das Vergehen der Unkeuschheit ab wie ein Schwerverbrechen, wie die Todsünde gegen einen leichten Fehltritt.

6 Auch wenn in Wolframs von Eschenbach Epos die Keuschheit Voraussetzung für die Mitgliedschaft in der Gralsgesellschaft ist (der Gralskönig, der heiraten darf, ausgenommen), so enthält Wolframs Werk doch nicht ein einziges Wort, mit dem Sinnlichkeit und Sexualität abqualifiziert oder gar verdammt würden. Im ‹*Parzival*› ist Liebe keine Sünde.

Die Macht der Schuldgefühle

Die Schuld des Amfortas, erwachsen aus seiner Hingabe an die Liebe[7], ist das zentrale Motiv im *‹Parsifal›*. Sie ist verantwortlich für die Situation der Gralsgesellschaft zu Beginn und während des in der Oper gezeigten Geschehens. Wie an der für die Handlung selbst gänzlich peripheren Figur des Gurnemanz deutlich wird, kreisen die Gedanken der Gralsritterschaft beständig um diese Schuld. Aber auch jene Personen der Handlung, die nicht zur Gralsgesellschaft gehören, nämlich Klingsor, Kundry und auch Parsifal (jedenfalls anfangs), sind auf sie bezogen: Klingsor und Kundry als ihre äußeren Urheber, Klingsor darüber hinaus als derjenige, der auf sie seine Hoffnung auf die Erringung der Herrschaft über den Gral setzt, Kundry wiederum in ihrer Rolle als Gralsbotin, in der sie, wenn auch vergeblich, ihre dunkel geahnte Mitschuld zu büßen sucht, und schließlich Parsifal, dessen Funktion es ist, die Schuld des Amfortas zu sühnen.

Wie wichtig diese Schuld ist, wird daran ersichtlich, daß sie nicht nur im Bewußtsein der handelnden Personen existiert, als nur moralische Größe, sondern daß es eine leibhaftige Entsprechung dazu gibt, für alle sichtbar und für den unmittelbar Betroffenen, den Schuldigen, schmerzlich fühlbar: die Wunde, die nicht heilen will. Es gehört zu den besonders gelungenen Verdeutlichungen des *‹Parsifal›*-Films von Hans-Jürgen Syberberg, daß die Wunde als etwas vom Körper des Amfortas Losgelöstes gezeigt wird, als etwas, das nicht nur mit dem Leib zu tun hat, sondern auch und vor allem mit der Seele, dem Bewußtsein.

Ausgerechnet Amfortas, der Sohn und Erbe Titurels, jenes Mannes, dem sich die Engel, «des Heilands selige Boten», einst neigten, ist verstrickt in die schlimmste aller Sünden. Amfortas ist daher nicht nur ein gewöhnlicher Sünder, sondern er hat etwas von einem gefallenen Engel. Seine Schuld betrifft nicht nur ihn selbst, sondern die gesamte Gralswelt, und da die Gralsgesellschaft Verantwortung für die ganze Menschheit trägt, stellt die Sünde des Amfortas nicht nur das Heil einiger, sondern aller Menschen in Frage. Der Gral, in die Welt herabgekommen als Hilfe gegen Unglauben und Ungerechtigkeit, ist ein Garant für die Wirksamkeit der Erlösung durch den Heiland. Er kam in einer Situation besonderer Gefährdung als Gnade zu den Menschen, gewährt in Anerkennung der außergewöhnlichen Frömmigkeit Titurels – die Keuschheit einge-

7 In Wolframs von Eschenbach Epos, Wagners Vorlage, besteht die Schuld des Amfortas nicht in der Hingabe an die Liebe, die ihm als Gralskönig im übrigen erlaubt ist, sondern in seiner Widersetzlichkeit und mangelnden Demut: Er streitet für eine andere als die ihm vom Gral bestimmte Frau.

schlossen haben dürfte.[8] Diese Gnade hat Amfortas durch sein Liebesabenteuer mit Kundry verspielt. Äußeres Zeichen dessen ist der Verlust des heiligen Speers, dessen dramaturgische Funktion es ist, Verfall und Renaissance der Gralswelt zu versinnlichen. Amfortas verliert den Speer im Kampf gegen Klingsor und bringt diesen so in den Besitz einer Waffe, die, gegen die Gralsgesellschaft geführt, deren Ende bedeuten würde. Die innere Sühnung der Schuld des Amfortas und damit die Wiedergeburt der Gralswelt geschieht zwar durch Parsifals Standhaftigkeit gegenüber Kundrys Verführung und gegenüber den eigenen Begierden, doch das äußere Zeichen der Gralsrenaissance ist das Zurückbringen des Speers in den Bezirk des Grals.

Amfortas verliert den Speer aber nicht nur, er entweiht ihn darüber hinaus auch, und dieses Faktum ist von noch größerer Tragweite. Wie Parsifals Worte «nicht ihn selber durft' ich führen im Streite» zeigen, ist der Speer eine Reliquie, keine Waffe. Der Speer, durch den die Wunden des Heilands geschlagen wurden, kann nur Gegenstand der Verehrung sein. Jede andere Verwendung ist notwendig ein Sakrileg, ganz gleich, wer derjenige ist, gegen den der Speer als Waffe geführt wird. Die Entweihung des Speers durch Amfortas hat jedoch besonderes Ausmaß. Die Waffe, die den sündelosen Heiland verwundete, traf den Gralskönig genau in dem Augenblick, als er sich der Sünde hingab. Der Speer, ein Symbol der Sündelosigkeit und der Unschuld, wurde gleichsam in die Sünde eingetaucht, der sündelose Heiland durch den sündigen Amfortas um seine Reinheit gebracht. Sein Opfer, die Erlösung der Menschheit, ist in Frage gestellt, der Heiland bedarf selbst der Erlösung. Gewaltiger und schwerer kann eine Schuld nicht vorgestellt werden: Amfortas begeht eine Sünde, die den Heilsbringer in die Lage versetzt, selbst einen Retter zu brauchen. Dies ist die Erkenntnis, zu der Parsifal nach Kundrys Kuß gelangt. Nicht das Mitleid mit Amfortas und auch nicht das Erlebnis der eigenen, als «Qual der Liebe» apostrophierten Sexualität bringen Parsifal zu Bewußtsein, was seine Aufgabe ist. Was ihn zutiefst bewegt, drückt er in den Worten aus: «Des Heilands Klage da vernehm' ich, die Klage, ach! die Klage um das entweihte Heiligtum: – ‹erlöse, rette mich aus schuldbefleckten Händen!› So – rief die Gottesklage furchtbar laut mir in die Seele.» Aus dieser Einsicht und Erfahrung leitet Parsifal sein Handeln ab, sie bildet den Hintergrund für das so häufig mißdeutete Schlußwort «Erlösung dem Erlöser», das eben nichts anderes meint, als die Sühnung der Schuld des Amfortas, die Befreiung des Heilands vom Makel der Sünde, damit sein Erlösungswerk seine Wirksamkeit entfalten kann.

8 Da Amfortas als Sohn Titurels bezeichnet wird, kann Titurel allerdings kaum gänzlich keusch gewesen sein.

Das unfaßbare Ausmaß der Schuld, die die Hingabe an Sinnlichkeit und Sexualität darstellt, wird schließlich daran ablesbar, daß derjenige, der sie auf sich geladen hat, Amfortas, völlig außerstande ist, selbst etwas zur Sühne zu tun. Ein anderer muß kommen, um ihn zu befreien, dieser andere aber ist kein hilfsbereiter Gralsritter, kein barmherziger Samariter, wie man ihn, wenn auch vielleicht nicht häufig, immer wieder einmal findet. Das Ausmaß dieser Schuld, die das Opfer des Heilands in Frage stellt, ist angewiesen auf einen neuen Heiland, einen Messias, jenen «Einen», von dem Wagner nach Cosimas Tagebuch vom 2. März 1878 glaubte oder hoffte, daß es ihn «durch die Äonen doch ein Mal» gebe. Wie schwer muß eine Schuld wiegen, deren Sühne man sich nur als Utopie vorstellen kann!

Das «Dresdner Amen» und die Keuschheit

Wer den *‹Parsifal›* als christliches Bühnenstück interpretiert, müßte sich vor allem daran stoßen, daß Wagner darin in auffälliger Weise Anklänge an die traditionelle Kirchenmusik vermeidet. Ob *‹Rienzi›*, *‹Lohengrin›* oder *‹Meistersinger›* – in jedem dieser Stücke erklingen Passagen, die aus der abendländischen Kirchenmusik stammen: bestimmte Schlußformeln und Kadenzen, Anklänge an Rezitation, Psalmodie und Choral. Der *‹Parsifal›* enthält davon wenig. Die Verwendung des sogenannten Dresdner Amens als «Gralmotiv» ist deshalb eher die Ausnahme, die die Regel bestätigt, als Beleg für die Verwendung von vorgegebener Kirchenmusik im *‹Parsifal›*. Wie es scheint, ging es Wagner nicht darum, allgemein eine Atmosphäre von Kirche und Christlichkeit zu erzeugen. Mit dem Dresdner Amen hat es denn auch seine besondere Bewandtnis. Es handelt sich dabei nicht um ein in Wagners Werken zum erstenmal auftretendes Motiv, sondern gleichsam um ein Leitmotiv innerhalb von Wagners Gesamtwerk, um ein altes Erinnerungsstück. Wagner verwendete das Dresdner Amen bereits im *‹Liebesverbot›* von 1835, dann im *‹Tannhäuser›*, der rund zehn Jahre später entstand. Im ersten Fall wird die Melodie von einem Nonnenchor in einem Kloster gesungen, auf den Text «Salve Regina coeli», im anderen erscheint sie ohne Text, einmal im Vorspiel zum dritten Akt, dann in der sogenannten Romerzählung, hier wie dort als musikalisches Enblem des Papstes und der römischen Kirche. Die Bedeutung der Melodie reicht weiter. Im *‹Liebesverbot›* steht sie unmißverständlich für das Kloster als Zufluchtsort vor den Wirrnissen der Liebe, für ein aller Sinnenfreude abgewandtes Leben; der Text «Salve Regina coeli» bezieht die Melodie auf Maria, die Gottesmutter, die Inkarnation der Keuschheit. Im ‹*Tannhäuser*› ist die Bedeutung der Melodie weiter spezifiziert; hier erscheint sie als musikalischer Ausdruck der Gnade, die der Papst den Sündern gewährt, Tannhäuser jedoch verweigert: die Gnade wird nur den Keuschen zuteil, nicht aber jenen, die sich der Sinnenlust hingegeben haben. Vor diesem Hintergrund verwundert es nicht, daß das Dresdner Amen im ‹*Parsifal*›, auch wenn es darin in abgewandelter Form[9] auftritt, einen ganz ähnlichen Sinn hat.

Als Motiv, das dem Gral zugeordnet ist, steht es für eine Welt, die nur den Reinen, den Keuschen zugänglich ist. Keuschheit ist, wie erwähnt, das oberste Gebot und die wichtigste Bedingung für die Mitgliedschaft in der Gralsgesellschaft. Der Zusammenhang wird gleich zu Beginn der ersten Szene angedeutet. Das Gralmotiv ertönt von der Gralsburg her, und Gurnemanz wendet sich an die Knappen mit den Worten: «Hört ihr den Ruf? Nun danket Gott, daß ihr berufen, ihn zu hören!» Hinter dem Gralmotiv steht das Gebot der Keuschheit oder – anders ausgedrückt – die Abqualifizierung der Sinnlichkeit als Sünde. Daß Wagner ausgerechnet für dieses Motiv eine präexistente Musik aus einer alten Tradition verwendet, besagt nichts anderes, als daß die Diffamierung der Sexualität, aus der sich das Keuschheitsgebot ableitet, von außen in das Werk hineinragt, als Voraussetzung, die außerhalb seiner selbst liegt, als Bedingung, die vorab gestellt ist. Das Stück selbst zeigt nur die Konsequenzen, die aus dieser Bedingung erwachsen, führt vor, wie die dargestellten Figuren damit umgehen. Daß die ausgewählte präexistente Melodie aber aus der Kirchenmusik stammt, heißt selbstverständlich, daß der Urheber des Keuschheitsgebots, unter dem die Personen des Stücks allesamt leiden, die christliche Kirche ist.[10]

Man mag ‹*Parsifal*› vor diesem Hintergrund als zumindest versteckte Anklage verstehen; Wagner selbst verstand das Werk gewiß nicht als solche. Wie Cosimas Tagebücher zeigen, vertrat er auch privat die Moral des ‹*Parsifal*›. Hans Richter, dem ersten Bayreuther ‹*Ring*›-Dirigenten, ver-

9 Wagner verwendet das Dresdner Amen im ‹*Parsifal*› genauso wie Felix Mendelssohn-Bartholdy in der sogenannten Reformationssinfonie (1. Satz). Wagner hörte dieses Werk am 8. Februar 1876 in einem Konzert in Bayreuth (vgl. Cosimas Tagebücher). Möglicherweise war er der Meinung – und seine Hochachtung vor dem Komponisten Mendelssohn spricht dafür –, daß die Gestalt, in der Mendelssohn das Dresdner Amen in seiner Sinfonie verwendet hatte, authentischer sei als jene, in der er selbst es im ‹*Liebesverbot*› und im ‹*Tannhäuser*› hatte auftreten lassen.

10 Daß Wagner das Dresdner Amen ganz bewußt als eine alte Melodie verwendete, bezeugt Cosimas Tagebuch vom 3. September 1882, wo es heißt: «Über das im Parsifal verwendete Amen der Dresdner Messe, welche eine Musik-Zeitung dem K(apell)meister Naumann zuschreibt, meinen wir, R. und ich, daß es viel älter sei.»

suchte er beispielsweise «zu erklären, daß einzig Mönchsorden mit dem Gelübde der Armut und jeglicher Entsagung dem Elend Abhülfe tun könnten» (9. Juni 1874). Dem korrespondiert Wagners Beschäftigung mit dem Templerorden, die in Form der Anweisung «die Tracht der Gralsritter und Knappen ähnlich der des Templerordens» bezeichnenderweise in das Textbuch des *‹Parsifal›* einging. Am 12. Juni 1878 notierte Cosima: «Er ist bis ‹O Qual der Liebe!› gekommen. Er spricht von seinem jetzt ihn beschäftigenden Thema und sagt, wie mit diesem Gott in sich in den Entwickelungsjahren Wesen wie Jungfrau von Orléans und Parsifal der Sinnenlust auf ewig durch einen großen Eindruck entrissen seien. Er glaube, daß das Christentum in dieser Weise noch einmal rein und wahr der Welt gepredigt werden könne.»

‹Parsifal›, das Bühnenweihfestspiel dieser reinen und wahren Form des Christentums, erscheint als Versuch, die eigenen zutiefst verinnerlichten Schuldgefühle zu verklären. Maxime könnte dabei jener indische Spruch gewesen sein, den Cosima am 28. Januar 1876 in ihrem Tagebuch notierte: «Wer sein Leben (hin)durch schöne Werke hervorbringt, hat die Sinnlichkeit überwunden.» Die Musik des *‹Parsifal›* ist allerdings, auch wenn sie selbstverständlich – vor allem am Ende – auch dazu dient, die Überwindung von Sinnlichkeit und Sexualität zu preisen, wesentlich Ausdruck jener «Qual der Liebe», von der Parsifal im zweiten Aufzug spricht, Ausdruck vor allem von Schmerz und Leid, wie sie die aus der Überzeugung von der Verwerflichkeit der Sinnenlust folgenden Schuldgefühle hervorrufen. Es duldet überdies keinen Zweifel, daß Wagner die Darstellung von Qual und Leid – wie so häufig in seinen Werken – viel überzeugender und eindringlicher gelungen ist als diejenige von Glück und Erlösung von aller Qual. Insofern ist *‹Parsifal›*, dessen Musik zudem heute gewiß allgemein mehr interessiert als sein Text, weniger eine Festschreibung oder Verherrlichung christlich-bürgerlicher Sexualmoral als vielmehr ein erschütterndes Zeugnis für deren Konsequenzen. *‹Parsifal›* ist eine Tragödie.

Dietmar Holland

Die paradoxe Welt des ‹Parsifal›

«Das Christentum gab dem Eros Gift zu trinken – er starb zwar nicht daran, aber entartete, zum Laster.»
Friedrich Nietzsche (‹*Jenseits von Gut und Böse*›)

Die Qual der Lust, aber auch die Lust zur Qual und die Erlösung davon, allerdings im Bild zweier Parallelen, die sich erst im Unendlichen schneiden, sind das Lebensthema Wagners. Was wechselt, ist die Perspektive und die Schärfe des Blicks für das Zwielichtige. Doch nicht erst der Schopenhauer-Anhänger durchschaute das Elend des Weltgrundes, sondern bereits der «jungdeutsche» Rebell entwarf, mit den Figuren des Holländers, des Schwanenritters Lohengrin und des abtrünnigen Sängers Tannhäuser, Möglichkeiten trügerischer Grenzüberschreitung; gleichsam hervorgezaubert von einer persona intacta, die zugleich eine ingrata war, und die geradewegs aus der Phantasmagorie, nämlich aus einer dem philiströsen Alltagsleben frühbürgerlichen Zuschnitts entrückten Sphäre alternativer Moral in die als prosaisch erkannte und folglich korrekturbedürftige Realität einbrach und dort natürlich befremdete, somit scheitern mußte. (Selbst das Happy-End der ‹*Meistersinger*› ist – trotz Komödie – uneigentlich, denn der abgewiesene Beckmesser spricht auf der ominösen «Festwiese» deutlich genug das Unbehagen an solcherart Veranstaltungen positiver Kunstappelle aus). Die Botschaft des ‹*Parsifal*› aber, gesättigt durch Lebenserfahrung, ist der hybride Versuch des späten Wagner – Julius Kapp nennt ihn im letzten Band der gesammelten Schriften den «Weltweisen» –, die Erlösungsthematik, aller nachrevolutionären Resignation zum Trotz, in einer selbstgeschaffenen Kunstreligion endlich affirmativ, ja mit äußerster Konsequenz durchzusetzen, einer mehr oder weniger privaten Kunstreligion indessen, die ein verwirrendes Vexierspiel aus divergierenden ideologischen Schichten ist. Eine von ihnen ist es, die seit einiger Zeit die Gemüter der von der deutschen Vergangenheit gestressten Historiker erhitzt. Mit dem Aufweis des «Rassenwahns» im ‹*Parsifal*› allein ist es aber nicht getan; die Deutung muß tiefer greifen. Wagners «letzte Karte», von Cosima sogar als «Rettung des germanischen Geistes» (Eintragung ins Tagebuch am 10. September 1873) apostrophiert, erfordert ein schärferes, aber auch viel feineres Seziermesser, als es der Germanist Hartmut Zelinsky in seinen zwar berechtigten, doch nicht ausreichenden Streitschriften gegen die «arische» Christuslehre des *‹Parsifal›* ansetzt (vgl. Dokumentation S. 244f, 252f, 259f). Wagner war, man könnte sagen: leider, kein platter Agitator seiner Ideen, wenn auch ein großer, vielleicht der gefährlichste Demagoge im Bereich der neuzeitlichen Kunst, er hielt sich vielmehr selbst für einen ausgesuchten Mythologen «von durchtriebener Schlauheit», dem man so leicht nicht beikommen könne (Brief an Mathilde Wesendonck vom 24. August 1859). Die Rezeptionsgeschichte seines *‹Parsifal›* bis heute gibt ihm denn auch völlig recht: So viel darüber geschrieben wurde, so wenig wurde wirklich gesagt. Einig sind sich allerdings alle Betrachter in der Einschätzung der Partitur (einschließlich Theodor W. Adorno, dem sonst erbitterten Wagner-Gegner). Denn was bedeutet es wohl, wenn Pierre Boulez erst alle Opernhäuser in die Luft gesprengt wissen will und dann doch, just im Bayreuther Festspielhaus, gerade den *‹Parsifal›* dirigiert, an dem er auch die Avanciertheit der musikalischen Mittel rühmt? Und wie kommt Adorno dazu, der Partitur des *‹Parsifal›* die «Hinfälligkeit von Beschwörung selber» als ihre Rettung, gar Rechtfertigung zu unterstellen, wo er doch andernorts – in seinem früheren *‹Versuch über Wagner›* – die als faschistoid eingeschätzte Herrenkasten-Ideologie des Textes mit Recht scharf angreift? Mit anderen Worten: Was ist das für eine seltsame Paradoxie auf der Ebene der Rezeption des Werkes, die Musik zu bewundern und den Text, genauer: seine ideologischen Implikationen dabei zu ignorieren? Es handelt sich auch nicht nur um «schöne Klänge zu einer brutalen Ideologie», wie Zelinsky vermutet. Der Musikdramatiker Wagner ist schlauer. Er hat nämlich der Musik beigebracht, außer der klanglichen Aura die Sprache des Unterbewußtseins anzunehmen und so doppelt auf den Hörer einzuwirken. Behält man in Mozarts Opern den Kopf oben, so wäre das adäquate Hören Wagners Musik die Haltung des nicht genau Hinhörens, statt dessen des sich Hingebens. Um so erschrockener ist man, wenn man genau zuhört. Und gerade die Musik des *‹Parsifal›* verschließt sich dem unmittelbaren Zugriff, verlangt, das Gras zwischen den Zeilen wachsen zu hören. Wenn Ernst Bloch einmal vorschlug, bei Wagner «bescheiden» zuzuhören, dann ist das zwar richtig gegen das Dösen im Klangrausch bemerkt, aber fahrlässig gegen den doppelten Boden, auf dem sich die nicht nur «schönen» Klänge bewegen. Denn Wagner selbst verstand seine *‹Parsifal›*-Musik als eine Art Reinigungsexerzitium für eine «erhöhte Menschheit», ja als Ersatzritual für die seiner Ansicht nach in der kirchlichen Dogmatik verkommmenen christlichen Kardinaltugenden. Immerhin nannte er, Cosimas Tagebüchern zufolge, das Vorspiel zum ersten

Aufzug die «Vorrede zu der Predigt» (Eintragung am 23. September 1879). Was da gepredigt werden sollte, ist aber nicht nur moralische Aufrüstung, auch nicht etwa eine neue Frohbotschaft, sondern – die Aufhebung der ersten Natur, speziell: der Liebe zwischen Mann und Frau.

«Wildes Leiden der Liebe»

Für Wagner war es eine ausgemachte Sache, daß der Verfall der Menschheit, hervorgerufen durch den geschlechtlichen Grundtrieb, die Gründung einer neuen Ethik – er nannte das, ausgehend von den rassistischen Schriften das Grafen Gobineau, «Regeneration» – notwendig erforderte. Seine Art von «Kulturkritik» stach indessen nicht in die Wunden der bürgerlichen Moral, wie es sehr wohl in den Schriften Nietzsches aus den achtziger Jahren messerscharf geschieht – dieser Gegensatz war der tiefere Grund des Bruchs zwischen Nietzsche und Wagner –, sondern war gleich selbstverordnete Lebensdiät. Was muß dieser Mann für Sexualängste gehabt haben, um am Ende seines Lebens allen Ernstes die Idee der Erlösung des Geschlechtstriebs durch Entsagung zu predigen! Aber: ist es wirklich die Entsagung, die vom «Leiden der Liebe» befreit? Der Weg Klingsors jedenfalls, durch Selbstverstümmelung, also Gewaltanwendung – «an sich legt' er die Frevlerhand» – den Verzicht auf das Sexualleben, das allemal «Sünde» ist, wie uns Wagner einreden will, zu erzwingen, ist ein Irrweg, Produkt des einseitig «Bösen». Der Prosaentwurf von 1865 gibt darüber genauer Auskunft: «Man vermuthet, Klingsor sei derselbe, der einst als Einsiedler fromm jene jetzt so veränderte Gegend bewohnte: – es heisst, er habe jedoch sich selbst verstümmelt, um die sinnliche Sehnsucht in sich zu ertödten, welche zu bekämpfen durch Gebet und Busse ihm nie vollständig gelungen sei. Von der Gralsritterschaft, der er sich anschliessen wollen, sei er durch Titurel zurückgewiesen worden, und zwar aus dem Grunde, dass die Entsagung und Keuschheit aus innerster Seele fließen, nicht aber durch Verstümmelung erzwungen sein müsse.» Das heißt: Selbst Klingsor ist nicht der alte Opernbösewicht, sondern eine Art «gefallener Engel», jemand, der die Spannung zwischen Trieb und Verzicht nicht mehr ausgehalten hat. Daß es auch den «keuschen Rittern» der Gralsburg nicht so leichtfällt, verrät eine Bemerkung des «geläuterten» Parsifal am Ende des zweiten Aufzugs: «Die Brüder dort in grausen Nöten den Leib sich quälen und ertöten.» Es ist demnach die *errungene* Askese, und zwar die aus höherer Einsicht heraus, um die es Wagner hier geht. Aber das Ziel der Keuschheit ist, ungeachtet der

Schwierigkeiten es zu erreichen, gebunden an den Preis mönchischer Abgeschlossenheit, kein Selbstzweck. Und der Weg des Verzichts ist, das bekam der Gralskönig Amfortas zu spüren, untrennbar verschränkt mit der Versuchung zur Sünde, im Klartext: zum Geschlechtsakt mit einer Frau. Der aber ist, so lehrt es jedenfalls Wagner, gebrandmarkt von Unfreiheit – Gurnemanz spricht im ersten Aufzug von «böser Lust und Höllengrauen», der durch Kundrys Verführungskuß «welthellsichtig» gewordene Parsifal vom «furchtbaren Sehnen» und von der «Qual der Liebe», die sich äußert, indem «alles schauert, bebt und zuckt in sündigem Verlangen» –, ja sogar von Ekel, denn wie trüge sonst Amfortas seine «Wunde» davon, das sichtbare Zeichen seines Vergehens? Nur die Rücksichten auf die Erfordernisse der Bühne hinderten Wagner wohl daran, den wahren Ort der Wunde, den Genitalbereich nämlich, anzugeben, während er noch im ersten Prosaentwurf offen formulierte: «Er [gemeint ist Klingsor; D. H.] hatte ihm dieselbe Schmach zugedacht, die er sich einst selbst in rasender Verblendung zugefügt.» Ähnlich vorsichtig verfuhr Wagner auch bei der Erscheinung Kundrys als Verführerin: Da sie, um die Prüderie des 19. Jahrhunderts nicht zu verletzen, unmöglich «wie eine Tizianischc Venus nackt da liegen» konnte, mußte das, wie Cosima am 4. Januar 1881 in ihrem Tagebuch notierte, «durch Pracht ersetzt werden», was, so könnte man hinzufügen, nicht nur die Sinne Parsifals, sondern auch die der Zuschauer berauschen sollte. (Im Zeitalter der öffentlichen Pornographie erscheint diese Zurücknahme eigentlich überflüssig.) Bei der Darstellung der Wunde des Amfortas springt, wie auch bei anderen Handlungsmomenten, die Entlehnung und gleichzeitig gewaltsame Uminterpretation christlicher Symbolik hilfreich bei: Die Wunde des Amfortas ist, so heißt es im ersten Prosaentwurf, zwar «dieselbe Wunde, wie sie einst der Erlöser am Kreuze empfing, durch die er sein Blut ergoss aus mitleidender Liebe für die jammervolle, sündige Menschheit», aber, und das ist der entscheidende Unterschied, umgedeutet zur Strafe, «zur ewigen Mahnung an seinen Frevel», also ihrerseits erlösungsbedürftig. Und sie reicht noch tiefer als der bloß körperliche Schmerz: Sie ist das sichtbar gemachte Sinnbild für die «Schuld» des Amfortas, der ja, durch seine Berufung zum Hüter des Grals, sich zur Keuschheit verpflichtet hatte und, wie Gurnemanz, der alte Waffenknecht seines Vaters Titurel, erzählt, fast wie einen traumatischen Schock die «Zauberplag'» des Geschlechtsverkehrs erlitt. Damit ist er, als «einz'ger Sünder unter Reinen», an das Amt des lebenspendenden Gralsrituals in *paradoxer* Weise gefesselt. Die positive Kraft des Grals, unverkennbar ein mütterliches Symbol, verkehrt sich bei dem «Sünder» Amfortas in den Fluch des Leidens, da die Wunde, von der Lebenswärme des Grals belebt, stets erneut aufbricht, während sie umgekehrt, den «reinen» Rittern Trank und Speise gewährt. Wagner spricht deshalb im ersten Prosaentwurf deutlich von der Verkehrung der Wirkung des Grals auf Amfortas: «Dünkt ihm der Tod sein einziger Erlöser, so verdammt ihn nun der Segen des Grales ewig zu leben!» Die Leidensfigur des Amfortas ist also verstrickt in den Zwang zu leben *und* in den Wunsch zu sterben. Als Leidender erinnert er an die Christusgestalt am Kreuz, aber radikal von diesem verschieden in seinem Todeswunsch, der zudem eine Eigenerlösung erheischt, nicht, wie bei Christus, selbst stellvertretend für «der Menschheit Schmach» den Opfertod hinnimmt. Das «Lamm» Christi steht derart diametral gegen den «Rebell» Amfortas, wie Wapnewski richtig erkannte. Es ist kein christliches Stück, das uns Wagner hier vorspielt.

Gral und Speer – Reliquienkult oder Symbolik?

In seinem ersten Prosaentwurf, der manche Motivationen der Handlung direkter enthält als die spätere konzentriertere und dementsprechend verschlüsselte Dichtung, strich Wagner einen Satz, der indessen von entscheidender Bedeutung ist. Der Auftritt des Amfortas in der «Abendmahlsszene» des ersten Aufzugs wird da nämlich von einem Requisit begleitet: «Dem Amfortas wird eine hochaufgerichtete Lanze mit blutiger Spitze nachgetragen.» Warum Wagner gerade diesen Zusatz strich, wird wohl niemals zu ergründen sein, aber der Strich ist überaus bezeichnend für seine intuitive Verwendung von Symbolen, vor der er zuweilen offensichtlich selber erschrak. Noch merkwürdiger als der Strich ist die Tagebuchnotiz vom 2. September 1865 (vgl. Dokumentation S. 106), bei der sich Wagner allen Ernstes fragt, in welchem Zusammenhang Gral und Speer (respektive Lanze) zueinander stünden. Die Deutungsschicht der Legendenüberlieferung weist beide als Reliquien der Passionsgeschichte Christi auf: «Die Lanze gehört, als Reliquie, zu der Schale; in dieser wird das Blut aufbewahrt, welches durch die Lanzespitze dem Schenkel des Heilands entfloss» (so erzählt es Wagner in seinem ersten Prosaentwurf). Doch bleibt Wagner bei der Legende nicht stehen, sondern *benutzt* sie für etwas Tieferes: In der Dichtung des *‹Parsifal›* werden diese beiden christlichen Reliquien ihres materiellen Charakters entkleidet und stehen symbolisch ein – für die erste Natur, die im Bereich der Gralsburg konsequent abgetötet wurde als vitales Prinzip! Denn wenn der Gralshüter sich weigert – wie es ja im dritten Aufzug Gurnemanz berichtet –, das Ritual der Lebensspendung zu vollziehen, dann sind die Gralsritter nicht mehr lebensfähig: «Die heil'ge Speisung bleibt uns nun versagt, gemeine Atzung muß uns nähren; darob versiegte unsrer Helden Kraft.» Die symbolische Funktion der beiden scheinbaren Reliquien ist dennoch keineswegs eindeutig. Beide sind, stellvertretend für das mütterliche und das väterliche Prinzip, nicht für sich oder von vornherein «gut», sondern erweisen ihre Kraft erst in ihrer Wirkungsweise – und dann durchaus paradox: Der Gral spendet Speise und Trank, aber für den Preis der Keuschheit, seine Lebenswärme bedeutet für den «Sünder» – Amfortas ist dafür das stellvertretende und abschreckende Beispiel – jedoch Lebenshärte, unsägliche Qual. Die Wirkungsweise des Grals ist zudem, so stellt es jedenfalls der einfältige Gurnemanz dar, ein nicht erklärbares Geheimnis. Auf die Frage Parsifals nach dem Gral antwortet Gurnemanz ganz einfach: «Das sagt sich nicht; doch bist du selbst zu ihm erkoren, bleibt dir die Kunde unverloren.» Daß die Bedeutung des Grals derart in der Schwebe bleibt, ist ein überaus charakteristisches Zeichen für Wagners Mythologisieren. Der von Klingsor entwendete Speer nun ist einerseits Bestandteil des Grals – so will es auch bereits die Legende – und bedeutet in dieser Eigenschaft zunächst das Schlagen der heilsbringenden Wunde Christi, andererseits fügt er, sofern er, wie von Klingsor, zum Mißbrauch gezwungen wird, Wunden bei, die schlimmer sind als der Tod, weil sie nicht heilen können. Der Mißbrauch besteht in seiner Anwendung als *Waffe*, und das ist äußerst gefährlich: «Kann er [Klingsor] selbst Heilige mit dem verwunden, den Gral auch wähnt er fest schon uns entwunden.» Der Mißbrauch, den Klingsor mit dem Speer treibt, entspringt seiner eigenen Fähigkeit zu magischen Kräften, gleichsam die «böse» Seite zu den Gnadenkräften des Grals. Am Schluß des zweiten Aufzugs schleudert der Zauberer den Speer gegen Parsifal mit den Worten: «Dich bann' ich mit der rechten Wehr!» Klingsor ist es bekannt, daß Speer und Gral, gewissermaßen naturwüchsig, untrennbar zusammengehören (!) – daher ist die Rede von der «rechten Wehr» –, und will deshalb, das ist sein eigentliches Ziel, letztendlich auch in den Besitz des Grals gelangen. Die arabische, das heißt aus der Sicht der gotischen (= christlich-abendländischen) Gralswelt die «heidnische» und exotische Gegenwelt der losgelassenen Sinnlichkeit, schuf er sich aus dem Wissen heraus, daß die Verlockungen der «bösen Lust» stärker sind als die – erzwungene oder errungene – Askese der «Reinheit». Für sich könnte der naturwüchsig scheinende, in Wahrheit durch Zauberei entstandene, mithin künstliche «Wonnegarten» nicht bestehen; immerhin befinden sich darin «Blumenmädchen», also unschuldige, aber um so sinnlich reizvollere Verkörperungen der ersten Natur. Seine Funktion, die Welt der sinnlichen Verführung, ist an die Existenz der keuschen Gralsritter gebunden, ja an die Gegeninstanz des Grals, denn warum wäre Klingsor sonst so stark daran interessiert, diesen zu besitzen? Wie sehr die beiden dualistisch konzipierten Welten voneinander abhängig sind, erweist sich szenisch-sinnfällig an einer Gestalt, die im wahrsten Sinne des Wortes zwischen ihnen vermittelt und die ganz Wagners Erfindung ist: die Doppelgestalt der Kundry, ein Wesen zwischen den Zeiten und Welten, das den Gegensatz von Sünde (Libido) und Sehnsucht nach Erlösung (Identität) als paradoxe Verschränkung in sich austrägt.

Kundry – eine personifizierte Paradoxie

Erlösung heißt bei Wagner nicht nur Aufhebung von Schuld oder Sünde, sondern auch das Finden der Identität. Im besonderen Maße ist Kundry darauf angewiesen, da sie aufgespalten ist, in der Sprache des ‹*Tannhäuser*› geredet: in Venus und Elisabeth, die beiden Pole von Wagners Frauenbild. Daß er am Ende seines Lebens die weibliche Dichotomie der Tannhäuser-Welt zu *einer* komplexen Person zusammenzog, deren beide Erscheinungsweisen durch Schlaf – man könnte auch sagen: durch Unterbewußtes – voneinander getrennt sind, obwohl sie zwei Seiten einer Sache sind, zeigt den Stand der Einsicht in die untrennbare Verflochtenheit von Hoffnung auf Erlösung und dem Spiel mit dem Feuer der sinnlichen Begierde an. Die beiden Seiten des Doppellebens als «Höllenrose» bei Klingsor und als «wildes Tier» bei den Gralsrittern, anders gesagt: als Verführerin dort, als Büßerin und Sklavin hier, sind zwanghaft. Kundry empfindet den Schlaf, das Eintauchen in das Unterbewußtsein, als befreiend, wenn auch nicht als Lösung ihres Konflikts. Ihre Bestimmung – die Strafe dafür, daß sie den leidenden Christus am Kreuz verlachte – ist es, «in neuen Gestalten das Leiden der Liebesverführung über die Männer zu bringen» (Wagners Prosaentwurf). Diese Bestimmung kennt Klingsor: «Im Todesschlafe hält der Fluch sie fest, der ich den Krampf zu lösen weiß.» Wie eine Somnambule treibt sie durch die Höhen und Tiefen des Daseins, als Hure Klingsors oder als Sklavin der Gralsritter. Die gelungene Verführung – Amfortas ist das Beispiel – stillt zwar im Moment ihr Liebesverlangen, zwingt sie aber zum ruhelosen Weiterleben. Als «Büßerin» bei den Gralsrittern hofft sie, den Mann zu finden, der ihr – aber nicht durch erzwungene Keuschheit («Schwäche» heißt es im Prosaentwurf!) – erfolgreich widersteht, nachdem er mit dem Feuer so lange gespielt hat, bis er sich fast verbrannte. Der Zwiespalt in ihrer Seele, nämlich die Hoffnung auf Erlösung aus dem zwanghaften Dasein und gleichzeitig die heftigste Sehnsucht nach körperlicher Liebe – bei Wagner ist Liebe stets, in Vorwegnahme der Freudschen Psychoanalyse, als sexuelles Begehren, nicht etwa moralisch oder ethisch gemeint – kann nur aufgehoben werden durch die Ablehnung Kundrys als weibliches Wesen. Wagner drückt das in seinem ersten Prosaentwurf ebenso lapidar wie erschreckend aus: «Erlösung, Auflösung [!], gänzliches Erlöschen [!] ist ihr nur verheißen, wenn einst ein reinster, blühendster Mann ihrer machtvollsten Verführung widerstehen würde.» Das Ziel, die Identität Kundrys ist also: die Vernichtung der «Namenlosen». Der Tod, den sich Amfortas wünscht, ist für Kundry bestimmt; sie benötigt dazu den Mann als Werkzeug, der seine Sexualität verneint. Überhaupt ist es ein Merkmal der Personen im *‹Parsifal›*, daß sie alle nur an dem anderen interessiert sind aus rein egoistischen Gründen: dadurch ihre Identität zu finden, «erlöst» zu werden. Um so paradoxer sind sie miteinander verschränkt. Der Liebesgenuß, den Amfortas mit Kundry und sie mit Amfortas hatte – das ist bereits keineswegs dasselbe –, führte nur zur Qual. Das Verhältnis zwischen Klingsor und Kundry ist das eines Zuhälters zu seiner Arbeitskraft, denn er fällt als Objekt ihres Verlangens nach Beischlaf von vornherein aus, da er sich selbst entmannt hat und das Spiel mit dem Feuer der Lust nicht mehr mitmachen kann. Er hat zwar Macht über ihre Seele, weil er ihre paradoxe Bestimmung kennt – den verderblichen Zwang zum Liebesgenuß –, aber er ist gleichzeitig auf ihre Mithilfe angewiesen, die Gralsritter zur Sünde zu verführen: «Er kennt den Fluch, und die Macht, durch die sie ihm zu Dienste gezwungen werden kann. Die furchtbare Schmach zu rächen, die ihm von Titurel einst wiederfahren, stellt er den edelsten Gralsrittern durch Verführung zum Bruch ihres Keuschheitsgelübdes nach» (Prosaentwurf). Bei ihm ist Kundry, die «Urteufelin» (!) in wechselnden Ausprägungen – Klingsor nennt einige Namen der Geschichte –, zwar im Verführungsakt frei, aber nicht bei sich. Sie ist schön, aber giftig, anziehend und abstoßend zugleich. Im Bereich der Gralsburg ist sie ein «wildes Tier», obwohl sie hier Helferin ist, aber eine unfreie, und besitzt scheinbare Identität durch einen festen Namen (Kundry). Sie ist hier häßlich, aber Gutes bewirkend. Gurnemanz sagt im ersten Aufzug über sie: «Ja, eine Verwünschte mag sie sein. [...] Übt sie nun Buß' in solchen Taten, die uns Ritterschaft zum Heil geraten» – wieder ist von einem rein utilitaristischen Verhältnis die Rede –, «gut tut sie dann und recht sicherlich, dienet uns – und hilft auch sich.» Die Moral des *‹Parsifal›* ist keineswegs die der christlichen Nächstenliebe. Denn die so reinen Gralsritter empfinden es nicht als unzuträglich, diejenige, die ihnen hilft, als «wildes Tier» zu halten, was ja wohl nichts anderes bedeutet als Verachtung der Frau. Sie selbst hilft den Rittern nur äußerlich und will offensichtlich nur ihre eigene Erlösung betreiben. Im Grunde verachtet auch sie, und zwar die Männer, besonders die «schwachen». Im ersten Prosaentwurf wird das ganz deutlich: «Wie nur ein Mann sie erlösen kann, sie sich dem Manne daher [!] zu völliger Unterthänigkeit zugewiesen fühlt, muß sie wieder ihre Erfahrung von der Schwäche dieser Männer zu einer wunderbaren Bitterkeit stimmen: sie fühlt daß nur der Mann sie vernichtend erlösen [!] könnte, der der Allgewalt ihrer weiblichen Anmuth widerstehen würde.» In der Welt des *‹Parsifal›* ist sich, ebenso in der Gralsburg wie in dem Bereich Klingsors, jeder zunächst einmal selbst der nächste. Wenn Amfortas sich weigert, den Gral zu enthüllen, dann wird er von den Gralsrittern regelrecht bedroht (dritter Aufzug), und die Musik nimmt ihren wahren Charakter an, den sie sonst hinter weihevollen Klängen – jedenfalls im Bereich der Gralsburg – versteckt: den einer «schwarzen Messe» mit Glockengetön, das eher aus der Hölle kommt als vom Himmel. Und die «schwarze Messe» ereignet sich nicht nur an dieser Stelle. Wenn vor dem zentralen «Karfreitagszauber», dem musikalischen Paradoxon einer «christlichen Naturmusik», wie Ernst Bloch ihn nannte, der inzwischen «welthellsichtig», das heißt doch: sich seiner Bestimmung bewußt gewordene Parsifal die zur Maria Magdalena gewandelte Kundry tauft, dann ist das nämlich genau der umgekehrte Vorgang zur christlichen Taufe: sie wird zur Vernichtung getauft. Daß Wagner in diesem Zusammenhang vom «Vernichtungsklang» (er meint das Pochmotiv der Bässe) spricht, dürfte wohl unzweifelhaft zu verstehen sein. Hier möchte man Zelinskys Deutung (vgl. Dokumentation S. 252) durchaus zustimmen. Aber es ist nicht nur die Auslöschung der Juden, und zwar gleichbedeutend mit Rettung, sondern darüber hinaus die Auslöschung der *Frau* gemeint. Im Gegensatz zur *‹Zauberflöte›* wird Kundry nicht in den Kreis der «Eingeweihten» aufgenommen. Es bleibt beim finsteren Männerbund. Die Erlösung der Frau ist gleichbedeutend mit ihrer Vernichtung. An ihre Stelle tritt der keusche Knabe.

Das Mit-Leid des keuschen Knaben

Daß die körperliche Liebe nicht mehr gebrandmarkt ist vom (ungleichen) Kampf der Geschlechter, dafür gibt es im *‹Parsifal›* eine Verheißung, die sich am Schluß auch in die nach außen wirkende Tat umsetzt: Die paradoxe Gestalt eines reinen Toren, aber eines «wissenden», will heißen, der selbstbewußt ist und zugleich einsichtig für eben den Schuldzusammenhang, in den die Menschen verstrickt sind, führt die «Erlösung» herbei, von der man nicht recht weiß, ob sie eine Erfüllung oder nur eine *Auf-*

lösung der Handlung ist. Zunächst aber tritt Parsifal als «blöder, taumelnder Tor» auf, wie er sich (im zweiten Aufzug) einmal selbst nennt. Erkennbar wird von Anfang an seine intensive Mutterbindung, und gerade von Kundry muß er sich sagen lassen, wenn auch vorerst innerhalb des Gralsbereichs, also in einer für ihn ungefährlichen Situation, daß seine Mutter aus Gram über sein Weggehen gestorben sei. Wie er dieses Schuldgefühl am wirksamsten kompensieren kann – und das scheint wichtiger zu sein als seine Funktion des «Erlösers» –, das ist der Gegenstand des doppelten Bodens der Verführung durch Kundry in der Mitte des zweiten Aufzugs und damit im Zentrum der Handlung. Hier ist es die spezielle Aufgabe der Verführerin, ihm, dem unerfahrenen Knaben, zugleich Mutter und Hure zu sein, um zum Ziel zu kommen. Unter dem Deckmantel der Moral spielt Kundry ein böses Spiel: Sie ruft ihn bei seinem Namen, also bei seiner verschütteten Identität, provoziert damit ein Erlebnis des *déjà vu*, aber nicht um seiner selbst willen, auch nicht als Muttterersatz, sondern aus ihrem eigenen egoistischen Trieb heraus, den sie nach außen hin so rechtfertigt: «Das Wehe, das dich reut, die Not nun büße im Trost, den Liebe dir beut!» Was sie aber wirklich will und warum sie sich des Mittels bedient, die Verführung sowohl auf psychischer wie auf physischer Ebene durchzuführen – sie «weiss die zartesten Saiten seiner Empfindung durch traulich-feierliches Berühren seiner Kindererinnerungen erzittern zu machen» (Prosaentwurf) und gibt ihm den ersten Küß seines Lebens «als Muttersegens letzten Gruß» (!) –, weshalb sie also gerade den unbescholtenen Toren die körperliche Liebe lehren will, ist die Ahnung, daß Parsifal derjenige sein könnte, dessen Keuschheit nicht *Schwäche*, sondern *Stärke* bedeutet. Dennoch ist sie nicht bereit, den Verzicht Parsifals auf das Ausleben der sinnlichen Begierde mit ihr hinzunehmen, obwohl das ihre einzige Erlösungsmöglichkeit ist. Die Verführungsszene gerät zur Paradoxie einer sinnlich-geistigen Erleuchtung Parsifals, und zwar bezeichnenderweise bei dem Eingang zur Erfüllung körperlicher Liebe: dem Kuß der Kundry. Es gehört zu Wagners ingeniösesten Vorwegnahmen Freudscher Psychoanalyse, daß er genau diesen Moment ausnutzt, um die Verquickung von Mutter- und Frauenliebe zu zeigen. Um so krasser ist die jähe Wandlung des dumpfen Toren zum Durchschauer des tragischen Weltgrundes: der Verstrickung in die blinden Triebe, wie Schopenhauer sagen würde. Für Kundry wäre die gelungene Verführung Parsifals das Unheil, weiterhin zum Verführen der Männer verdammt zu sein. Parsifal widersetzt sich ihrem Liebeswerben aber nicht eigentlich deswegen, sondern weil er im Moment der Sünde blitzartig, ja suggestiv leibhaftig die «Wunde» des Amfortas verspürt, sich in seine Qualen hineinversetzt fühlt und, geschlechtlich gesehen, zum Neutrum erstarrt. Er verspürt drastisches Mit-Leid mit Amfortas. Das ist aber kein rationales Verstehen der Situation, sondern Identifikation. Damit findet Parsifal seine Identität, und die ist ihm Ersatz für die Liebe zwischen Mann und Frau und zugleich Kompensation der schuldbeladenen Mutterbindung. Der «Erlöser» erweist sich als Egoist. Er sagt zu Amfortas: «Gesegnet sei dein Leiden, das Mitleids höchste Kraft und reinsten Wissens Macht dem zagen Toren gab.» Was er indessen dem leidenden Amfortas bringt, ist die Botschaft der Päderastie: «Die Wunde schließt der Speer nur, der sie schlug.»

Dietmar Holland

Inhalt der Oper

Vorgeschichte

Auf dem Berg Monsalvat (= *mons salvatoris*) befinden sich zwei konträre Welten: auf der nördlichen, gotischen (= christlichen) Seite der Gralstempel mit seinen beiden lebenspendenden Symbolen des Gralskelches und des Lanzenspeers und auf der südlichen, arabischen (= heidnischen) Seite ein Zauberschloß mit verführerischen Frauen, die sich ganz auf ihre erste Natur konzentrieren. Titurel, der Vater des derzeitigen Gralskönigs, wurde durch eine Wundererscheinung von Engeln dazu berufen, den Kelch des Abendmahls Christi und den Lanzenspeer, der dem Heiland am Kreuz die erlösende Wunde schlug, zu bewahren als Schutz gegen den Unglauben. Das Blut, das aus der Speerwunde Christi floß, wurde, der legendenhaften Überlieferung zufolge, im Gralskelch aufgefangen. Titurel erbaute auf dem Berg Monsalvat den Gralstempel, in dem nun regelmäßig das lebenspendende Ritual der Erleuchtung des Grals stattfindet. Voraussetzung der Teilnahme an diesem Ritual ist die unbedingte, aber freiwillige und aus Einsicht heraus errungene Keuschheit. Die Kraft des Grals gibt den «Gralsrittern» die notwendige Nahrung und Lebenswärme; er ist ein mütterliches Symbol.

Auf der Gegenseite lebt der Zauberer Klingsor, ein «gefallener Engel», der ursprünglich ein frommer Einsiedler war. Er war nicht in der Lage, die sinnliche Begierde zu überwinden und erzwang die Keuschheit durch Selbstverstümmelung. Diese Art Keuschheit gilt aber im Gralsbereich nicht, weil sie durch äußere Gewalt, nicht durch geistige Erhöhung entstanden ist. Aus Wut darüber verfällt Klingsor dem Unglauben und der Magie, und er beschließt, den Gralsrittern nachzustellen, um selbst in den Besitz von Speer und Gral zu gelangen. Das Mittel dazu ist sein Zaubergarten, in dem Naturwesen, sogenannte «Blumenmädchen», alle Register der körperlichen Liebe ziehen. Die Gralsritter sollen mit genau den Mitteln bekämpft werden, die sie sich selber verboten haben.

Zwischen den beiden Gegenwelten vermittelt die seltsame Frauengestalt Kundry, die in beiden Bereichen anwesend ist, durch Schlaf von diesen zwei Erscheinungsweisen getrennt. Ihre Aufgabe ist, das Kinderspiel der Blumenmädchen in den Bereich wirklichen Beischlafs zu überführen. Sie ist dem magischen Bann Klingsors verfallen, weil der Zauberer ihre Vorgeschichte kennt: Sie hat den leidenden Heiland am Kreuz verlacht und muß zur Strafe ewig leben, als Büßerin und Sklavin im Gralsbereich, als Hure in Klingsors Zauberschloß. Die Sühne für ihr Vergehen wäre der Mann, der ihrer Verführung erfolgreich widerstünde. Damit könnte sie sterben. Ihre «Erlösung» wäre somit gleichbedeutend mit Vernichtung.

Amfortas geriet in die sinnliche Macht des Zaubergartens, wie schon viele Gralsritter vor ihm, als er auszog, dem bösen Treiben Klingsors ein Ende zu setzen. Sein Frevel dabei war es, den heiligen Speer, der ja zum Gral gehört, vom Altar genommen zu haben und ihn derart zu entweihen. Kundry verführt Amfortas zum Beischlaf. Er empfängt währenddessen, äußerlich durch die Hand Klingsors, der ihm den Speer entwinden und diesen zur Waffe mißbrauchen kann, die unheilbare Wunde im Genitalbereich. Sie macht ihm, von Gurnemanz erfolgreich in den Gralstempel heimgeleitet, das Gralsritual zur Qual. Einer Verheißung zufolge soll ihn dereinst ein keuscher Knabe, «durch Mitleid wissend, ein reiner Tor», erlösen und sein Amt als Gralskönig übernehmen.

Die eigentliche Handlung ist nichts anderes als ein Ritus der Erwartung und Ankunft des neuen «Erlösers».

Erster Aufzug

Er ist die erste Stufe des Ritus: Vorgeführt wird die Vergeblichkeit, die Wunde des Amfortas, die ein Ausdruck von Sünde ist, mit äußeren Mitteln wie etwa Balsam zu heilen. Solche Mittel verschaffen nur trügerische Linderung der unmittelbaren Schmerzen. Durch das arglose Erschießen eines Schwanes, einer Untat also, weil im Gralsbereich Tötungsverbot für Tiere herrscht, macht ein Knabe, den man hier noch nie sah, auf sich aufmerksam. Gurnemanz, der alte Waffenknecht Titurels, bringt nichts, was zu dessen Identität beitragen würde, aus ihm heraus. Der Knabe empfindet beim Anblick des toten Schwanes dumpfes, noch nicht bewußtes Mitleid und später Schuldgefühle, als er von Kundry den Tod der Mutter erfahren muß. Gurnemanz ahnt und hofft, daß dieser törichte Knabe der verheißene Erlöser sein könnte und nimmt ihn deswegen mit in den Gralstempel zum Ritual. Entsetzt erlebt der Knabe, dessen Namen wir erst im zweiten Aufzug erfahren, das doppelbödige Gralsritual mit, das für die Gralsritter erquickend und für den sündigen Amfortas äußerst quälend ist. Aber: nur das Herz des Knaben krampft sich zusammen, er stellt nicht die entscheidende erlösende Frage. Darum vertreibt ihn Gurnemanz ärgerlich nach dem Ritual aus dem Gralstempel, weil dieser Knabe nur die zweite Hälfte der Verheißung erfüllt («der reine Tor», aber noch nicht «wissend») und deshalb nicht der erwartete Erlöser sein kann.

Zweiter Aufzug

Wie zu befürchten war, gerät der Knabe in den Wirkungsbereich Klingsors. Die zweite Stufe, die Peripetie innerhalb des Ritus der Erwartung, steht bevor. Der Knabe wird von Klingsors Blumenmädchen umringt. Sie schmeicheln ihm, necken ihn, er habe wohl Angst vor Frauen (!) und werden plötzlich durch die Stimme der verwandelten Kundry – jetzt ist sie nicht mehr Büßerin, sondern Venus selbst – überflüssig. Mit der Gewalt des *déjà vu* ruft sie nämlich den Knaben bei *dem* Namen, den «träumend einst die Mutter» nannte: Parsifal. In einer durchtriebenen Mischung aus dem Wissen um Parsifals Mutterkomplex und der Fähigkeit zur sinnlichen Verführung versucht Kundry den keuschen Knaben sowohl sinnlich als auch geistig «hellsichtig» zu machen. Als sie ihm den Kuß, den Übergang zum eigentlichen Beischlaf, gibt, tritt die unerwartete Wendung ein und die Verheißung erfüllt sich. Parsifal identifiziert sich in jäher Einsicht, in wörtlichem Mit-Leid, mit der Wunde des Amfortas und begreift den Zusammenhang zwischen Qual und Erlösungsbedürftigkeit. Der reine Tor wird «durch Mitleid wissend». Ein extremes Spiel: Das Feuer der Liebe, das ihn fast verzehrt, bringt den entscheidenden ideologischen Umschlag, die «Läuterung» des «reinen Toren». Vergeblich fleht allerdings Kundry um Mitleid; Parsifal weiß jetzt um seine Sendung und Bestimmung, ja um seine Identität. Er ist, als keuscher Knabe, dazu ausersehen, die Wunde des Amfortas zu schließen. Den herannahenden Klingsor braucht er nicht zu fürchten: Der Speer, den der Zauberer auf ihn schleudert, bleibt über dem Kopf Parsifals schweben, verliert seinen Mißbrauch als Waffe. Statt dessen ist es seine Bestimmung, die Wunde zu schließen, die er schlug. Über den Trümmern der eingestürzten Klingsor-Welt enteilt Parsifal, um den Gralstempel zu suchen, zu dem ihn Kundry nicht führen will.

Dritter Aufzug

Lange Zeit später: Amfortas weigert sich, das Gralsritual zu vollziehen und wartet auf seinen vermeintlich erlösenden Tod. Sein Vater Titurel ist längst gestorben, weil ihm die Lebenskräfte des Grals fehlten. Die Gralsritter irren hungernd umher und müssen «gemeine Atzung» suchen. Gurnemanz ist zum hohen Greis gealtert. Am Karfreitagsmorgen findet er die schlafende Kundry – sie ist wieder in Büßerkleidung –, erweckt sie erneut zum Leben und nimmt erstaunt wahr, daß sie sich gewandelt hat («Wie anders schreitet sie als sonst»). Ein Ritter in voller Rüstung mit geschlossenem Visier und einem Speer in der Hand erscheint. Gurnemanz erkennt an seinem Gebaren und nach seiner Entblößung des Kopfes den Knaben, den er einst in den Gralstempel mitgenommen und dann verstoßen hat. Und er erkennt auch den Speer. Parsifal, durch die Erzählung des alten Gurnemanz vom Unglück in der Gralsburg aufs höchste betroffen, droht vor schmerzlichem Mitleid in Ohnmacht zu fallen. Da gibt sich die gewandelte Kundry zu erkennen: In der Rolle der Maria Magdalena wäscht sie Parsifal die Füße. Gurnemanz salbt ihn daraufhin zum Gralskönig. Als erstes Amt tauft Parsifal Kundry zum erlösenden Tod. Er wird zum Gralstempel geleitet und erlöst Amfortas aus der qualvollen Verstrickung in den Kreislauf des Elends der Welt.

Bühnenfestspielhaus Bayreuth.

Am 26. und 28. Juli

für die Mitglieder des Patronat-Vereins,

am 30. Juli, 1. 4. 6. 8. 11. 13. 15. 18. 20. 22. 25. 27. 29. Aug. 1882

öffentliche Aufführungen des

PARSIFAL.

Ein Bühnenweihfestspiel von RICHARD WAGNER.

Personen der Handlung in drei Aufzügen:

Amfortas . . . . . . Herr Reichmann.
Titurel . . . . „ Kindermann.
Gurnemanz . . . . . „ Scaria. „ Siehr.
Parsifal . . . . . . „ Winkelmann. „ Gudehus. „ Jäger.
Klingsor . . . . . . „ Hill. „ Fuchs.

Kundry . . . . Frau Materna. Fräulein Brandt. „ Malten.
Erster / **Zweiter** **Gralsritter** Herr Fuchs. „ Stumpf.
Erster / **Zweiter** / **Dritter** / **Vierter** **Knappe** . . Fräulein Galfy. „ Keil. Herr Mikorey. „ v. Hübbenet.

Klingsor's Zaubermädchen:
Sechs Einzel-Sängerinnen: . . . .
I. Gruppe: Fräulein Horson. „ Meta. „ Pringle.
II. Gruppe: „ André. „ Galfy. „ Belce.

und Sopran und Alt in zwei Chören, 24 Damen.
Die Brüderschaft der Gralsritter, Jünglinge und Knaben.

Ort der Handlung:

Auf dem Gebiete und in der Burg der Gralshüter „Monsalvat"; Gegend im Charakter der nördlichen Gebirge des gothischen Spaniens. — Sodann: Klingsor's Zauberschloss, am Südabhange derselben Gebirge, dem arabischen Spanien zugewandt anzunehmen.

Beginn des ersten Aufzugs 4 Uhr.
„ „ zweiten „ $6\frac{1}{2}$ „
„ „ dritten „ $8\frac{1}{2}$ „

Der Theaterzettel zu den Aufführungen des ‹Parsifal› im Festspielsommer 1882. Wie die Liste der Mitwirkenden zeigt, wurden einige Partien alternativ besetzt.

Richard Wagner

Parsifal

Ein Bühnenweihfestspiel
in drei Aufzügen

Uraufführung am 26. Juli 1882
im Bühnenfestspielhaus Bayreuth

Textbuch
(Wortlaut der gedruckten Partitur
von 1883)*

* *Die im Dezember 1877, also bereits kurz nach Beginn der Kompositionsarbeit, veröffentlichte Dichtung weicht in zahlreichen Einzelheiten von der komponierten Textfassung ab. Vgl. dazu: Richard Wagner, Sämtliche Werke, Band 30, Dokumente zur Entstehung und ersten Aufführung des Bühnenweihfestspiels Parsifal. Hg. v. Martin Geck und Egon Voss, Mainz 1970, S. 90–134 (= Abdruck der Dichtung mit den Varianten der gestochenen Partitur vom Jahre 1883).*

Personen

Amfortas	*Bariton*
Titurel	*Baß*
Gurnemanz	*Baß*
Parsifal	*Tenor*
Klingsor	*Baß*
Kundry	*Sopran*
Erster und zweiter Gralsritter	*Tenor und Baß*
Vier Knappen	*2 Soprane, 2 Tenöre*
Klingsors Zaubermädchen *Sechs Einzelsängerinnen, Sopran und Alt, und Sopran und Alt in zwei Chören.**	
Die Büderschaft der Gralsritter	*Tenor und Baß*
Jünglinge und Knaben	*Tenor, Alt und Sopran*

Ort der Handlung

Auf dem Gebiete und in der Burg der Gralshüter «Monsalvat»; Gegend im Charakter der nördlichen Gebirge des gotischen Spaniens. Sodann: Klingsors Zauberschloß, am Südabhange derselben Gebirge, dem arabischen Spanien zugewandt anzunehmen.

Original-Orchesterbesetzung

Streichinstrumente: 16 Violinen I, 16 Violinen II, 12 Bratschen, 12 Violoncelli, 8 Kontrabässe
Saiteninstrument: 2 Harfen
Holzblasinstrumente: 3 große Flöten , 3 Oboen, 1 Englisch Horn, 3 Klarinetten, 1 Baßklarinette, 3 Fagotte, 1 Kontrafagott
Blechinstrumente: 4 Hörner, 3 Trompeten, 3 Posaunen, 1 Baßtuba
Schlaginstrumente: 2 Pauken
Auf der Bühne: 2 Trompeten, 4 Posaunen, 1 Rührtrommel, Glockenspiel

* *Die sechs Einzelsängerinnen sind in zwei Gruppen (1.–3. und I.–III.) eingeteilt.*

Erster Aufzug

Im Gebiet des Grals
Wald, schattig und ernst, doch nicht düster
Eine Lichtung in der Mitte. Links aufsteigend wird der Weg zur Gralsburg angenommen. Der Mitte des Hintergrundes zu senkt sich der Boden zu einem tiefer gelegenen Waldsee hinab. – Tagesanbruch.

Gurnemanz (rüstig greisenhaft) und zwei Knappen (von zartem Jünglingsalter) sind schlafend unter einem Baume gelagert. – Von der linken Seite, wie von der Gralsburg her, ertönt der feierliche Morgenweckruf der Posaunen.

GURNEMANZ *(erwachend und die Knaben rüttelnd)*
He! Ho! Waldhüter ihr,
Schlafhüter mitsammen,
so wacht doch mindest am Morgen!
(Die beiden Knappen springen auf.)
Hört ihr den Ruf? Nun danket Gott,
daß ihr berufen, ihn zu hören!
(Er senkt sich mit den Knappen auf die Knie und verrichtet mit ihnen gemeinschaftlich stumm das Morgengebet. Sie erheben sich langsam.)
Jetzt auf, ihr Knaben! Seht nach dem Bad.
Zeit ist's, des Königs dort zu harren.
(Er blickt nach links in die Szene.)
Dem Siechbett, das ihn trägt, voraus
seh' ich die Boten schon uns nah'n!
(Zwei Ritter treten auf.)
Heil euch! Wie geht's Amfortas heut'?
Wohl früh verlangt' er nach dem Bade:
das Heilkraut, das Gawan
mit List und Klugheit ihm gewann,
ich wähne, daß das Lind'rung schuf?

ZWEITER RITTER Das wähnest du, der doch alles weiß?
Ihm kehrten sehrender nur
die Schmerzen bald zurück:
schlaflos von starkem Bresten,
befahl er eifrig uns das Bad.

GURNEMANZ *(das Haupt traurig senkend)*
Toren wir, auf Lind'rung da zu hoffen,
wo einzig Heilung lindert!
Nach allen Kräutern, allen Tränken forscht
und jagt weit durch die Welt:
ihm hilft nur Eines –
nur der Eine.

ZWEITER RITTER So nenn' uns den!

GURNEMANZ *(ausweichend)*
Sorgt für das Bad!
(Die beiden Knappen haben sich dem Hintergrunde zugewendet und blicken nach rechts.)

ZWEITER KNAPPE Seht dort die wilde Reiterin!

ERSTER KNAPPE Hei! Wie fliegen der Teufelsmähre die Mähnen!

ZWEITER RITTER Ha! Kundry dort.

ERSTER RITTER Die bringt wohl wicht'ge Kunde?

ZWEITER KNAPPE Die Mähre taumelt.

ERSTER KNAPPE Flog sie durch die Luft?

ZWEITER KNAPPE Jetzt kriecht sie am Boden hin.

ERSTER KNAPPE Mit den Mähnen fegt sie das Moos.
(Alle blicken lebhaft nach der rechten Seite.)

ZWEITER RITTER Da schwingt sich die Wilde herab!

KUNDRY *(stürzt hastig, fast taumelnd herein. Wilde Kleidung, hoch geschürzt; Gürtel von Schlangenhäuten lang herabhängend; schwarzes, in losen Zöpfen flatterndes Haar; tief braunrötliche Gesichtsfarbe; stechende schwarze Augen, zuweilen wild aufblitzend, öfters wie todesstarr und unbeweglich. Sie eilt auf Gurnemanz zu und dringt ihm ein kleines Kristallgefäß auf)*
Hier! Nimm du! – Balsam ...

GURNEMANZ Woher brachtest du dies?

KUNDRY Von weiter her als du denken kannst.
Hilft der Balsam nicht,
Arabia birgt dann nichts mehr zu seinem Heil. –
Fragt nicht weiter! Ich bin müde.
(Sie wirft sich an den Boden.)
(Ein Zug von Knappen und Rittern, die Sänfte tragend und geleitend, in welcher Amfortas ausgestreckt liegt, gelangt, von links her, auf die Bühne. – Gurnemanz hat sich, von Kundry ab-, sogleich den Ankommenden zugewendet.)

GURNEMANZ Er naht: sie bringen ihn getragen. –
O weh'! Wie trag' ich's im Gemüte,

in seiner Mannheit stolzer Blüte
des siegreichsten Geschlechtes Herrn
als seines Siechtums Knecht zu seh'n!
(zu den Knappen)
Behutsam! Hört, der König stöhnt.
(Die Knappen halten an und stellen das Siechbett nieder.)

AMFORTAS *(erhebt sich ein wenig)*
Recht so! – Habt Dank! – Ein wenig Rast. –
Nach wilder Schmerzensnacht
nun Waldes-Morgenpracht.
Im heil'gen See
wohl labt mich auch die Welle:
es staunt das Weh',
die Schmerzensnacht wird helle. –
Gawan!

ZWEITER RITTER Herr! Gawan weilte nicht.
Da seines Heilkrauts Kraft,
wie schwer er's auch errungen,
doch deine Hoffnung trog,
hat er auf neue Suche sich fortgeschwungen.

AMFORTAS Ohn' Urlaub? – Möge das er sühnen,
daß schlecht er Gralsgebote hält!
O wehe ihm, dem trotzig Kühnen,
wenn er in Klingsors Schlingen fällt!
So breche keiner mir den Frieden:
ich harre des, der mir beschieden.
«Durch Mitleid wissend» –
war's nicht so?

GURNEMANZ Uns sagtest du es so.

AMFORTAS «der reine Tor» – –:
mich dünkt ihn zu erkennen:
dürft' ich den Tod ihn nennen!

GURNEMANZ *(indem er Amfortas das Fläschchen Kundrys überreicht)*
Doch zuvor versuch' es noch mit diesem!

AMFORTAS Woher dies heimliche Gefäß?

GURNEMANZ Dir ward es aus Arabia hergeführt.

AMFORTAS Und wer gewann es?

GURNEMANZ Dort liegt's, das wilde Weib. –
Auf, Kundry, komm!
(Kundry weigert sich und bleibt am Boden.)

AMFORTAS Du, Kundry?

Muß ich dir nochmals danken,
du rastlos scheue Magd? –
Wohlan!
Den Balsam nun versuch' ich noch;
es sei aus Dank für deine Treu!

KUNDRY *(unruhig und heftig am Boden sich bewegend)*
Nicht Dank! – Haha! Was wird es helfen?
Nicht Dank! Fort, fort! Ins Bad!
(Amfortas gibt das Zeichen zum Aufbruch.)
(Der Zug entfernt sich nach dem tieferen Hintergrunde zu. – Gurnemanz, schwermütig nachblickend, und Kundry, fortwährend auf dem Boden gelagert, sind zurückgeblieben. – Knappen gehen ab und zu.)

DRITTER KNAPPE He! Du da! –
Was liegst du dort wie ein wildes Tier?

KUNDRY Sind die Tiere hier nicht heilig?

DRITTER KNAPPE Ja; doch ob heilig du,
das wissen wir grad' noch nicht.

VIERTER KNAPPE Mit ihrem Zaubersaft, wähn' ich,
wird sie den Meister vollends verderben.

GURNEMANZ Hm! – Schuf sie euch Schaden je?
Wann Alles ratlos steht,
wie kämpfenden Brüdern in fernste Länder
Kunde sei zu entsenden,
und kaum ihr nur wißt, wohin? –
Wer, ehe ihr euch nur besinnt,
stürmt und fliegt da hin und zurück,
der Botschaft pflegend mit Treu' und Glück?
Ihr nährt sie nicht, sie naht euch nie,
nichts hat sie mit euch gemein;
doch wann's in Gefahr der Hilfe gilt,
der Eifer führt sie schier durch die Luft,
die nie euch dann zum Danke ruft.
Ich wähne, ist dies Schaden,
so tät' er euch gut geraten?

DRITTER KNAPPE Doch haßt sie uns. –
Sieh' nur, wie hämisch dort nach uns sie blickt!

VIERTER KNAPPE Eine Heidin ist's, ein Zauberweib.

GURNEMANZ Ja, eine Verwünschte mag sie sein.
Hier lebt sie heut' –
vielleicht erneu't,

zu büßen Schuld aus früh'rem Leben,
die dorten ihr noch nicht vergeben.
Übt sie nun Buß' in solchen Taten,
die uns Ritterschaft zum Heil geraten,
gut tut sie dann und recht sicherlich,
dienet uns – und hilft auch sich.

DRITTER KNAPPE So ist's wohl auch jen' ihre Schuld,
die uns so manche Not gebracht?

GURNEMANZ *(sich besinnend)*
Ja, wann oft lange sie uns ferne blieb,
dann brach ein Unglück wohl herein.
Und lang' schon kenn' ich sie:
doch Titurel kennt sie noch länger:
Der fand, als er die Burg dort baute,
sie schlafend hier im Waldgestrüpp,
erstarrt, leblos, wie tot.
So fand ich selbst sie letztlich wieder,
als uns das Unheil kaum gescheh'n,
das jener Böse über den Bergen
so schmählich über uns gebracht. –
(zu Kundry)
He! Du! – Hör' mich und sag':
wo schweiftest damals du umher,
als unser Herr den Speer verlor?
(Kundry schweigt düster.)
Warum halfst du uns damals nicht?

KUNDRY Ich – helfe nie.

VIERTER KNAPPE Sie sagt's da selbst.

DRITTER KNAPPE Ist sie so treu, so kühn in Wehr,
so sende sie nach dem verlor'nen Speer!

GURNEMANZ *(düster)*
Das ist ein And'res:
jedem ist's verwehrt. –
(mit großer Ergriffenheit)
O, wunden-wundervoller
heiliger Speer!
Ich sah dich schwingen
von unheiligster Hand! –
(in Erinnerung sich verlierend)
Mit ihm bewehrt, Amfortas, allzukühner,
wer mochte dir es wehren

den Zaub'rer zu beheeren? –
Schon nah' dem Schloß wird uns der Held entrückt:
ein furchtbar schönes Weib hat ihn entzückt:
in seinen Armen liegt er trunken,
der Speer ist ihm entsunken. –
Ein Todesschrei! – Ich stürm herbei: –
von dannen Klingsor lachend schwand,
den heil'gen Speer hat er entwandt.
Des Königs Flucht gab kämpfend ich Geleite;
doch eine Wunde brannt' ihm in der Seite:
die Wunde ist's, die nie sich schließen will.
(Der erste und zweite Knappe kommen – vom See her – zurück.)

DRITTER KNAPPE *(zu Gurnemanz)*
So kanntest du Klingsor?

GURNEMANZ *(zu den zurückkommenden beiden Knappen)*
Wie geht's dem König?

ERSTER KNAPPE Ihn frischt das Bad.

ZWEITER KNAPPE Dem Balsam wich das Weh.

GURNEMANZ *(für sich)*
Die Wunde ist's, die nie sich schließen will! –

DRITTER KNAPPE Doch, Väterchen, sag' und lehr' uns fein:
du kanntest Klingsor – wie mag das sein?
(Der dritte und der vierte Knappe hatten sich zuletzt schon zu Gurnemanz' Füßen niedergesetzt; die beiden anderen gesellen sich jetzt in gleicher Weise zu ihnen unter dem großen Baum.)

GURNEMANZ Titurel, der fromme Held,
der kannt' ihn wohl.
Denn ihm, da wilder Feinde List und Macht
des reinen Glaubens Reich bedrohten,
ihm neigten sich in heilig ernster Nacht
dereinst des Heilands selige Boten:
daraus der trank beim letzten Liebesmahle,
das Weihgefäß, die heilig edle Schale,
darein am Kreuz sein göttlich Blut auch floß,
dazu den Lanzenspeer, der dies vergoß –
der Zeugengüter höchstes Wundergut, –
das gaben sie in unsres Königs Hut.
Dem Heiltum baute er das Heiligtum.
Die seinem Dienst ihr zugesindet
auf Pfaden, die kein Sünder findet,
ihr wißt, daß nur dem Reinen

vergönnt ist, sich zu einen
den Brüdern, die zu höchsten Rettungswerken
des Grales Wunderkräfte stärken.
Drum blieb es dem, nach dem ihr fragt, verwehrt,
Klingsor'n, wie hart ihn Müh' auch drob beschwert
Jenseits im Tale war er eingesiedelt;
darüber hin liegt üpp'ges Heidenland:
unkund blieb mir, was dorten er gesündigt;
doch wollt' er büßen nun, ja heilig werden.
Ohnmächtig, in sich selbst die Sünde zu ertöten,
an sich legt' er die Frevlerhand,
die nun, dem Grale zugewandt,
verachtungsvoll des' Hüter von sich stieß;
darob die Wut nun Klingsorn unterwies,
wie seines schmähl'chen Opfers Tat
ihm gäbe zu bösem Zauber Rat;
den fand er nun: –
Die Wüste schuf er sich zum Wonnegarten,
d'rin wachsen teuflisch holde Frauen;
dort will des Grales Ritter er erwarten
zu böser Lust und Höllengrauen:
wen er verlockt, hat er erworben;
schon viele hat er uns verdorben. –
Da Titurel, in hohen Alters Mühen,
dem Sohn die Herrschaft hier verliehen:
Amfortas ließ es da nicht ruh'n,
der Zauberplag' Einhalt zu tun;
das wißt ihr, wie es da sich fand:
der Speer ist nun in Klingsors Hand;
kann er selbst Heilige mit dem verwunden,
den Gral auch wähnt er fest schon uns entwunden.

VIERTER KNAPPE Vor allem nun: der Speer kehr' uns zurück!

DRITTER KNAPPE Ha, wer ihn brächt', ihm wär's zu Ruhm und Glück!

GURNEMANZ Vor dem verwaisten Heiligtum
in brünst'gem Beten lag Amfortas,
ein Rettungszeichen bang erflehend:
ein sel'ger Schimmer da entfloß dem Grale,
ein heilig' Traumgesicht
nun deutlich zu ihm spricht
durch hell erschauter Wortezeichen Mahle: –
«durch Mitleid wissend

der reine Tor,
harre sein',
den ich erkor.»

DIE VIER KNAPPEN

«durch Mitleid wissend
der reine Tor –»
(Vom See her vernimmt man plötzlich Geschrei und das Rufen der Ritter und Knappen.)
(Gurnemanz und die vier Knappen fahren auf und wenden sich erschrocken um.)

KNAPPEN UND RITTER

Weh! – Weh! – Hoho!
Auf! – Wer ist der Frevler?
(Ein wilder Schwan flattert matten Fluges vom See daher: die Knappen und Ritter folgen ihm nach auf die Szene.)

GURNEMANZ Was gibt's?

VIERTER KNAPPE Dort!

DRITTER KNAPPE Hier!

ZWEITER KNAPPE Ein Schwan!

VIERTER KNAPPE Ein wilder Schwan!

DRITTER KNAPPE Er ist verwundet.

ALLE RITTER UND KNAPPEN

Ha! Wehe! Wehe!

GURNEMANZ Wer schoß den Schwan?
(Der Schwan sinkt, nach mühsamem Fluge, matt zu Boden; der zweite Ritter zieht ihm den Pfeil aus der Brust.)

ERSTER RITTER Der König grüßte ihn als gutes Zeichen,
als überm See kreiste der Schwan:
da flog ein Pfeil –

KNAPPEN UND RITTER

(Parsifal hereinführend – auf Parsifals Bogen weisend)
Der war's! Der schoß!
Dies der Bogen!

ZWEITER RITTER *(den Pfeil aufweisend)*
Hier den Pfeil, den seinen gleich.

GURNEMANZ Bist du's, der diesen Schwan erlegte?

PARSIFAL Gewiß! Im Fluge treff' ich, was fliegt.

GURNEMANZ Du tatest das? Und bangt' es dich nicht vor der Tat?

KNAPPEN UND RITTER

Strafe den Frevler!

GURNEMANZ Unerhörtes Werk!

Du konntest morden, hier im heil'gen Walde,
des' stiller Frieden dich umfing?
Des Haines Tiere nahten dir nicht zahm,
grüßten dich freundlich und fromm?
Aus den Zweigen, was sangen die Vöglein dir?
Was tat dir der treue Schwan?
Sein Weibchen zu suchen flog der auf,
mit ihm zu kreisen über dem See,
den so er herrlich weih'te zum Bad.
Dem stauntest du nicht? Dich lockt' es nur
zu wild kindischem Bogengeschoß? –
Er war uns hold: was ist er nun dir?
Hier – schau' her! – hier traf'st du ihn:
da starrt noch das Blut, matt hängen die Flügel;
das Schneegefieder dunkel befleckt, –
gebrochen das Aug', siehst du den Blick?
(Parsifal hat Gurnemanz mit wachsender Ergriffenheit zugehört; jetzt zerbricht er seinen Bogen und schleudert die Pfeile von sich.)
Wirst deiner Sündentat du inne? –
(Parsifal führt die Hand über die Augen.)
Sag', Knab'! Erkennst du deine große Schuld?
Wie konntest du sie begeh'n?

PARSIFAL Ich wußte sie nicht.

GURNEMANZ Wo bist du her?

PARSIFAL Das weiß ich nicht.

GURNEMANZ Wer ist dein Vater?

PARSIFAL Das weiß ich nicht.

GURNEMANZ Wer sandte dich dieses Weges?

PARSIFAL Das weiß ich nicht.

GURNEMANZ Dein Name denn?

PARSIFAL Ich hatte viele,
doch weiß ich ihrer keinen mehr.

GURNEMANZ Das weißt du alles nicht?
(für sich)
So dumm wie den
erfand bisher ich Kundry nur. –
(Zu den Knappen, deren sich immer mehr versammelt haben.)
Jetzt geht!
Versäumt den König im Bade nicht! – Helft!
(Die Knappen heben den toten Schwan ehrerbietig auf eine Bahre von frischen Zweigen und entfernen sich mit ihm dann nach dem

See zu. Schließlich bleiben Gurnemanz, Parsifal und – abseits – Kundry allein zurück.)
Nun sag'! Nichts weißt du, was ich dich frage:
jetzt meld', was du weißt;
denn etwas mußt du doch wissen.

PARSIFAL Ich hab' eine Mutter; Herzeleide sie heißt:
im Wald und auf wilder Aue waren wir heim.

GURNEMANZ Wer gab dir den Bogen?

PARSIFAL Den schuf ich mir selbst,
vom Forst die wilden Adler wegzuscheuchen.

GURNEMANZ Doch adelig scheinst du selbst und hochgeboren:
warum nicht ließ deine Mutter
bessere Waffen dich lehren?

KUNDRY *(welche während der Erzählung des Gurnemanz von Amfortas' Schicksal oft in wütender Unruhe heftig sich umgewendet hatte, nun aber, immer in der Waldecke gelagert, den Blick scharf auf Parsifal gerichtet hat, ruft jetzt, da Parsifal schweigt, mit rauher Stimme daher)*
Den Vaterlosen gebar die Mutter,
als im Kampf erschlagen Gamuret;
vor gleichem frühen Heldentod
den Sohn zu wahren, waffenfremd
in Öden erzog sie ihn zum Toren –
die Törin!
(Sie lacht.)

PARSIFAL *(der mit jäher Aufmerksamkeit zugehört, lebhaft)*
Ja! Und einst am Waldessaume vorbei,
auf schönen Tieren sitzend,
kamen glänzende Männer:
ihnen wollt' ich gleichen:
sie lachten und jagten davon.
Nun lief ich nach, doch konnt' ich sie nicht erreichen.
Durch Wildnisse kam ich, bergauf, talab;
oft ward es Nacht, dann wieder Tag:
mein Bogen mußte mir frommen
gegen Wild und große Männer ...

KUNDRY *(hat sich erhoben und ist zu den Männern getreten; eifrig)*
Ja, Schächer und Riesen traf seine Kraft:
den freislichen Knaben lernten sie fürchten.

PARSIFAL *(verwundert)*
Wer fürchtet mich? Sag'!

KUNDRY Die Bösen.

PARSIFAL Die mich bedrohten, waren sie bös'?
(Gurnemanz lacht.)
Wer ist gut?

GURNEMANZ *(wieder ernst)*
Deine Mutter, der du entlaufen
und die um dich sich nun härmt und grämt.

KUNDRY Zu End' ihr Gram: seine Mutter ist tot.

PARSIFAL Tot? – Meine Mutter? – Wer sagt's?

KUNDRY Ich ritt vorbei und sah sie sterben:
dich Toren hieß sie mich grüßen.
(Parsifal springt wütend auf Kundry zu und faßt sie bei der Kehle.)

GURNEMANZ *(hält ihn zurück)*
Verrückter Knabe! Wieder Gewalt?
(Nachdem Gurnemanz Kundry befreit, steht Parsifal lange wie erstarrt.)
Was tat dir das Weib? Es sagte wahr;
denn nie lügt Kundry, doch sah sie viel.

PARSIFAL *(gerät in heftiges Zittern)*
Ich verschmachte! –
(Kundry ist sogleich, als sie Parsifals Zustand gewahrte, nach einem Waldquell geeilt, bringt jetzt Wasser in einem Horne, besprengt damit zunächst Parsifal und reicht ihm dann zu trinken.)

GURNEMANZ So recht! So nach des Grales Gnade:
das Böse bannt, wer's mit Gutem vergilt.

KUNDRY *(düster)*
Nie tu ich Gutes,
(Sie wendet sich traurig ab.)
– nur Ruhe will ich.
(Während Gurnemanz sich väterlich um Parsifal bemüht, schleppt Kundry sich, von beiden unbemerkt, einem Waldgebüsche zu.)
Nur Ruhe! Ach, der Müden! –
Schlafen! – Oh, daß mich keiner wecke!
(scheu auffahrend)
Nein! Nicht schlafen! – Grausen faßt mich!
(Sie verfällt in heftiges Zittern; dann läßt sie die Arme matt sinken.)
Machtlose Wehr! Die Zeit ist da.

Schlafen – schlafen –: ich muß.
(Sie sinkt hinter dem Gebüsch zusammen und bleibt von jetzt an unbemerkt.)
(Vom See her gewahrt man Bewegung, und endlich den im Hintergrunde sich heim wendenden Zug der Ritter und Knappen mit der Sänfte.)

GURNEMANZ Vom Bade kehrt der König heim;
hoch steht die Sonne:
nun laß zum frommen Mahle mich dich geleiten;
denn, – bist du rein,
wird nun der Gral dich tränken und speisen.
(Hier hat die unmerkliche Verwandlung der Bühne bereits begonnen.)
(Er hat Parsifals Arm sich sanft um den Nacken gelegt und dessen Leib mit seinem eigenen Arme umschlungen; so geleitet er ihn bei sehr allmählichem Schreiten.)

PARSIFAL Wer ist der Gral?

GURNEMANZ Das sagt sich nicht;
doch bist du selbst zu ihm erkoren,
bleibt dir die Kunde unverloren. –
Und sieh'! –
Mich dünkt, daß ich dich recht erkannt:
kein Weg führt zu ihm durch das Land,
und niemand könnte ihn beschreiten,
den er nicht selber möcht' geleiten.

PARSIFAL Ich schreite kaum, –
doch wähn' ich mich schon weit.

GURNEMANZ Du sieh'st, mein Sohn,
zum Raum wird hier die Zeit.
(Allmählich, während Gurnemanz und Parsifal zu schreiten scheinen, hat sich die Szene bereits immer merklicher verwandelt; es verschwindet so der Wald, und in Felswänden öffnet sich ein Torweg, welcher die beiden jetzt einschließt. – Durch aufsteigende gemauerte Gänge führend, hat die Szene sich vollständig verwandelt: Gurnemanz und Parsifal treten jetzt in den mächtigen Saal der Gralsburg ein.)
Nun achte wohl; und laß mich seh'n,
bist du ein Tor und rein,
welch Wissen dir auch mag beschieden sein. –
(Säulenhalle mit Kuppelgewölbe, den Speiseraum überdeckend. – Auf beiden Seiten des Hintergrundes werden die Türen geöff-

net: von rechts schreiten die Ritter des Grales herein und reihen sich um die Speisetafeln.)

DIE GRALSRITTER Zum letzten Liebesmahle
gerüstet Tag für Tag,
(Ein Zug von Knappen durchschreitet schnelleren Schrittes die Szene nach hinten zu.)
gleich ob zum letzten Male
es heut uns letzen mag,
(Ein zweiter Zug von Knappen durchschreitet den Saal.)
wer guter Tat sich freu't,
ihm wird das Mahl erneu't:
der Labung darf er nah'n,
die hehrste Gab' empfah'n.
(Die versammelten Ritter stellen sich an den Speisetafeln auf. – Hier wird von Knappen und dienenden Brüdern, durch die entgegengesetzte Türe, Amfortas auf einer Sänfte hereingetragen; vor ihm schreiten die vier Knappen, welche den verhängten Schrein des Grales tragen. Dieser Zug begibt sich nach der Mitte des Hintergrundes, wo ein erhöhtes Ruhebett aufgerichtet steht, auf welches Amfortas von der Sänfte herab niedergelassen wird; hiervor steht ein länglicher Steintisch, auf welchen die Knaben den verhängten Grals-Schrein hinstellen.)

STIMMEN DER JÜNGLINGE
(aus der mittleren Höhe der Kuppel vernehmbar)
Den sündigen Welten
mit tausend Schmerzen
wie einst sein Blut geflossen,
dem Erlösungs-Helden
sei nun mit freudigem Herzen
mein Blut vergossen.
Der Leib, den er zur Sühn' uns bot,
er lebt in uns durch seinen Tod.

KNABEN *(aus der äußersten Höhe der Kuppel)*
Der Glaube lebt;
die Taube schwebt,
des Heilands holder Bote.
Der für euch fließt,
des Weins genießt
und nehmt vom Lebensbrote!
(Nachdem alle ihre Stelle eingenommen, und ein allgemeiner Stillstand eingetreten war, vernimmt man, vom tiefsten Hinter-

grunde her, aus einer gewölbten Nische hinter dem Ruhebette des Amfortas, die Stimme des alten Titurel, wie aus einem Grabe heraufdringend.)

TITUREL Mein Sohn Amfortas! Bist du am Amt?
(langes Schweigen)
Soll ich den Gral heut' noch erschau'n und leben?
(langes Schweigen)
Muß ich sterben, vom Retter ungeleitet?

AMFORTAS *(im Ausbruche qualvoller Verzweiflung sich halb aufrichtend)*
Wehe! Wehe mir der Qual! –
Mein Vater, oh! noch einmal
verrichte du das Amt!
Lebe, leb' und laß mich sterben!

TITUREL Im Grabe leb' ich durch des Heilands Huld;
zu schwach doch bin ich, ihm zu dienen:
du büß' im Dienste deine Schuld! –
Enthüllet den Gral!

AMFORTAS *(gegen die Knaben sich erhebend)*
Nein! Laßt ihn unenthüllt – Oh! –
Daß keiner, keiner diese Qual ermißt,
die mir der Anblick weckt, der euch entzückt! –
Was ist die Wunde, ihrer Schmerzen Wut,
gegen die Not, die Höllenpein,
zu diesem Amt – verdammt zu sein! –
Wehvolles Erbe, dem ich verfallen,
ich, einz'ger Sünder unter allen,
des höchsten Heiligtums zu pflegen,
auf Reine herabzuflehen seinen Segen!
Oh, Strafe, Strafe ohnegleichen
des – ach! – gekränkten Gnadenreichen! –
Nach Ihm, nach Seinem Weihegruße
muß sehnlich mich's verlangen;
aus tiefster Seele Heilesbuße
zu Ihm muß ich gelangen. –
Die Stunde naht: –
ein Lichtstrahl senkt sich auf das heilige Werk;
die Hülle fällt:
(vor sich hinstarrend)
des Weihgefäßes göttlicher Gehalt
erglüht mit leuchtender Gewalt; –

durchzückt von seligsten Genusses Schmerz,
des heiligsten Blutes Quell
fühl ich sich gießen in mein Herz:
des eig'nen sündigen Blutes Gewell'
in wahnsinniger Flucht
muß mir zurück dann fließen,
in die Welt der Sündensucht
mit wilder Scheu sich ergießen: –
von neuem sprengt es das Tor,
daraus es nun strömt hervor,
hier durch die Wunde, der Seinen gleich,
geschlagen von desselben Speeres Streich,
der dort dem Erlöser die Wunde stach,
aus der mit blut'gen Tränen
der Göttliche weint' ob der Menschheit Schmach
in Mitleids heiligem Sehnen, –
und aus der nun mir, an heiligster Stelle,
dem Pfleger göttlichster Güter,
des Erlösungsbalsams Hüter,
das heiße Sündenblut entquillt, –
ewig erneu't aus des Sehnens Quelle,
das, ach! keine Büßung je mir stillt!
Erbarmen! Erbarmen!
Du Allerbarmer, ach! Erbarmen!
Nimm mir mein Erbe,
schließe die Wunde,
daß heilig ich sterbe,
rein Dir gesunde!
(Er sinkt wie bewußtlos zurück.)

KNABEN UND JÜNGLINGE
(aus der Höhe, unsichtbar)
«Durch Mitleid wissend,
der reine Tor:
harre sein',
den ich erkor.»

DIE RITTER So ward es dir verhießen,
harre getrost;
des Amtes walte heut'!

TITUREL Enthüllet den Gral!
(Amfortas erhebt sich langsam und mühevoll.)
(Die Knaben nehmen die Decke vom goldnen Schreine, entneh-

men ihm eine antike Kristallschale, von welcher sie ebenfalls eine Verhüllung hinwegnehmen, und setzen diese vor Amfortas hin.)
(Während Amfortas andachtsvoll in stummem Gebete zu dem Kelche sich neigt, verbreitet sich eine immer dichtere Dämmerung über die Halle.)

STIMMEN *(aus der Höhe)*
«Nehmet hin meinen Leib,
nehmet hin mein Blut
um uns'rer Liebe willen!
(Eintritt der vollsten Dunkelheit.)

KNABEN *(aus der Höhe)*
Nehmet hin mein Blut,
nehmet hin meinen Leib,
auf daß ihr mein gedenkt.»
(Hier dringt ein blendender Lichtstrahl von oben auf die Kristallschale herab; diese erglüht sodann in leuchtender Purpurfarbe, alles sanft bestrahlend.) – (Amfortas, mit verklärter Miene, erhebt den «Gral» hoch und schwenkt ihn sanft nach allen Seiten, worauf er damit Brot und Wein segnet. Alles ist auf den Knien.)

TITUREL Oh! Heilige Wonne!
Wie hell grüßt uns heute der Herr!
(Amfortas setzt den «Gral» wieder nieder, welcher nun, während die tiefe Dämmerung wieder entweicht, immer mehr erblaßt: hierauf schließen die Knaben das Gefäß wieder in den Schrein und bedecken diesen, wie zuvor. – Hier tritt die frühere Tageshelle wieder ein. Die vier Knaben verteilen während des Folgenden aus den zwei Krügen und Körben Wein und Brot.)
(Die vier Knaben, nachdem sie den Schrein verschlossen, nehmen nun die zwei Weinkrüge sowie die zwei Brotkörbe, welche Amfortas zuvor durch das Schwenken des Gralskelches über sie gesegnet hatte, von dem Altartische, verteilen das Brot an die Ritter und füllen die vor ihnen stehenden Becher mit Wein. Die Ritter lassen sich zum Mahle nieder, so auch Gurnemanz, welcher einen Platz neben sich leer hält und Parsifal durch ein Zeichen zur Teilnehmung am Mahle einlädt: Parsifal bleibt aber starr und stumm, wie gänzlich entrückt, zur Seite stehen.)

KNABEN *(aus der Höhe)*
Wein und Brot des letzten Mahles
wandelt' einst der Herr des Grales
durch des Mitleids Liebesmacht
in das Blut, das er vergoß,

in den Leib, den dar er bracht'.

JÜNGLINGE *(aus der mittleren Höhe der Kuppel)*
Blut und Leib der heil'gen Gabe
wandelt heut' zu eurer Labe
sel'ger Tröstung Liebesgeist
in den Wein, der euch nun floß,
in das Brot, das heut' ihr speist.

DIE RITTER *(erste Hälfte)*
Nehmet vom Brot,
wandelt es kühn
in Leibes Kraft und Stärke;
treu bis zum Tode,
fest jedem Müh'n,
zu wirken des Heilands Werke.

DIE RITTER *(zweite Hälfte)*
Nehmet vom Wein,
wandelt ihn neu
zu Lebens feurigem Blute,
froh im Verein,
brudergetreu
zu kämpfen mit seligem Mute.

ALLE RITTER Selig im Glauben!
Selig in Liebe!

JÜNGLINGE *(mittlere Höhe der Kuppel)*
Selig in Liebe!

KNABEN *(volle Höhe der Kuppel)*
Selig im Glauben!

(Die Ritter haben sich erhoben und schreiten von beiden Seiten auf sich zu, um während des Folgenden sich feierlich zu umarmen. Während des Mahles, an welchem er nicht teilnahm, ist Amfortas aus seiner begeisterungsvollen Erhebung allmählich wieder herabgesunken: er neigt das Haupt und hält die Hand auf die Wunde. Die Knaben nähern sich ihm; ihre Bewegungen deuten auf das erneute Bluten der Wunde: sie pflegen Amfortas, geleiten ihn wieder auf die Sänfte und, während alle sich zum Aufbruch rüsten, tragen sie, in der Ordnung wie sie kamen, Amfortas und den heiligen Schrein wieder von dannen. Die Ritter ordnen sich ebenfalls wieder zum feierlichen Zuge und verlassen langsam den Saal. – Hier entfernt sich der Zug mit Amfortas gänzlich. – Verminderte Tageshelle tritt ein. – Knappen ziehen wieder schnelleren Schrittes durch die Halle. – Die letzten Ritter und

Knappen haben hier den Saal verlassen: Parsifal hatte bei dem vorangehendem stärksten Klagerufe des Amfortas eine heftige Bewegung nach dem Herzen gemacht, welches er krampfhaft eine Zeitlang gefaßt hielt; jetzt steht er noch wie erstarrt, regungslos da. Gurnemanz tritt mißmutig an Parsifal heran und rüttelt ihn am Arme.)

GURNEMANZ Was stehst du noch da?
Weißt du, was du sah'st?
(Parsifal faßt sich krampfhaft am Herzen und schüttelt dann ein wenig sein Haupt.)
(Gurnemanz sehr ärgerlich)
Du bist doch eben nur ein Tor!
(Er öffnet eine schmale Seitentür.)
Dort hinaus, deinem Wege zu!
Doch rät dir Gurnemanz:
laß du hier künftig die Schwäne in Ruh'
und suche dir, Gänser, die Gans!
(Er stößt Parsifal hinaus und schlägt mürrisch hinter ihm die Türe stark zu. Während er dann den Rittern folgt, schließt auf dem letzten Takte mit der Fermate sich der Vorhang.)

EINE ALTSTIMME *(aus der Höhe)*
«Durch Mitleid wissend,
der reine Tor.»

KNABEN *(aus der höchsten Höhe)*
UND JÜNGLINGE *(mittlere Höhe)*
Selig im Glauben!

Zweiter Aufzug

Klingsors Zauberschloß

Im inneren Verließe eines nach oben offenen Turmes. Steinstufen führen nach dem Zinnenrande der Turmmauer; Finsternis in der Tiefe, nach welcher es von dem Mauervorsprunge, den der Boden darstellt, hinabführt. Zauberwerkzeuge und nekromantische Vorrichtungen.

Klingsor auf dem Mauervorsprunge zur Seite, vor einem Metallspiegel sitzend.

KLINGSOR Die Zeit ist da. –
Schon lockt mein Zauberschloß den Toren,
den, kindisch jauchzend, fern ich nahen seh'. –
Im Todesschlafe hält der Fluch sie fest,
der ich den Krampf zu lösen weiß. –
Auf denn! An's Werk!
(Er steigt, der Mitte zu, etwas tiefer hinab und entzündet dort Räucherwerk, welches alsbald den Hintergrund mit einem bläulichen Dampfe erfüllt. Dann setzt er sich wieder vor die Zauberwerkzeuge und ruft, mit geheimnisvollen Gebärden, nach dem Abgrunde.)
Herauf! Herauf! Zu mir!
Dein Meister ruft dich Namenlose:
Urteufelin, Höllenrose!
Herodias warst du, und was noch?
Gundryggia dort, Kundry hier:
Hierher! Hierher denn! Kundry!
Dein Meister ruft: herauf!
(In dem bläulichen Lichte steigt Kundrys Gestalt herauf. Sie scheint schlafend. – Kundrys Gestalt macht die Bewegung einer Erwachenden. – Sie stößt einen gräßlichen Schrei aus.)
Erwachst du? Ha!
Meinem Banne wieder
verfielst heut' du zur rechten Zeit.
(Kundry läßt ein Klagegeheul, von größter Heftigkeit bis zu bangem Wimmern sich abstufend, vernehmen.)
Sag', wo triebst du dich wieder umher?
Pfui! Dort bei dem Rittergesipp',
wo wie ein Vieh du dich halten läßt?

Gefällt dir's bei mir nicht besser?
Als ihren Meister du mir gefangen –
haha – den reinen Hüter des Grales –
was jagte dich da wieder fort?

KUNDRY *(rauh und abgebrochen, wie im Versuche, wieder Sprache zu gewinnen)*
Ach! – Ach!
Tiefe Nacht! –
Wahnsinn! – Oh! – Wut! –
Ach! – Jammer! –
Schlaf – Schlaf –
tiefer Schlaf! – Tod!

KLINGSOR Da weckte dich ein andrer? He?

KUNDRY *(wie zuvor)*
Ja! – Mein Fluch! –
Oh! – Sehnen – Sehnen! –

KLINGSOR Haha! – dort nach den keuschen Rittern?

KUNDRY Da – da – dient' ich.

KLINGSOR Ja, ja! – den Schaden zu vergüten,
den du ihnen böslich gebracht?
Sie helfen dir nicht:
feil sind sie alle,
biet' ich den rechten Preis;
der festeste fällt,
sinkt er dir in die Arme;
und so verfällt er dem Speer,
den ihrem Meister selbst ich entwandt. –
Den Gefährlichsten gilt's nun heut' zu besteh'n:
ihn schirmt der Torheit Schild.

KUNDRY Ich – will nicht! Oh! – Oh!

KLINGSOR Wohl willst du, denn du mußt.

KUNDRY Du – kannst mich – nicht – halten.

KLINGSOR Aber dich fassen.

KUNDRY Du?

KLINGSOR Dein Meister.

KUNDRY Aus welcher Macht?

KLINGSOR Ha! Weil einzig an mir
deine Macht – nichts vermag.

KUNDRY *(grell lachend)*
Haha! – Bist du keusch?

KLINGSOR Was frägst du das, verfluchtes Weib? –

Furchtbare Not! –
So lacht nun der Teufel mein,
daß einst ich nach dem Heiligen rang!
Furchtbare Not!
Ungebändigten Sehnens Pein,
schrecklichster Triebe Höllendrang,
den ich zum Todesschweigen mir zwang –
lacht und höhnt er nun laut
durch dich, des Teufels Braut? –
Hüte dich!
Hohn und Verachtung büßte schon einer:
der Stolze, stark in Heiligkeit,
der einst mich von sich stieß,
sein Stamm verfiel mir,
unerlöst
soll der Heiligen Hüter mir schmachten;
und bald – so wähn' ich –
hüt' ich mir selbst den Gral. – –
Haha!
Gefiel er dir wohl, Amfortas, der Held,
den ich zur Wonne dir gesellt?

KUNDRY Oh! – Jammer! – Jammer!
Schwach auch er! – Schwach – alle!
Meinem Fluche mit mir
alle verfallen! –
Oh, ewiger Schlaf,
einziges Heil,
wie – wie dich gewinnen?

KLINGSOR Ha! Wer dir trotzte, löste dich frei:
versuch's mit dem Knaben, der nah't!

KUNDRY Ich – will nicht!

KLINGSOR *(steigt hastig auf die Turmmauer)*
Jetzt schon erklimmt er die Burg.

KUNDRY Oh! Wehe! Wehe!
Erwachte ich darum?
Muß ich? – Muß?

KLINGSOR *(hinabblickend)*
Ha! – Er ist schön, der Knabe!

KUNDRY Oh! – Oh! – Wehe mir! –

KLINGSOR *(stößt, nach außen gewandt, in ein Horn)*
Ho! Ihr Wächter! Ho! Ritter!

Helden! – Auf! – Feinde nah!
Ha! Wie zur Mauer sie stürmen,
die betörten Eigenholde,
zum Schutz ihres schönen Geteufels! –
So! Mutig! Mutig! –
Haha! Der fürchtet sich nicht: –
dem Helden Ferris entwand er die Waffe;
die führt er nun freislich wider den Schwarm.
(Kundry gerät in unheimliches ekstatisches Lachen bis zu krampfhaftem Wehegeschrei.)
Wie übel den Tölpeln der Eifer gedeiht!
Dem schlug er den Arm, jenem den Schenkel.
Haha! – Sie weichen.
(Kundry verschwindet.)
Sie fliehen.
(Das bläuliche Licht ist erloschen: volle Finsternis in der Tiefe, wogegen glänzende Himmelsbläue über der Mauer.)
Seine Wunde trägt jeder nach heim!
Wie das ich euch gönne!
Möge denn so
das ganze Rittergezücht
unter sich selber sich würgen!
Ha! Wie stolz er nun steht auf der Zinne!
Wie lachen ihm die Rosen der Wangen,
da kindisch erstaunt
in den einsamen Garten er blickt!
(Er wendet sich nach der Tiefe des Hintergrundes um.)
He! Kundry!
Wie? Schon am Werk? –
Haha! Den Zauber wußt' ich wohl,
der immer dich wieder zum Dienst mir gesellt!
(sich wieder nach außen wendend)
Du da, kindischer Sproß,
was auch
Weissagung dich wies,
zu jung und dumm
fielst du in meine Gewalt: –
die Reinheit dir entrissen,
bleibst mir du zugewiesen!
(Er versinkt schnell mit dem ganzen Turme; zugleich steigt der Zaubergarten auf und erfüllt die Bühne gänzlich. Tropische Ve-

getation, üppigste Blumenpracht; nach dem Hintergrunde zu Abgrenzung durch die Zinne der Burgmauer, an welche sich seitwärts Vorsprünge des Schloßbaues selbst, arabischen reichen Stiles, mit Terrassen anlehnen.)
(Auf der Mauer steht Parsifal, staunend in den Garten hinabblikkend. – Von allen Seiten her, zuerst aus dem Garten, dann aus dem Palaste, stürzen wirr durcheinander, einzeln, dann zugleich immer mehr schöne Mädchen herein: sie sind mit flüchtig übergeworfenen, zartfarbigen Schleiern verhüllt, wie soeben aus dem Schlafe aufgeschreckt.)
(Das Ensemble der «Blumenmädchen» besteht aus zwei Gruppen von je drei ersten Sängerinnen, sowie zwei Halbchören von ersten, zweiten und dritten Sopranistinnen, von denen jeder wiederum in zwei Hälften geteilt wird.)

II. UND III. MÄDCHEN
Hier! Hier war das Tosen!
2. UND 3. MÄDCHEN
Hier! Hier war das Tosen!
1. UND I. MÄDCHEN
Waffen!
3. UND II. MÄDCHEN
Ja, wir hörten sein Horn!
3. UND III. MÄDCHEN
Wehe!
1. UND I. MÄDCHEN
Wer ist der Frevler?
2., 3., II., III. MÄDCHEN
Wo ist der Frevler?
1. HALBCHOR Wilde Rüfe!
2. HALBCHOR Wer ist der Frevler?
ALLE Auf zur Rache!
1. MÄDCHEN Mein Geliebter verwundet!
I. MÄDCHEN Wo find' ich den meinen?
2. MÄDCHEN Ich erwachte alleine!
ALLE Wohin entfloh'n sie?
I. MÄDCHEN Wo ist mein Geliebter?
3. MÄDCHEN Wo find' ich den meinen?
II. MÄDCHEN Ich erwachte alleine!
1. MÄDCHEN Oh! Weh, ach, wehe!
I. MÄDCHEN Wehe! Wehe!
ALLE Wo sind uns're Lieben?

Drinnen im Saale!
Wir sah'n sie mit blutender Wunde.
Auf, ihnen zur Hilfe!
Wer (wo) ist der (unser) unser Feind?

III. MÄDCHEN Da steht er!

CHOR Seht ihn dort! Da steht er! Dort!

1. MÄDCHEN Meines Ferris Schwert in seiner Hand!

2. MÄDCHEN Meines Liebsten Blut hab ich erkannt!

ALLE Ich sah's! Der stürmte die Burg!

III. MÄDCHEN Ich hörte des Meisters Horn.

3. UND II. MÄDCHEN
Ja, wir hörten sein Horn!

1., 4., III. MÄDCHEN
Mein Held lief herzu.

2. UND 3. MÄDCHEN
Sie kamen alle herzu.

ALLE Weh! Weh ihm, der sie uns schlug!

2. HALBCHOR *(Altstimmen)*
Sie kamen alle, doch jeden
empfing seine Wehr.

2. MÄDCHEN Der schlug meinen Liebsten.

1. MÄDCHEN Mir traf er den Freund.

II. MÄDCHEN Noch blutet die Waffe.

I. MÄDCHEN Meines Liebsten Feind!

ALLE Weh! Du dort! Ach wehe!
Was schufst du uns solche Not?
Verwünscht, verwünscht sollst du sein!
(Parsifal springt tiefer in den Garten herab, die Mädchen weichen jäh zurück.)

ALLE MÄDCHEN Ha, Kühner!

1., I./II. MÄDCHEN
Wagst du zu nahen?

2., 3., III. MÄDCHEN
Was schlugst du uns're Geliebten?

PARSIFAL *(voll Verwunderung anhaltend)*
Ihr schönen Kinder, mußt' ich sie nicht schlagen?
Zu euch, ihr Holden, ja wehrten sie mir den Weg.

I. MÄDCHEN Zu uns wolltest du?

1. MÄDCHEN Sah'st du uns schon?

PARSIFAL Noch nie sah ich solch' zieres Geschlecht:
nenn' ich euch schön, dünkt euch das recht?

2. MÄDCHEN So willst du uns wohl nicht schlagen?
I. MÄDCHEN Willst uns nicht schlagen?
PARSIFAL Das möcht' ich nicht.
I. MÄDCHEN Doch Schaden schufst du so vielen.
2., 3., II./III. MÄDCHEN
Großen und vielen!
1. UND I. MÄDCHEN
Du schlugest uns're Gespielen!
ALLE MÄDCHEN Wer spielt nun mit uns?
(Die Mädchen, von Verwunderung in Heiterkeit übergegangen, brechen jetzt in ein lustiges Gelächter aus. Während Parsifal immer näher zu den aufgeregten Gruppen tritt, entweichen unmerklich die Mädchen der ersten Gruppe und des ersten Chors hinter die Blumenhäge, um ihren Blumenschmuck zu vollenden.)
PARSIFAL Das tu' ich gern.
SOLI UND CHOR DER 2. GRUPPE
Bist du uns hold, so bleib' nicht fern!
I. MÄDCHEN Und willst du uns nicht schelten –
II. MÄDCHEN – wir werden dir's entgelten.
I. MÄDCHEN Wir spielen nicht um Gold.
III. MÄDCHEN Wir spielen nicht um Gold.
II. MÄDCHEN Wir spielen nicht um Gold.
I. MÄDCHEN Wir spielen um Minne's Sold.
II. MÄDCHEN Willst auf Trost du uns sinnen –
I. MÄDCHEN – sollst den du uns abgewinnen!
(Die Mädchen der ersten Gruppe und des ersten Chors kommen mit dem Folgenden, ganz in ihren Blumengewändern, selbst Blumen scheinend, zurück und stürzen sich sofort auf Parsifal.)
2. MÄDCHEN Lasset den Knaben!
1. MÄDCHEN Er gehöret mir!
3. MÄDCHEN Nein!
1. MÄDCHEN Nein!
CHOR DER 1. GRUPPE
Nein, mir!
(Während die Zurückgekommenen sich um Parsifal drängen, verlassen die Mädchen der zweiten Gruppe und des zweiten Chors hastig die Szene, um sich ebenfalls zu schmücken.)
SOLI UND CHOR DER 2. GRUPPE
Ha, die Falschen!
Sie schmückten heimlich sich!

(Während des Folgenden drehen sich die Mädchen, wie in anmutigem Kinderspiele, um Parsifal, sanft ihm Wange und Kinn streichelnd.)

DIE MÄDCHEN DER 1. GRUPPE
Komm, komm, holder Knabe!

1. MÄDCHEN Komm, o holder Knabe!

DIE ÜBRIGEN MÄDCHEN
Laß mich dir blühen!
Dir zu Wonn und Labe
gilt mein minniges Mühen.

1. MÄDCHEN Komm, holder Knabe!

DIE ÜBRIGEN MÄDCHEN
Komm, holder Knabe!
(Die zweite Gruppe und der zweite Chor kommen, ebenfalls geschmückt, zurück und gesellen sich dem Spiele.)

1. UND I. MÄDCHEN
Laß mich dir erblühen!

ALLE MÄDCHEN Dir zu Wonn' und Labe
gilt mein minniges Mühen!

PARSIFAL *(heiter, ruhig in der Mitte der Mädchen)*
Wie duftet ihr hold!
Seid ihr denn Blumen?

1. MÄDCHEN Des Gartens Zier –

I. MÄDCHEN – und duftende Geister!

1. UND I. MÄDCHEN
Im Lenz pflückt uns der Meister.

2. UND II. MÄDCHEN
Wir wachsen hier –

1. UND I. MÄDCHEN
– in Sommer und Sonne –

1., 2., I., II. MÄDCHEN
– für dich erblühend in Wonne!

3. UND III. MÄDCHEN
Nun sei uns freund und hold!

2. UND II. MÄDCHEN
Nicht karge den Blumen den Sold!

1. HALBCHOR Sei freund uns und hold!

2. HALBCHOR Nicht karge den Sold!

ALLE MÄDCHEN Kannst du uns nicht lieben und minnen,
wir welken und sterben dahinnen.

I. MÄDCHEN An deinen Busen nimm mich!

CHOR Komm, holder Knabe!
1. MÄDCHEN Die Stirn laß mich dir kühlen!
CHOR Laß mich dir erblühen!
2. MÄDCHEN Laß mich die Wange dir fühlen!
II. MÄDCHEN Den Mund laß mich dir küssen!
1. MÄDCHEN Nein, ich! Die Schönste bin ich!
2. MÄDCHEN Nein! Ich bin die Schönste!
1., 3., II. MÄDCHEN
Ich bin schöner!
4. MÄDCHEN Nein! Ich dufte süßer!
1. UND 2. MÄDCHEN
Nein, ich!
3., II., III. MÄDCHEN
Ich!
CHOR Ich! Ja, ich!
PARSIFAL *(ihrer anmutigen Zudringlichkeit sanft wehrend)*
Ihr wild holdes Blumengedränge,
soll ich mit euch spielen, entlaßt mich der Enge!
I. MÄDCHEN Was zankest du?
PARSIFAL Weil ihr euch streitet.
1. MÄDCHEN Wir streiten nur um dich.
II. MÄDCHEN Wir streiten nur um dich.
PARSIFAL Das meidet!
2. MÄDCHEN *(zum ersten)*
Du laß von ihm; sieh, er will mich!
3. MÄDCHEN Mich lieber!
III. MÄDCHEN Nein mich!
II. MÄDCHEN Nein, lieber will er mich!
I. MÄDCHEN Du wehrest mich von dir?
1. MÄDCHEN Du scheuchest mich fort?
2., 3. UND III. MÄDCHEN
Du wehrest mir?
1. HALBCHOR Wie, bist du feige vor Frauen?
I., II., III. MÄDCHEN
Magst dich nicht getrauen?
2. HALBCHOR Magst dich nicht getrauen?
1. MÄDCHEN Wie schlimm bist du Zager und Kalter!
I. MÄDCHEN Wie schlimm bist du Zager und Kalter!
1. HALBCHOR Wie schlimm!
. HALBCHOR So zag?
1. MÄDCHEN Die Blumen läßt du umbuhlen den Falter?

CHOR So zag und kalt!

II. UND III. MÄDCHEN
Wie ist er kalt!

1. HALBCHOR Auf! Weichet dem Toren!

1., 2., 3. MÄDCHEN
Wir geben ihn verloren.

2. HALBCHOR Doch sei er uns erkoren!

1. HALBCHOR Nein, uns!

I., II., III. MÄDCHEN
Nein, mir gehört er an!

2. HALBCHOR Nein, uns gehöret er!

1. HALBCHOR Nein, uns gehöret er!

ALLE Auch mir! Ja, mir! Ja, uns!

PARSIFAL *(halb ärgerlich die Mädchen abscheuchend)*
Laßt ab! Ihr fangt mich nicht!
(Er will fliehen, als er aus einem Blumenhage Kundrys Stimme vernimmt und betroffen stillsteht.)

KUNDRY Parsifal! – Weile!

PARSIFAL Parsifal ...?
So nannte träumend mich einst die Mutter.
(Die Mädchen sind bei dem Vernehmen der Stimme Kundrys erschrocken und haben sich alsbald von Parsifal zurückgehalten.)

KUNDRY Hier weile! Parsifal! –
Dich grüßet Wonne und Heil zumal. –
Ihr kindischen Buhlen, weichet von ihm;
früh welkende Blumen,
nicht euch ward er zum Spiele bestellt!
Geht heim, pfleget der Wunden:
einsam erharrt euch mancher Held.
(Die Mädchen entfernen sich jetzt zaghaft und widerstrebend von Parsifal und ziehen sich, nach dem Schlosse zu, zurück.)

I. MÄDCHEN Dich zu lassen!

III. MÄDCHEN Dich zu meiden!

II. MÄDCHEN Dich zu meiden!

3. MÄDCHEN Oh, wie wehe!

1. MÄDCHEN Oh, wehe!

2. MÄDCHEN Oh! Wehe der Pein!

CHOR Oh, wehe!

1., 2., 3. MÄDCHEN
Von allen möchten gern wir scheiden,
mit dir allein zu sein.

I., II., III. MÄDCHEN
Mit dir allein zu sein.
2. UND II. MÄDCHEN
Leb wohl!
CHOR Leb wohl, leb wohl!
1. UND I. MÄDCHEN
Leb wohl!
ALLE Leb wohl, du Holder, du Stolzer, du – Tor!
(Mit dem letzten sind die Mädchen unter Gelächter im Schlosse verschwunden.)
PARSIFAL Dies alles – hab' ich nun geträumt?
(Er sieht sich schüchtern nach der Seite hin um, von welcher die Stimme kam. Dort ist jetzt, durch Enthüllung des Blumenhages, ein jugendliches Weib von höchster Schönheit – Kundry, in durchaus verwandelter Gestalt – auf einem Blumenlager, in leicht verhüllender, phantastischer Kleidung, annähernd arabischen Stiles – sichtbar geworden.)
(Parsifal noch ferne stehend.)
Riefest du mich Namenlosen?
KUNDRY Dich nannt' ich, tör'ger Reiner,
«Fal parsi»,
Dich, reinen Toren: «Parsifal».
So rief, als in arab'schem Land er verschied,
dein Vater Gamuret dem Sohne zu,
den er, im Mutterschoß verschlossen,
mit diesem Namen sterbend grüßte.
Ihn dir zu künden, harrt' ich deiner hier:
was zog dich her, wenn nicht der Kunde Wunsch?
PARSIFAL Nie sah' ich, nie träumte mir, was jetzt
ich schau' und was mit Bangen mich erfüllt. –
Entblühtest du auch diesem Blumenhaine?
KUNDRY Nein, Parsifal, du stör'ger Reiner!
Fern – fern – ist meine Heimat: –
daß du mich fändest, verweilte ich nur hier.
Von weither kam ich, wo ich viel ersah'.
Ich sah' das Kind an seiner Mutter Brust,
sein erstes Lallen lacht mir noch im Ohr;
das Leid im Herzen,
wie lachte da auch Herzeleide,
als ihren Schmerzen
zujauchzte ihrer Augen Weide!

Gebettet sanft auf weichen Moosen,
den hold geschläfert sie mit Kosen,
dem, bang in Sorgen,
den Schlummer bewacht' der Mutter Sehnen,
den weckt' am Morgen
der heiße Tau der Muttertränen.
Nur Weinen war sie, Schmerzgebaren
um deines Vaters Lieb' und Tod;
vor gleicher Not dich zu bewahren,
galt ihr als höchster Pflicht Gebot:
den Waffen fern, der Männer Kampf und Wüten,
wollte sie still dich bergen und behüten.
Nur Sorgen war sie, ach! und Bangen:
nie sollte Kunde zu dir hergelangen.
Hör'st du nicht noch ihrer Klage Ruf,
wann spät und fern du geweilt?
Hei! Was ihr das Lust und Lachen schuf,
wann sie suchend dann dich ereilt!
Wann dann ihr Arm dich wütend umschlang,
ward dir es wohl gar beim Küssen bang? –
Doch ihr Wehe du nicht vernahm'st,
nicht ihrer Schmerzen Toben,
als endlich du nicht wieder kam'st
und deine Spur verstoben:
sie harrte Nächt' und Tage,
bis ihr verstummt die Klage,
der Gram ihr zehrte den Schmerz,
um stillen Tod sie warb:
ihr brach das Leid das Herz,
und – Herzeleide – starb. –

PARSIFAL *(immer ernsthafter, endlich furchtbar betroffen, sinkt, schmerzlich überwältigt, zu Kundrys Füßen nieder)*
Wehe! Wehe! Was tat ich? Wo war ich?
Mutter! Süße, holde Mutter!
Dein Sohn, dein Sohn mußte dich morden!
O Tor! Blöder, taumelnder Tor!
Wo irrtest du hin, ihrer vergessend –
deiner, deiner vergessend?
Traute, teuerste Mutter!

KUNDRY War dir fremd noch der Schmerz,
des Trostes Süße,

labte nie auch dein Herz:
das Wehe, das dich reut,
die Not nun büße
im Trost, den Liebe dir beut!

PARSIFAL *(im Trübsinn immer tiefer sich sinken lassend)*
Die Mutter, die Mutter konnt' ich vergessen!
Ha! Was alles vergaß ich wohl noch?
Wes war ich je noch eingedenk?
Nur dumpfe Torheit lebt in mir!

KUNDRY *(immer noch in liegender Stellung, beugt sich über Parsifals Haupt, faßt sanft seine Stirne und schlingt traulich ihren Arm um seinen Nacken)*
Bekenntnis
wird Schuld in Reue enden,
Erkenntnis
in Sinn die Torheit wenden:
die Liebe lerne kennen,
die Gamuret umschloß,
als Herzeleids Entbrennen
ihn sengend überfloß!
Die Leib und Leben
einst dir gegeben,
der Tod und Torheit weichen muß,
sie beut'
dir heut' –
als Muttersegens letzten Gruß
der Liebe – ersten Kuß.
(Sie hat ihr Haupt völlig über das seinige geneigt und heftet nun ihre Lippen zu einem langen Kusse auf seinen Mund.)

PARSIFAL *(fährt plötzlich mit einer Gebärde des höchsten Schreckens auf: seine Haltung drückt eine furchtbare Veränderung aus; er stemmt seine Hände gewaltsam gegen das Herz, wie um einen zerreißenden Schmerz zu bewältigen)*
Amfortas! – –
Die Wunde! – Die Wunde! –
Sie brennt in meinem Herzen. –
Oh, Klage! Klage!
Furchtbare Klage!
Aus tiefstem Herzen schreit sie mir auf.
Oh! – Oh! –
Elender! –

Jammervollster!
Die Wunde sah' ich bluten: –
nun blutet sie in mir! –
Hier – hier!
Nein! Nein! Nicht die Wunde ist es.
Fließe ihr Blut in Strömen dahin!
Hier! Hier im Herzen der Brand!
Das Sehnen, das furchtbare Sehnen,
das alle Sinne mir faßt und zwingt!
Oh! – Qual der Liebe! –
Wie alles schauert, bebt und zuckt
in sündigem Verlangen! . . .
(während Kundry in Schrecken und Verwunderung auf Parsifal hinstarrt, gerät dieser in völlige Entrücktheit; schauerlich leise)
Es starrt der Blick dumpf auf das Heilgefäß:
das heil'ge Blut erglüht;
Erlösungswonne, göttlich mild,
durchzittert weithin alle Seelen:
nur hier, im Herzen, will die Qual nicht weichen.
Des Heilands Klage da vernehm' ich,
die Klage, ach! die Klage
um das entweihte Heiligtum: –
«Erlöse, rette mich
aus schuldbefleckten Händen!»
So rief die Gottesklage
furchtbar laut mir in die Seele.
Und ich? Der Tor, der Feige?
Zu wilden Knabentaten floh' ich hin!
(Er stürzt verzweiflungsvoll auf die Knie.)
Erlöser! Heiland! Herr der Huld!
Wie büß ich Sünder meine Schuld?

KUNDRY *(deren Erstaunen in leidenschaftliche Bewunderung übergegangen, sucht schüchtern sich Parsifal zu nähern)*
Gelobter Held! Entflieh' dem Wahn!
Blick' auf! Sei hold der Huldin Nah'n!

PARSIFAL *(immer in gebeugter Stellung, starr zu Kundry aufblickend, während diese sich zu ihm neigt und die liebkosenden Bewegungen ausführt, die er mit dem Folgenden bezeichnet)*
Ja, diese Stimme! So rief sie ihm; –
und diesen Blick, deutlich erkenn' ich ihn –
auch diesen, der ihm so friedlos lachte.

Die Lippe, – ja – so zuckte sie ihm; –
so neigte sich der Nacken, –
so hob sich kühn das Haupt; –
so flatterten lachend die Locken, –
so schlang um den Hals sich der Arm –
so schmeichelte weich die Wange –!
Mit aller Schmerzen Qual im Bunde,
das Heil der Seele
entküßte ihm der Mund! –
Ha! – Dieser Kuß! –
Verderberin! Weiche von mir!
Ewig – ewig – von mir!
(Parsifal hatte sich allmählich erhoben und stößt Kundry von sich.)

KUNDRY *(in höchster Leidenschaft)*
Grausamer! –
Fühlst du im Herzen
nur And'rer Schmerzen,
so fühle jetzt auch die meinen!
Bist du Erlöser,
was bannt dich, Böser,
nicht mir auch zum Heil dich zu einen?
Seit Ewigkeiten – harre ich deiner,
des Heilands, ach! so spät!
Den ich einst kühn geschmäht. –
Oh! –
Kenntest du den Fluch,
der mich durch Schlaf und Wachen,
durch Tod und Leben,
Pein und Lachen,
zu neuem Leiden neu gestählt,
endlos durch das Dasein quält! –
Ich sah – Ihn – Ihn –
und – lachte ...
da traf mich Sein Blick. –
Nun such' ich ihn von Welt zu Welt,
ihm wieder zu begegnen:
in höchster Not –
wähn' ich sein Auge schon nah',
den Blick schon auf mir ruh'n: –
da kehrt mir das verfluchte Lachen wieder, –

ein Sünder sinkt mir in die Arme!
Da lach' ich – lache –,
kann nicht weinen:
nur schreien, wüten,
toben, rasen
in stets erneuter Wahnsinns Nacht,
aus der ich büßend kaum erwacht. –
Den ich ersehnt in Todesschmachten,
den ich erkannt, den blöd Verlachten,
laß mich an seinem Busen weinen,
nur eine Stunde mich dir vereinen,
und, ob mich Gott und Welt verstößt,
in dir entsündigt sein und erlöst!

PARSIFAL Auf Ewigkeit
wärst du verdammt mit mir
für eine Stunde
Vergessens meiner Sendung
in deines Arm's Umfangen! –
Auch dir bin ich zum Heil gesandt,
bleib'st du dem Sehnen abgewandt.
Die Labung, die dein Leiden endet,
beut nicht der Quell, aus dem es fließt:
das Heil wird nimmer dir gespendet,
eh' jener Quell sich dir nicht schließt.
Ein And'res ist's – ein And'res, ach!
nach dem ich jammernd schmachten sah,
die Brüder dort in grausen Nöten
den Leib sich quälen und ertöten.
Doch wer erkennt ihn klar und hell,
des einz'gen Heiles wahren Quell?
O Elend, aller Rettung Flucht!
O Weltenwahns Umnachten:
in höchsten Heiles heißer Sucht
nach der Verdammnis Quell zu schmachten!

KUNDRY *(in wilder Begeisterung)*
So war es mein Kuß,
der welthellsichtig dich machte?
Mein volles Liebesumfangen
läßt dich dann Gottheit erlangen!
Die Welt erlöse, ist dies dein Amt: –
schuf dich zum Gott die Stunde,

für sie laß mich ewig dann verdammt,
nie heile mir die Wunde.

PARSIFAL Erlösung, Frevlerin, biet' ich auch dir.

KUNDRY *(drängend)*
Laß mich dich Göttlichen lieben,
Erlösung gabst du dann auch mir.

PARSIFAL Lieb' und Erlösung soll dir werden,
zeigest du
zu Amfortas mir den Weg.

KUNDRY *(in Wut ausbrechend)*
Nie – sollst du ihn finden!
Den Verfall'nen, laß ihn verderben, –
den Unsel'gen,
Schmachlüsternen,
den ich verlachte – lachte – lachte!
Haha! Ihn traf ja der eig'ne Speer!

PARSIFAL Wer durft' ihn verwunden mit der heil'gen Wehr?

KUNDRY Er – er –
der einst mein Lachen bestraft:
Sein Fluch – ha! – mir gibt er Kraft;
gegen dich selbst ruf' ich die Wehr,
gibst du dem Sünder des Mitleids Ehr'! –
Ha! Wahnsinn! –
(flehend)
Mitleid! Mitleid mit mir!
Nur eine Stunde mein –
nur eine Stunde dein –:
und des Weges
sollst du geleitet sein!
(Sie will ihn umarmen. Er stößt sie heftig von sich.)

PARSIFAL Vergeh', unseliges Weib!

KUNDRY *(rafft sich mit wilden Wutrasen auf und ruft dem Hintergrunde zu)*
Hilfe! Hilfe! Herbei!
Haltet den Frechen! Herbei!
Wehr't ihm die Wege!
Wehr't ihm die Pfade!
Und flöhest du von hier und fändest
alle Wege der Welt,
den Weg, den du suchst,
des Pfade sollst du nicht finden!

Denn Pfad und Wege,
die dich mir entführen,
so – verwünsch' ich sie dir:
Irre! Irre, –
mir so vertraut –
dich weih' ich ihm zum Geleit'!

KLINGSOR *(ist auf der Burgmauer herausgetreten und schwenkt eine Lanze gegen Parsifal)*
Halt da! Dich bann' ich mit der rechten Wehr:
den Toren stelle mir seines Meisters Speer!
(Er schleudert auf Parsifal den Speer, welcher über dessen Haupte schweben bleibt.)

PARSIFAL *(erfaßt den Speer mit der Hand und hält ihn über seinem Haupte)*
Mit diesem Zeichen bann' ich deinen Zauber:
wie die Wunde er schließe,
die mit ihm du schlugest, –
in Trauer und Trümmer
stürz' er die trügende Pracht!
(Parsifal wendet sich von der Höhe der Mauertrümmer zu Kundry zurück.)
Du weißt –
wo du mich wiederfinden kannst!
(Er enteilt.)
(Kundry hat sich ein wenig erhoben und nach ihm geblickt.)
(Vorhang zu.)

Dritter Aufzug

Im Gebiete des Grales

Freie, anmutige Frühlingsgegend mit nach dem Hintergrunde zu sanft ansteigender Blumenaue. Den Vordergrund nimmt der Saum des Waldes ein, der sich nach rechts zu aufsteigendem Felsengrund ausdehnt. Im Vordergrunde, an der Waldseite, ein Quell; ihm gegenüber, etwas tiefer, eine schlichte Einsiedlerhütte, an einen Felsblock gelehnt. Frühester Morgen.

Gurnemanz, zum hohen Greise gealtert, als Einsiedler, nur in das Hemd des Gralsritters gekleidet, tritt aus der Hütte und lauscht.

GURNEMANZ Von dorther kam das Stöhnen. –
So jammervoll klagt kein Wild,
und gewiß gar nicht am heiligsten Morgen heut'. –
(Dumpfes Stöhnen von Kundrys Stimme.)
Mich dünkt, ich kenne diesen Klageruf?
(Er schreitet entschlossen einer Dornenhecke auf der Seite zu: diese ist gänzlich überwachsen; er reißt mit Gewalt das Gestrüpp auseinander, dann hält er plötzlich an.)
Ha! Sie – wieder da?
Das winterlich rauhe Gedörn'
hielt sie verdeckt: wie lang schon? –
Auf! – Kundry! – Auf!
Der Winter floh, und Lenz ist da!
Erwache, erwache dem Lenz!
Kalt – und starr! –
Diesmal hielt' ich sie wohl für tot: –
doch war's ihr Stöhnen, was ich vernahm?
(Er zieht Kundry, ganz erstarrt und leblos, aus dem Gebüsch hervor und trägt sie auf einen nahen Grashügel, reibt der erstarrt vor ihm ausgestreckten Kundry stark die Hände und Schläfe und bemüht sich in allem, die Erstarrung von ihr weichen zu machen. Endlich scheint das Leben in ihr zu erwachen. Sie erwacht völlig: als sie die Augen öffnet, stößt sie einen Schrei aus.)
(Kundry ist in rauhem Büßergewande, ähnlich wie im ersten Aufzuge; nur ist ihre Gesichtsfarbe bleicher; aus Miene und Haltung ist die Wildheit gewichen. – Sie starrt lange Gurnemanz an. Dann erhebt sie sich, ordnet sich Kleidung und Haar und läßt sich sofort wie eine Magd zur Bedienung an.)

Du tolles Weib!
Hast du kein Wort für mich?
Ist dies der Dank,
daß dem Todesschlafe
noch einmal ich dich entweckt'?

KUNDRY *(neigt langsam das Haupt; dann bringt sie, rauh und abgebrochen, hervor)*
Dienen ... Dienen! –

GURNEMANZ *(schüttelt den Kopf)*
Das wird dich wenig müh'n!
Auf Botschaft sendet sich's nicht mehr:
Kräuter und Wurzeln
findet ein jeder sich selbst,
wir lernten's im Walde vom Tier.
(Kundry hat sich währenddem umgesehen, gewahrt die Hütte und geht hinein.)
(Gurnemanz blickt ihr verwundert nach.)
Wie anders schreitet sie als sonst!
Wirkte dies der heilige Tag?
Oh! Tag der Gnade ohnegleichen!
Gewiß zu ihrem Heile
durft' ich der Armen heut'
den Todesschlaf verscheuchen.
(Kundry kommt wieder aus der Hütte; sie trägt einen Wasserkrug und geht damit zur Quelle. Sie gewahrt hier nach dem Walde blikkend, in der Ferne einen Kommenden und wendet sich zu Gurnemanz, um ihn darauf hinzudeuten.)
(Gurnemanz in den Wald blickend.)
Wer nahet dort dem heil'gen Quell?
Im düst'ren Waffenschmucke,
das ist der Brüder keiner.
(Kundry entfernt sich mit dem gefüllten Kruge langsam in die Hütte, wo sie sich zu schaffen macht.)
(Parsifal tritt aus dem Walde auf. Er ist ganz in schwarzer Waffenrüstung: mit geschlossenem Helme und gesenktem Speer schreitet er, gebeugten Hauptes, träumerisch zögernd, langsam daher und setzt sich auf dem kleinen Rasenhügel am Quell nieder.)
(Gurnemanz, nachdem er Parsifal staunend lange betrachtet, tritt nun näher zu ihm)
Heil dir, mein Gast!

Bist du verirrt, und soll ich dich weisen?
(Parsifal schüttelt sanft das Haupt.)
Entbietest du mir keinen Gruß?
(Parsifal neigt das Haupt.)
(Gurnemanz unmutig)
Hei! – Was? –
Wenn dein Gelübde
dich bindet, mir zu schweigen,
so mahnt das meine mich,
daß ich dir sage, was sich ziemt. –
Hier bist du an geweihtem Ort:
da zieht man nicht mit Waffen her,
geschloss'nen Helmes, Schild und Speer.
Und heute gar! Weißt du denn nicht,
welch' heil'ger Tag heut' ist?
(Parsifal schüttelt mit dem Kopfe.)
Ja! Woher kommst du denn?
Bei welchen Heiden weiltest du,
zu wissen nicht, daß heute
der allerheiligste Karfreitag ist?
(Parsifal senkt das Haupt noch tiefer.)
Schnell ab die Waffen!
Kränke nicht den Herrn, der heute,
bar jeder Wehr, sein heilig Blut
der sündigen Welt zur Sühne bot!
(Parsifal erhebt sich nach einem abermaligen Schweigen, stößt den Speer vor sich in den Boden, legt Schild und Schwert davor nieder, öffnet den Helm, nimmt ihn vom Haupte und legt ihn zu den anderen Waffen, worauf er dann zu stummem Gebete vor dem Speer niederkniet.)
(Gurnemanz betrachtet ihn mit Staunen und Rührung. Er winkt Kundry herbei, welche soeben wieder aus der Hütte getreten ist.)
(Parsifal erhebt jetzt seinen Blick andachtsvoll zu der Lanzenspitze auf.)
(leise zu Kundry)
Erkennst du ihn? . . .
Der ist's, der einst den Schwan erlegt.
(Kundry bestätigt mit einem leisen Kopfnicken.)
Gewiß, 's ist er!
Der Tor, den ich zürnend von uns wies?
(Kundry blickt starr, doch ruhig, auf Parsifal.)

Ha! Welche Pfade fand er?
Der Speer, – ich kenne ihn.
(in großer Ergriffenheit)
Oh! – Heiligster Tag.
an dem ich heut' erwachen sollt'!
(Kundry hat ihr Gesicht abgewendet.)

PARSIFAL *(erhebt sich langsam vom Gebete, blickt ruhig um sich, erkennt Gurnemanz und reicht diesem sanft die Hand zum Gruße)*
Heil mir, daß ich dich wiederfinde!

GURNEMANZ So kennst auch du mich noch?
Erkennst mich wieder,
den Gram und Not so tief gebeugt?
Wie kamst du heut'? Woher?

PARSIFAL Der Irrnis und der Leiden Pfade kam ich;
soll ich mich denen jetzt entwunden wähnen,
da dieses Waldes Rauschen
wieder ich vernehme,
dich guten Greisen neu begrüße?
Oder – irr' ich wieder?
Verändert dünkt mich alles.

GURNEMANZ So sag', zu wem den Weg du suchtest?

PARSIFAL Zu ihm, des' tiefe Klagen
ich törig staunend einst vernahm,
dem nun ich Heil zu bringen
mich auserlesen wähnen darf.
Doch – ach! –
Den Weg des Heiles nie zu finden,
in pfadlosen Irren
trieb ein wilder Fluch mich umher:
zahllose Nöte,
Kämpfe und Streite
zwangen mich ab vom Pfade,
wähnt' ich ihn recht schon erkannt.
Da mußte mich Verzweiflung fassen,
das Heiltum heil mir zu bergen,
um das zu hüten, das zu wahren
ich Wunden jeder Wehr mir gewann.
Denn nicht ihn selber
durft' ich führen im Streite;
unentweiht
führ' ich ihn mir zur Seite,

den ich nun heim geleite,
der dort dir schimmert heil und hehr, –
des Grales heil'gen Speer.

GURNEMANZ *(in höchstes Entzücken ausbrechend)*
O Gnade! Höchstes Heil!
O Wunder! Heilig hehrstes Wunder! –
(nachdem er sich gefaßt, zu Parsifal)
O Herr! War es ein Fluch,
der dich vom rechten Pfad vertrieb,
so glaub', er ist gewichen.
Hier bist du; dies des Grals Gebiet,
dein' harret seine Ritterschaft.
Ach, sie bedarf des Heiles,
des Heiles, das du bringst! –
Seit dem Tage, den du hier geweilt,
die Trauer, so da kund dir ward,
das Bangen – wuchs zur höchsten Not.
Amfortas, gegen seiner Wunden
seiner Seele Qual sich wehrend,
begehrt' in wütendem Trotze nun den Tod:
kein Fleh'n, kein Elend seiner Ritter
bewog ihn mehr, des heil'gen Amts zu walten.
Im Schrein verschlossen bleibt seit lang' der Gral:
so hofft sein sündenreu'ger Hüter,
da er nicht sterben kann,
wann je er ihn erschaut,
sein Ende zu erzwingen
und mit dem Leben seine Qual zu enden.
Die heil'ge Speisung bleibt uns nun versagt,
gemeine Atzung muß uns nähren;
darob versiegte unsrer Helden Kraft:
nie kommt uns Botschaft mehr,
noch Ruf zu heil'gen Kämpfen aus der Ferne;
bleich und elend wankt umher
die mut- und führerlose Ritterschaft.
In dieser Waldeck' barg ich selber mich,
des Todes still gewärtig,
dem schon mein alter Waffenherr verfiel;
denn Titurel, mein heil'ger Held,
den nun des Grales Anblick nicht mehr labte,
er starb – ein Mensch wie alle!

PARSIFAL *(bäumt sich vor großem Schmerz auf)*
Und ich – ich bin's,
der all' dies Elend schuf!
Ha! Welcher Sünden,
welches Frevels Schuld
muß dieses Toren Haupt
seit Ewigkeit belasten,
da keine Buße, keine Sühne
der Blindheit mich entwindet,
zur Rettung selbst ich auserkoren,
in Irrnis wild verloren
der Rettung letzter Pfad mir schwindet!
(Er droht, ohnmächtig umzusinken.)
(Gurnemanz hält ihn aufrecht und läßt ihn zum Sitze auf den Rasenhügel nieder.)
(Kundry holt hastig ein Becken mit Wasser, um Parsifal zu besprengen.)

GURNEMANZ *(Kundry sanft abweisend)*
Nicht so! –
Die heil'ge Quelle selbst
erquicke unsres Pilgers Bad.
Mir ahnt, ein hohes Werk
hab' er noch heut' zu wirken,
zu walten eines heil'gen Amtes:
so sei er fleckenrein,
und langer Irrfahrt Staub
soll nun von ihm gewaschen sein.
(Parsifal wird von den beiden sanft zum Rande des Quells gewendet. Unter dem folgenden löst ihm Kundry die Beinschienen, Gurnemanz aber nimmt ihm den Brustharnisch ab.)

PARSIFAL *(sanft und matt)*
Werd' heut' zu Amfortas ich noch geleitet?

GURNEMANZ *(während der Beschäftigung)*
Gewißlich, uns'rer harrt die hehre Burg:
die Totenfeier meines lieben Herrn,
sie ruft mich selbst dahin.
Den Gral noch einmal uns da zu enthüllen,
des lang' versäumten Amtes
noch einmal heut' zu walten –
zur Heiligung des hehren Vaters,
der seines Sohnes Schuld erlag,

die der nun also büßen will –,
gelobt' Amfortas uns.
(Kundry badet ihm mit demutvollem Eifer die Füße. – Parsifal blickt mit stiller Verwunderung auf sie.)

PARSIFAL *(zu Kundry)*
Du wuschest mir die Füße: –
nun netze mir das Haupt der Freund.

GURNEMANZ *(schöpft mit der Hand aus dem Quell und besprengt Parsifals Haupt)*
Gesegnet sei, du Reiner, durch das Reine!
So weiche jeder Schuld
Bekümmernis von dir!
(Während Gurnemanz feierlich das Wasser sprengt, zieht Kundry ein goldenes Fläschchen aus ihrem Busen und gießt seinen Inhalt auf Parsifals Füße aus; jetzt trocknet sie diese mit ihren schnell aufgelösten Haaren.)

PARSIFAL *(nimmt Kundry sanft das Fläschchen ab und reicht es Gurnemanz)*
Du salbtest mir die Füße,
das Haupt nun salbe Titurels Genoss',
daß heute noch als König er mich grüße.

GURNEMANZ *(schüttet das Fläschchen vollends auf Parsifals Haupt aus, reibt dieses sanft und faltet dann die Hände darüber)*
So ward es uns verhießen,
so segne ich dein Haupt,
als König dich zu grüßen.
Du – Reiner, –
mitleidsvoll Duldender,
heiltatvoll Wissender!
Wie des Erlösten Leiden du gelitten,
die letzte Last entnimm nun seinem Haupt.

PARSIFAL *(schöpft unvermerkt Wasser aus dem Quell, neigt sich zu der vor ihm noch knienden Kundry und netzt ihr das Haupt)*
Mein erstes Amt verricht' ich so: –
die Taufe nimm
und glaub' an den Erlöser!
(Kundry senkt das Haupt tief zur Erde; sie scheint heftig zu weinen. – Parsifal wendet sich um und blickt mit sanfter Entzückung auf Wald und Wiese, welche jetzt im Vormittagslichte leuchten.)
Wie dünkt mich doch die Aue heut' so schön! –
Wohl traf ich Wunderblumen an,

die bis zum Haupte süchtig mich umrankten;
doch sah' ich nie so mild und zart
die Halme, Blüten und Blumen,
noch duftet' all' so kindisch hold
und sprach so lieblich traut zu mir.

GURNEMANZ Das ist Karfreitagszauber, Herr!

PARSIFAL O wehe, des höchsten Schmerzentags!
Da sollte, wähn' ich, was da blüht,
was atmet, lebt und wieder lebt,
nur trauern, ach, und weinen!

GURNEMANZ Du siehst, das ist nicht so.
Des Sünders Reuetränen sind es,
die heut' mit heil'gem Tau
beträufet Flur und Au':
der ließ sie so gedeihen.
Nun freu't sich alle Kreatur
auf des Erlösers holder Spur,
will sein Gebet ihm weihen.
Ihn selbst am Kreuze kann sie nicht erschauen:
da blickt sie zum erlösten Menschen auf;
der fühlt sich frei von Sündenlast und Grauen,
durch Gottes Liebesopfer rein und heil:
das merkt nun Halm und Blume auf den Auen,
daß heut' des Menschen Fuß sie nicht zertritt,
doch wohl, wie Gott mit himmlischer Geduld
sich sein' erbarmt' und für ihn litt,
der Mensch auch heut' in frommer Huld
sie schont mit sanftem Schritt.
Das dankt dann alle Kreatur,
was all' da blüht und bald erstirbt,
da die entsündigte Natur
heut' ihren Unschuldstag erwirbt.
(Kundry hat langsam wieder das Haupt erhoben und blickt, feuchten Auges, ernst und ruhig bittend zu Parsifal auf.)

PARSIFAL Ich sah' sie welken, die einst mir lachten:
ob heut' sie nach Erlösung schmachten? –
Auch deine Träne ward zum Segenstaue:
du weinest – sieh! es lacht die Aue.
(Er küßt sie sanft auf die Stirne.)
(Glockengeläute wie aus weiter Ferne.)

GURNEMANZ Mittag. –

Die Stund' ist da.
Gestatte, Herr, daß dein Knecht dich geleite! –
(Die Gegend verwandelt sich sehr allmählich, ähnlicherweise wie im ersten Aufzuge, nur von rechts nach links. Parsifal ergreift feierlich den Speer und folgt mit Kundry dem langsam geleitenden Gurnemanz. – Nachdem die Drei eine Zeitlang sichtbar geblieben, verschwinden sie gänzlich, als der Wald sich immer mehr verliert, und dagegen Felsengewölbe näherrücken. – In gewölbten Gängen stets anwachsend vernehmbares Geläute. – Dunkle gewölbte Gänge – anwachsendes Glockengeläute. – Hier öffnen sich die Felswände, und die ganze Grals-Halle, wie im ersten Aufzuge, nur ohne die Speisetafeln, stellt sich wieder dar. Düstere Beleuchtung: Von der einen Seite ziehen die, Titurels Leiche im Sarge tragenden, Ritter herein; von der anderen Seite die Amfortas im Siechbette geleitenden; vor diesem der verhüllte Schrein mit dem Grale).

ERSTER ZUG *(mit Amfortas)*
Geleiten wir im bergenden Schrein
den Gral zum heiligen Amte,
wen berget ihr im düst'ren Schrein
und führt ihr trauernd daher?

ZWEITER ZUG *(mit Titurels Leiche, während beide Züge aneinander vorbeischreiten)*
Es birgt den Helden der Trauerschrein,
er birgt die heilige Kraft;
der Gott einst selbst zur Pflege sich gab:
Titurel führen wir her.

ERSTER ZUG Wer hat ihn gefällt, der, in Gottes Hut
Gott selbst einst beschirmte?

ZWEITER ZUG Ihn fällte des Alters siegende Last,
da den Gral er nicht mehr erschaute.

ERSTER ZUG Wer wehrt ihm des Grales Huld zu erschauen?

ZWEITER ZUG Den dort ihr geleitet, der sündige Hüter.

ERSTER ZUG Wir geleiten ihn heut', weil heut' noch einmal
– zum letzten Male –
will des Amtes er walten.
Ach, zum letztenmal!
(Amfortas ist auf das Ruhebett hinter dem Gralstische niedergelassen, der Sarg davor niedergestellt worden: die Ritter wenden sich mit dem Folgenden an Amfortas.)

SÄMTLICHE RITTER
Wehe! Wehe! Du Hüter des Grals!

Ach, zum letztenmal,
sei deines Amts gemahnt!
Zum letztenmal! Zum letztenmal!

AMFORTAS *(sich matt ein wenig aufrichtend)*
Ja, Wehe! Wehe! Weh' über mich! –
So ruf ich willig mit euch:
williger nähm' ich von euch den Tod,
der Sünde mildeste Sühne!
(Der Sarg wird geöffnet. Beim Anblick der Leiche Titurels bricht alles in einen jähen Wehruf aus.)
(Amfortas von seinem Lager sich hoch aufrichtend, zu der Leiche gewendet)
Mein Vater!
Hochgesegneter der Helden!
Du Reinster, dem einst die Engel sich neigten!
Der einzig ich sterben wollt',
dir – gab ich den Tod!
Oh! Der du jetzt in göttlichem Glanz
den Erlöser selbst erschaust,
erflehe von ihm, daß sein heiliges Blut,
wenn noch einmal heut sein Segen
die Brüder soll erquicken,
wie ihnen neues Leben
mir endlich spende – den Tod!
Tod! – Sterben!
Einz'ge Gnade!
Die schreckliche Wunde, das Gift, ersterbe,
das es zernagt, erstarre das Herz!
Mein Vater! Dich – ruf' ich,
rufe du ihm es zu:
Erlöser, gib meinem Sohne Ruh'!

DIE RITTER *(drängen sich näher an Amfortas heran)*
Enthüllet den Gral! –
Walte des Amtes!
Dich mahnet dein Vater: –
Du mußt, du mußt!

AMFORTAS *(springt in wütender Verzweiflung auf und stürzt sich unter die zurückweichenden Ritter)*
Nein! – Nicht mehr! – Ha! –
Schon fühl' ich den Tod mich umnachten,
und noch einmal soll ich ins Leben zurück?

Wahnsinnige!
Wer will mich zwingen zu leben?
Könnt ihr doch Tod mir nur geben!
(Er reißt sich das Gewand auf.)
Hier bin ich – die off'ne Wunde hier!
Das mich vergiftet, hier fließt mein Blut.
Heraus die Waffe! Taucht eure Schwerter
tief – tief, bis ans Heft!
Auf! Ihr Helden!
Tötet den Sünder mit seiner Qual:
von selbst dann leuchtet euch wohl der Gral!
(Alle sind scheu vor Amfortas gewichen, welcher in furchtbarer Ekstase einsam steht. – Parsifal ist, von Gurnemanz und Kundry begleitet, unvermerkt unter den Rittern erschienen, tritt jetzt hervor und streckt den Speer aus, mit dessen Spitze er Amfortas' Seite berührt.)

PARSIFAL Nur eine Waffe taugt: –
die Wunde schließt
der Speer nur, der sie schlug.
(Amfortas' Miene leuchtet in heiliger Entzückung auf; er scheint vor großer Ergriffenheit zu schwanken; Gurnemanz stützt ihn.)
Sei heil, entsündigt und entsühnt,
denn ich verwalte nun dein Amt.
Gesegnet sei dein Leiden,
das Mitleids höchste Kraft
und reinsten Wissens Macht
dem zagen Toren gab.
(Er schreitet nach der Mitte, den Speer vor sich erhebend.)
Den heil'gen Speer –
ich bring' ihn euch zurück!
(Alles blickt in höchster Entzückung auf den emporgehaltenen Speer, zu dessen Spitze aufschauend Parsifal in Begeisterung fortfährt.)
Oh! Welchen Wunders höchstes Glück! –
Der deine Wunde durfte schließen,
ihm seh ich heil'ges Blut entfließen
in Sehnsucht nach dem verwandten Quelle,
der dort fließt in des Grales Welle!
Nicht soll der mehr verschlossen sein:
enthüllet den Gral, öffnet den Schrein!
(Parsifal besteigt die Stufen des Weihtisches, entnimmt dem von

den Knaben geöffneten Schreine den «Gral» und versenkt sich, unter stummem Gebete, kniend in seinen Anblick. – Allmähliche sanfte Erleuchtung des «Grales». – Zunehmende Dämmerung in der Tiefe bei wachsendem Lichtscheine aus der Höhe.)

ALLE Höchsten Heiles Wunder:
Erlösung dem Erlöser!
(Lichtstrahl: hellstes Erglühen des «Grales». Aus der Kuppel schwebt eine weiße Taube herab und verweilt über Parsifals Haupt. Kundry sinkt, mit dem Blicke zu ihm auf, langsam vor Parsifal entseelt zu Boden. Amfortas und Gurnemanz huldigen kniend vor Parsifal, welcher den Gral segnend über die anbetende Ritterschaft schwingt.)

(Der Bühnenvorhang wird langsam geschlossen.)

Dokumentation

I. Zur Entstehungsgeschichte

Wagners erste Idee zum ‹Parsifal›

So kam der 20. April [1857] heran, an welchem ich meine bisherige, nun bereits vermietete Wohnung im Zeltwege verlassen mußte, ohne das noch nicht ganz fertig eingerichtete Landhaus bereits beziehen zu können. Bei unfreundlicher Witterung hatten sich während der steten Besuche des von Maurern und Schreinern nachlässig okkupierten Häuschens Erkältungen bei uns eingestellt. In übelster Laune verbrachten wir eine Woche im Gasthofe, und ich überlegte mir, ob es denn überhaupt der Mühe verlohne, erst noch dieses Grundstück zu beziehen, indem es mir plötzlich ahnte, daß ich doch auch von dort wieder weiterwandern dürfte. Endlich setzten wir am Ende des April mit Gewalt unsere Einsiedelung durch; es war kalt und feucht, die neuen Heizungen wärmten nicht; wir beide waren krank und vermochten kaum das Bett zu verlassen. Da erschien ein gutes Anzeichen: der erste Brief, der mir hier zukam, war ein versöhnendes, sehr liebevolles Schreiben der Frau Julie Ritter, wodurch sie mir die Beendigung des Zerwürfnisses wegen des Benehmens ihres Sohnes ankündigte. Nun brach auch schönes Frühlingswetter herein; am Karfreitag erwachte ich zum erstenmal in diesem Hause bei vollem Sonnenschein: das Gärtchen war ergrünt, die Vögel sangen, und endlich konnte ich mich auf die Zinne des Häuschens setzen, um der langersehnten verheißungsvollen Stille mich zu erfreuen. Hiervon erfüllt, sagte ich mir plötzlich, daß heute ja «Karfreitag» sei, und entsann mich, wie bedeutungsvoll diese Mahnung mir schon einmal in Wolframs *‹Parzival›* aufgefallen war. Seit jenem Aufenthalte in Marienbad*, wo ich die *‹Meistersinger›* und *‹Lohengrin›* konzipierte, hatte ich mich nie wieder mit jenem Gedichte

* *Im Sommer 1845.*

beschäftigt; jetzt trat sein idealer Gehalt in überwältigender Form an mich heran, und von dem Karfreitags-Gedanken aus konzipierte ich schnell ein ganzes Drama, welches ich, in drei Akte geteilt, sofort mit wenigen Zügen flüchtig skizzierte.*

Diese Schilderung Wagners in seiner Autobiographie ‹Mein Leben› ist, wie so oft bei ihm, der Versuch, Kunstwerk und Biographie als untrennbare Einheit zu behaupten, sie unmittelbar aufeinander zu beziehen, und wenn es auch gewaltsam ist und die Wahrheit verlassen wird. Denn natürlich fiel der Karfreitag des Jahres 1857 nicht auf den 20., sondern auf den 10. April, und vor allem: Wagner selbst enthüllt ja die Unwahrheit der Inspirationslegende. In Cosimas Tagebüchern steht zu lesen, mit welcher Gelassenheit er das Geheimnis lüftet. Am 13. Januar 1878 notiert Cosima bereits: «Gestern abend, einzelne Daten des Lebens überdenkend, glaubte R. sich in der Biographie geirrt zu haben, und daß nur die Stille im Garten des Asyls die Karfreitag-Stimmung zurückrief, nicht daß Karfreitag gerade gewesen sei.» Und am 22. April des folgenden Jahres läßt Wagner dann die Katze aus dem Sack: «R. gedachte heute des Eindrucks, welcher ihm den Karfreitags-Zauber eingegeben; er lacht, und ‹eigentlich alles bei den Haaren herbeigezogen wie meine Liebschaften, denn es war kein Karfreitag, nichts, nur eine hübsche Stimmung in der Natur, von welcher ich mir sagte: So müßte es sein am Karfreitag›, habe er gedacht.» Wagner schreckt, wenn er Selbststilisierung betreibt, nicht davor zurück, die Realität sich für seine Zwecke zurechtzubiegen. Das paßt übrigens gut zu seiner Eigenart, nicht Kunst schaffen zu müssen, sondern zu wollen.

*Mit dem ‹Parsifal›-Stoff war er schon über ein Jahrzehnt früher konfrontiert, weil er die Lektüre des ‹Parzival› Wolframs von Eschenbach** bei Gelegenheit einer Marienbader Kur im Sommer 1845 erwähnt. So beschäftigte ihn der Stoff, mit Unterbrechungen, immerhin vier Jahrzehnte, denn die Partitur wurde erst am 13. Januar 1882 fertig.*

* *Diese Prosaskizze ist verschollen.*

** *Einen Vergleich zwischen Wolframs Epos und Wagners sehr freier Adaption für die Musikbühne bietet Peter Wapnewski in ‹Der traurige Gott›, München, 2. Auflage 1982, S. 201ff. Wagner selbst betonte indessen den Abstand seiner ‹Parsifal›-Dichtung von der kaum noch als Stoffvorlage zu bezeichnenden mittelalterlichen Quelle. So heißt es denn auch in den Tagebüchern Cosima Wagners unter dem 20. Juni 1879: «Er [Wagner] bespricht die lange Anknüpfung an W[olframs] ‹Parzival› als pedantisch, seine Dichtung habe eigentlich gar nichts damit zu tun, ‹nun bleiben einige Bilder haften, der Karfreitag, die wilde Erscheinung von Condrie – das ist es›.»*

Richard Wagner zur Zeit der Komposition seines ‹Parsifal› (1880).

Da die Prosaskizze vom Frühjahr 1857 verschollen ist, besitzen wir als erstes Dokument von Wagners Hand einen vorläufigen Prosaentwurf der Handlung des ‹Parsifal› vom August 1865, der später vom 25. Januar bis zum 28. Februar 1877 durch eine zweite Fassung ersetzt wird. Die erste Version ist insofern bedeutend, als sie auf den Wunsch Ludwigs II. von Bayern entstand, mit dem Wagner seit Mai 1864 eine mehr als zweifelhafte «Freundschaft» pflegte (es ging Wagner in erster Linie nämlich um die Entlastung von Geldschwierigkeiten). Wie genau Wagner im Jahre 1865 mit dem Stoff vertraut war, zeigt sich daran, daß er den Entwurf in nur vier Tagen, vom 27. bis 30. August, niederschreiben konnte. Zu der seltsamen Bemerkung am Schluß des Entwurfs: «So! das war Hülfe in der Noth!» bemerkt Joachim Bergfeld, der Herausgeber der Tagebuchaufzeichnungen Wagners, im sogenannten ‹Braunen Buch› (1865–82), das auch den Prosaentwurf für den König enthält, sie weise darauf hin, daß Wagners Sorgen um Cosima – damals noch Gattin des Dirigenten Hans von Bülow – durch die Arbeit an dem Entwurf wenigstens für vier Tage gemildert worden seien. Den Entwurf schickte Wagner, in korrigierter Form, am 31. August 1865 nach Hohenschwangau. Am 5. September bedankt sich der König mit den überschwenglichen Worten: «... o wie liebe ich Sie, mein angebeteter, heiliger Freund.»

Richard Wagner

Erster Prosaentwurf zum ‹Parsifal›

Parzival*

27 Aug *[1865]*

Anfortas**, der Hüter des Grals, siecht an einer unheilbaren Speerwunde, die er in einem geheimnisvollen Liebesabenteuer empfangen. Titurel, der ursprüngliche Gewinner des Grales, sein Vater, hat im höchsten Alter dem Sohne sein Amt, somit die Herrschaft über die Gralsburg Monsalvat – übergeben. Er muss dem Amte vorstehen, trotzdem er sich durch den begangenen Fehltritt dessen unwürdig fühlt, bis ein Würdige-

* *So ist die Schreibweise in dem Epos Wolframs von Eschenbach. Wagner entschied sich für die Schreibweise ‹Parsifal› erst beim Beginn seiner Urschrift der Dichtung Mitte März 1877 (vgl. auch die Briefe an Judith Gautier, im vorliegenden Buch S. 115f). Am 14. März 1877 macht Cosima Wagner folgende Eintragung ins Tagebuch: «und Parsifal wird er heißen».*

** *Die spätere Schreibweise Wagners lautet: Amfortas.*

rer erscheint, es ihm abzunehmen. Wer wird dieser Würdigere sein? Woher wird er kommen? Woran wird man ihn erkennen?

Der Gral ist die krystallene Trinkschale, aus welcher einst der Heiland beim letzten Abendmahl trank und seinen Jüngern zu trinken reichte: Joseph von Arimathia fing in ihr das Blut auf, welches aus der Speerwunde des Erlösers am Kreuze herabfloss. Sie ward als heiligstes Heiligthum lange Zeit der sündigen Welt geheimnissvoll entrückt. Als in rauhester, feindseligster Zeit endlich unter der Bedrängniss durch die Ungläubigen, die heilige Noth des Christenthums am Höchsten stieg, trieb die Sehnsucht, das wundervoll stärkende Heiligthum, von dem alte Kunde vorhanden war, gottbegeisterte, von heiligem Liebesverlangen ergriffene Helden, zum Aufsuchen des Gefässes, in welchem das Blut des Heilands (Sangue séale – woraus: San Gréal – Sanct Gral – der heilige Gral entstand) lebendig und göttlich belebend sich der heilsbedürftigen Menschheit erhalten hatte. Titurel und seinen Treuen ist das Heiligthum wunderbar entdeckt und in Pflege übergeben worden. Er schaarte um sich die heilige Ritterschaft zum Dienst des Grales, baute die Burg Monsalvat, in wildem, unnahbar entlegenem Gebirgswald, die niemandem aufzufinden war, als wer zur Pflege des Grales sich würdig erwies. Seine Wunderkraft bekundete das Heiligthum zunächst dadurch, dass es seine Hüter jeder irdischen Sorge überhob, indem es für Speise und Trank der Gemeinde sorgte: durch geheimnissvolle Schriftzeichen, welche beim Erglühen des Krystalls an dessen Oberfläche sich zeigten, und nur dem würdigen Hüter der Ritterschaft verständlich waren, meldet der Gral die härtesten Bedrängnisse Unschuldiger in der Welt, und ertheilt seine Weisungen an diejenigen der Ritter, welche zu ihrem Schutze entsendet werden sollen. Die Ausgesandten begabt er mit göttlicher Kraft, so dass sie überall siegen. Den Tod bannt er von seinen Geweihten: wer das göttliche Gefäss erblickt, kann nicht sterben. Nur aber, wer vor den Verlockungen der Sinneslust sich bewahrt, erhält sich die Kraft des Segens des Grales: nur dem Keuschen offenbart sich die beseligende Macht des Heiligthumes.

Jenseits der Gebirgshöhe, in dessen heilig nächtiger Waldung Monsalvat – nur dem Geweihten zugänglich – liegt, dort, wo sich anmuthige Thalwindungen dem Süden und dessen lachenden Ländern zuziehen, liegt eine andere, ebenso heimliche, als unheimliche Burg. Nur auf zauberhaften Wegen wird auch sie aufgefunden; der Fromme vermeidet ihr zu nahen; wer ihr aber naht kann der bangen Sehnsucht nicht wehren, mit der es ihn nach den glänzenden Zinnen verlockt, welche aus einer nie gesehenen Pracht der wunderbarsten Blumenbaumwaldung hervorragen, und von wo zauberisch süsser Vogelsang herdringt, berauschende Wohlgerüche sich über den Umkreis ergiessen. – Diess ist Klingsors Zauberschloss. Dunkle Sagen gehen über den Zauberer. Niemand sah ihn: man kennt ihn nur an seiner Macht. Diese Macht ist: Zauberei. Das Schloss ist sein Werk: durch ein Wunder ist es erstanden, mitten in einer früher öden Gegend, in welcher zuvor nur die Hütte eines Einsiedlers gestanden. Wo jetzt Alles auf das Üppigste und Berauschendste wie an einem ewigen Frühsommerabende blüht und webt, war einst – in nackter Wüste – nur das einsame Hüttchen zu sehen. Wer ist Klingsor? Dunkle, unfassliche Mären, sonst weiss man nichts von ihm. Vielleicht kennt ihn der alte Titurel? Doch durch ihn ist nichts zu erfahren: im höchsten Greisenalter erstumpft, ist er nur noch durch die Wundermacht des Grales unter den Lebendigen. Es giebt aber einen alten Waffenknecht Titurels, Gurnemans*, der jetzt noch Anfortas treulich dient: der müsste etwas wissen: auch giebt er manchmal zu verstehen, dass er etwas von Klingsor wüsste; aber man bringt nicht viel von ihm heraus: hat er kaum etwas unglaublich Seltsames berichten zu wollen den Anschein genommen, so schweigt er wieder, lächelnd, als ob man von so etwas nicht sprechen dürfe. Vielleicht hat es ihm einst Titurel verboten. Man vermuthet, Klingsor sei derselbe, der einst als Einsiedler fromm jene jetzt so veränderte Gegend bewohnte: – es heisst, er habe jedoch sich selbst verstümmelt, um die sinnliche Sehnsucht in sich zu ertödten, welche zu bekämpfen durch Gebet und Busse ihm nie vollständig gelungen sei. Von der Gralsritterschaft, der er sich anschliessen wollen, sei er durch Titurel zurückgewiesen worden, und zwar aus dem Grunde, dass die Entsagung und Keuschheit aus innerster Seele fliessen, nicht aber durch Verstümmelung erzwungen sein müsse. Niemand weiss hiervon Genaues. Nur ist gewiss, dass seit Anfortas Zeiten man plötzlich von jenem Zauberschlosse gehört hat, und dass die Gralsritter häufig gewarnt wurden, nicht in die Schlingen zu gerathen, die von jener Gegend aus nach ihrer Reinheit ausgeworfen würden. Jenes Schloss birgt in Wahrheit die schönsten Frauen der Welt und aller Zeiten, die dort durch Zauber unter Klingsor's Bann gehalten, und zum Verderben der Männer, namentlich der Gralsritter; von ihm mit aller Macht der Verführung ausgestattet wurden. Man meint, es seien Teufelinnen. Mehre Gralsritter sind von ihren Fahrten nicht heimgekehrt; man fürchtet sie seien in Klingsors Macht gefallen. Gewiss ist leider, dass Anfortas selbst, als er den seiner Ritterschaft drohenden Zauber zu bekämpfen ausgezogen war, in die Schlingen der Verführung fiel, von einem seltsamen, wunderschönen Weibe abseits gelockt, und dort tückisch von Bewaffneten überfallen wurde, die ihn binden u. zu Klingsor führen sollten: mit Mühe habe er sich gewehrt, und, zur Flucht

* *In der Dichtung von 1877 lautet die Schreibweise Gurnemanz.*

gewendet, jenen Speerstich in die Seite erhalten, an dem er nun siecht, und von dem ihn nichts zu heilen vermag.

Die Ritterschaft, die ganze Gralsgemeinde ist nun eifrigst um die Heilung ihres Hüters bemüht. Nach allen Gegenden ziehen Pilgerfahrten aus, um die rechte Arzenei, den gnadenvollen Balsam aufzusuchen; aus den fernsten Zonen kehren sie zurück: welches Heilmittel auch gewonnen ward, keines will die Wunde heilen. Täglich bricht sie neu auf: unsäglich sind die Qualen des Verwundeten: nichts vermag sie zu lindern. – Nicht aber die Schmerzen der Wunde sind es, die Anfortas' Seele umnachten: sein Leiden ist tiefer. Er ist der Erlesene, der das Wundergefäss zu pflegen hat: er und kein anderer hat den heiligen Zauber zu üben, der die ganze Ritterschaft erquickt, stärkt und leitet, während nur Er einzig zu leiden hat, zu leiden um des schrecklichen Selbstvorwurfes willen, sein Gelübde verrathen zu haben. Er, der Unwürdigste aller, muss täglich – zu seiner furchtbaren Strafe, das heilige Gefäss berühren: auf sein Gebet muss der göttliche Inhalt der Schale in leuchtendem Purpur fliessen, auf sein Fürwort sich der nährende Segen den geweihten Rittern erschliessen. Ja, ihn selbst, den rettungslos Leidenden, erfüllt des Grales Wundermacht täglich mit neuer Lebenswärme: dünkt ihm der Tod sein einziger Erlöser, so verdammt ihn nun der Segen des Grales ewig zu leben! Möchte er sich, um den Tod zu gewinnen, der Wonne, den Gral zu schauen, enthalten: wie um seines Gelübdes willen er muss, zwingt ihn auch die inbrünstige Sehnsucht der Seele dazu, von Neuem sich in diesen segensvollen Anblick zu verlieren, von Neuem den goldenen Purpur leuchten zu sehen, immer wieder die Gluth dieses göttlichen Glanzes in sein Innerstes dringen zu lassen, beseligend – und zermalmend. Denn, ach! Jetzt, wenn das himmlische Blut des Erlösers segenvoll in sein eigenes Herz sich ergiesst, wie muss vor der göttlichen Berührung da sein eigenes frevelhaftes Blut sich flüchten! das sündenvolle drängt sich verzweiflungsvoll scheu aus dem Herzen, sprengt die Wunde von Neuem und ergiesst sich in die Welt der Sünde, – dort, durch dieselbe Wunde, wie sie einst der Erlöser am Kreuze empfing durch die er sein Blut ergoss aus mitleidender Liebe für die jammervolle, sündige Menschheit, und wo ihm, dem sündigen Hüter des göttlichen Erlösungsbalsams, das heisse Sündenblut unversiegbar entströmt, zur ewigen Mahnung an seinen Frevel! – Da nahen die Ritter, die Stunde schlägt, er muss den Zauber üben: sie jammern u. klagen um seine Wunde, suchen eifrigst ihm zu helfen, schaffen Heilmittel u. Balsam herbei, und ahnen nicht, wo seine Wunde blutet, und wo er unheilbar ist. – So hat der Elende endlich durch brünstig Gebet den Gral um ein Zeichen gefragt, ob er Erlösung hoffen dürfe, und wer ihn zu erlösen berufen sein könne? Das Zeichen hat erglänzt: er hat die Räthselworte gelesen: ‹mitleidend leidvoll wissend ein Thor wird dich erlösen!› – Wer kann der sein, der nur durch Mitleiden leidet, und ohne zu wissen weiser ist als andre? ‹– O, der Ersehnte! wenn er lebt, möge er die Wege zu dem Heiligthume finden: der Qual ein Ende, der Wunde die Narbe, dem Herzen die Ruhe; wann bringst du sie, mitleidend leidvoll-wissender Thor?›

Alles versuchen die Treuen, die Schmerzen des geliebten Herren zu mildern: am Morgen tragen sie ihn in einer Sänfte nach dem heil'gen See im Walde herab, dort sich zu baden, an dem edlen Quelle zu trinken. Da scheint er in der lieblichen Frische ein wenig aufzuleben: Boten kommen mit neuen Heilmitteln, die fern aufgefunden: ach, keins wird helfen.

28 Aug *[1865]*

Am unermüdlichsten durchjagt Kundry, die Gralsbotin, die Welt nach Hülfe für Anfortas' Wunde. Wer dieses Weib sei, und woher sie stamme, weiss niemand; sie muss uralt sein, denn schon in Titurels Zeiten fand sie sich hier im Gebirge ein: obwohl sie wild und grauenhaft anzusehen ist, nimmt man doch aber keine eigentlichen Züge des Alters an ihr wahr: sie hat bald bleiche, bald sonnenverbrannte Hautfarbe; ihr schwarzes Haar hängt ihr lang und wild herab: manchmal flicht sie es in wunderlichen Flechten zusammen; stets sieht man sie nur in ihrem dunkelrothen Gewande, welches sie mit einem wunderlichen Gürtel aus Schlangenhäuten aufschürzt: ihre schwarzen Augen schiessen oft wie brennende Kohlen aus den tiefen Höhlen hervor; bald ist ihr Blick unstet und abschweifend, bald wieder starr und unbeweglich fest. Sie wird von der Ritterschaft weniger als ein Mensch, sondern mehr wie ein seltsames, zauberhaftes Thier behandelt. Sie lebt auch immer abseits, man weiss nicht, wie sie sich ernährt, noch wo sie Unterkunft sucht: zu Zeiten verschwindet sie ganz; Niemand hört und sieht dann etwas von ihr. Dann findet man sie endlich zufällig in einer Höle, in einem verwachsenen Baumgestrüpp in einem Todtenähnlichen Schlafe, leblos, erstarrt, wie blutlos, steif an allen Gliedern. Gurnemans, der alte Waffenknecht, nahm sich dann meist ihrer an: er kannte sie von so lange her! – er trug sie zu sich heim, wärmte sie, rieb sie, und brachte sie wieder in's Leben; bei ihrem Erwachen glaubt sie so eben sich erst ein wenig entschlummert, verflucht sich, den Schlaf über sich kommen gelassen zu haben, blickt nach der Sonne, seufzt furchtbar auf, springt davon, und beginnt ihr Treiben von Neuem. Ist irgend etwas Schwieriges zu vollbringen, in weiter Ferne etwas auszurichten, dem in fremden Zonen streitenden Gralsritter eine Botschaft, ein Befehl des Grales auszurichten, so gewahrt man plötzlich Kundry, begierig sich des Auftrages bemächtigend, den niemand so schnell und zuverlässig ausrichten kann als sie: auf einem kleinen Ross, mit langen, auf den Boden herabfallenden Mähnen und Schweife, sieht man sie dann im Sturme davon jagen, und ehe man es nur vermuthen könnte, ist sie zurück. Nie hat man die mindeste Untreue an ihr bemerkt; ihr Eifer, ihre Sorgfalt in der Ausrichtung der Botschaften ist grenzenlos. So ist sie der Ritterschaft eine unentbehrlich treue Dienerin geworden: alle ihre Besorgungen fallen günstig aus. Dagegen in den Zeiten ihres räthselhaften Verschwindens fehlt sie sehr: es bricht dann gewöhnlich ein Ungemach, eine geheimnisvolle Gefahr über die Ritterschaft herein, dann entsteht Sorge; oft wird Kundry herbeigewünscht. Manche gerathen daher auch in Zweifel darüber, ob sie für gut, oder für bös zu halten sei: gewiss ist, dass sie noch Heidin sein muss. Nie sieht man sie bei einer religiösen Handlung: aber man sieht sie auch sonst nirgends, ausser wenn es einen ungemein schwierigen Dienst zu leisten gilt. Gurnemans, der sonst gegen das wilde Weib nicht sanft verfährt, nimmt sie, halb mürrisch, halb launig, in Schutz. Er meint, man müsse sich an ihre guten Dienste halten, und froh sein, wenn sie wiederkehre. Er vermuthet, sie sei eine Verwünschte, welche in ihrem gegenwärtigen Leben grosse Sünden abzubüssen habe. Die Dienste, die sie leiste, seien daher verdienstlich für sie, wie für die Ritterschaft, und man brauche sich nicht zu scheuen, sie anzunehmen. – Gegen die Ritter zeigt sie übrigens grosse Gleichgiltigkeit, ja – Verachtung: ihren Dank nimmt sie nie an. Selbst Anfortas ist hiervon nicht ausgenommen. Sie kehrt jetzt soeben auf schnaubendem Ross aus dem Wunderlande Arabiens zurück, wo sie den kostbarsten Wundbalsam aufgesucht. Hastig reicht sie ihn Gurnemans, weist jeden Dank ab und wirft sich stumm in eine Waldecke, während Gurnemans zum König u. den Rittern am heiligen See eilt, die verhoffte Rettung überbringend. Auch der Balsam bringt aber keine Linderung: Kundry lächelt höhnisch dazu. ‹Ihr wisst ja, wer einzig helfen kann! Was jagt ihr mich auf die falsche Fährde?› Sonst ist nichts aus ihr herauszubringen. Nie giebt sie einen Rath, theilt eine Ansicht mit: sie hat nur den hastigen Eifer, sofort auszuführen, was gewünscht oder befohlen wird. Sie wird deshalb für ganz stumpfsinnig und vernunftlos, wie thierisch, gehalten. Doch scheint ihr an der Befreiung des Anfortas von seinen Leiden viel, ja leidenschaftlich viel gelegen zu sein: sie verräth darüber heftige Unruhe. Dann wieder lacht sie aber höhnisch: man solle nicht das Ende dieser Noth wünschen; wer weiss ob sich die kluge Ritterschaft dann nicht in Zukunft ihre Botschaften selbst ausrichten müsste; sie wolle auch Ruhe haben, u.s.w. – Während der König im heiligen See badet, kreist da ein wilder Schwan über seinem Haupte: plötzlich sinkt er, von einem Pfeil verwundet; man hört das Geschrei vom See her: allgemeine Entrüstung, wer wagt es im heiligen Bezirke ein Thier zu tödten? – Der Schwan flattert näher und sinkt verblutend zu Boden.

Parzival kommt, mit dem Bogen in der Hand aus dem Walde vor: Gurnemans hält ihn an. Der Jüngling bekennt sich zu der That. Den heftigen Vorwürfen des Alten weiss er nichts zu entgegnen. Da ihm Gurnemans das Frevelhafte seiner That vorhält, ihn an die Heiligkeit des Waldes, der ihn so still umrausche, gemahnt, ihn befrägt, ob er nicht die Thiere hier alle zahm, sanft und fromm angetroffen habe? – was ihm der Schwan, der sein Weibchen aufgesucht, gethan habe? ob ihm der edle Vogel nicht leid thue, der nun mit blutbeflecktem Gefieder stumm u. sterbend vor ihm läge? u.s.w. – bricht Parzival, der still, wie festgebannt gestanden, in Thränen aus, und stammelt: ‹Das wusste ich nicht!› – ‹Wo bist du her?› – ‹Das weiss ich nicht.› – ‹Wer ist dein Vater?› – ‹Das weiss ich nicht!› u.s.w. Gurnemans Verwunderung über diese Dummheit, die er bis jetzt nur bei Kundry angetroffen, geht in Rührung über, als er Parzival veranlasst, sich ein wenig zu ihm zu gesellen, und ihm nur einige Auskunft über sich zu geben. Alles, was Gurnemans durch gutmüthiges Zureden und Fragen aus dem scheuen Jüngling herausbringen kann, ist, dass Parzival nur seine Mutter, Schmerzeleide *, kennt; diese hat ihn in grösster Zurückgezogenheit in der Weise erzogen, dass er nie etwas von Waffen und Ritterschaft erfahren solle. – ‹Warum das?› Da Parzival keinen Grund weiss, ergänzt mit hastigem Hineinwurf Kundry, welche, in ihrer Ecke gelagert, von Anfang an den Blick starr auf Parziv. geheftet hat. ‹Sein Vater ward noch vor des Sohnes Geburt erschlagen: die Mutter wollte den Sohn vor gleichem gewaltsamen Tode bewahren. – Die Thörin!› Sie lacht. Parzival's Gedächtniss u. Verständniss seiner Vergangenheit wird auf diese Weise erweckt. Am einsamen Hofe seien Gewaffnete vorbeigekommen: Parzival ist ihnen gefolgt, hat sie aber nicht wieder aufgefunden. Manches Abenteuer hat er bestanden: den Bogen sich gemacht: damit habe er sich auf seinen wilden Wanderungen gewehrt. – Kundry bestätigt, dass er sich durch Heldenthaten u. unglaublich kühne Kraft gefürchtet gemacht habe. ‹Wer fürchtet mich?› – ‹Die Bösen.› – ‹Waren die mir den Weg vertraten, bös?› – Gurnemans lacht. ‹Wer ist gut?› – Gurnem.: ‹Deine Mutter. Du bist ihr entlaufen; sie wird sich um dich grämen: du musst nicht Alles gleich feindselig behandeln.› – ‹Bin ich feindselig?› – ‹Dem Schwan warst du es, und deiner Mutter.› – ‹Meiner Mutter?› – Kundry: ‹Sie ist todt!› – Parzival: ‹todt? meine Mutter? Wer sagt das?› – Kundry: ‹ich sah sie sterben!› Parziv. springt auf und packt Kundry bei der Kehle. Gurnemans holt ihn zurück: ‹Willst du hier wieder Unrecht thun? Was that Dir das Weib? Sie sagte gewiss die Wahrheit, denn Kundry lügt nie und weiss viel!› Parzi. steht betäubt, wie erstarrt. Endlich: ‹ich verschmachte!› Er

* *In der späteren Dichtung heißt Parsifals Mutter: Herzeleide.*

droht umzusinken; Gurnemans hält ihn. Kundry ist hastig nach dem Quell gesprungen und kommt mit einem gefüllten Horn zurück: sie besprengt Parz. mit dem Wasser, und reicht ihm zu trinken. Gurnemans lobt Kundry; so thäte man hier, Böses vergälte man mit Gutem. Kundry lacht: sie thue nie Gutes; aber sie wolle Ruhe. Während Parz. zu sich kommt und von Gurnemans väterlich besorgt wird, zieht sich Kundry traurig, wie in immer zunehmender Ermattung nach der Waldecke zurück: ‹Ach, ich bin müde. Wo find' ich Ruhe?› Sie schleppt sich unbemerkt in den Wald fort. – Gurnemans bemerkt, dass der König mit der Dienerschaft bereits länger nach der Burg aufgebrochen ist. Die Sonne steht im Mittag; es wird Zeit, zum heiligen Mahle sich zu begeben. Parz., sich auf den Alten stützend, frägt, wohin sie geriethen; denn ihm dünke, dass der Wald sich immer mehr verliere, und dass sie in gemauerte Gänge einträten? Gurn. ‹Sie seien auf dem rechten Wege; und dass der Knabe noch unschuldig sei, werde er auch gewahr, denn unmöglich würde sich sonst für sie beide der Weg in die Burg so leicht erschliessen.› Sie ersteigen Treppen, und befinden sich wieder in gewölbten Gängen: Parzival dem kaum scheint, als schreite er, folgt in Betäubung. Er vernimmt wunderbare Klänge. Lang gehaltene u. anschwellende Posaunentöne, denen aus weiter Ferne ein sanftes Geläute wie von Krystallglocken antwortet. Endlich sind sie in einem mächtigen Saale angelangt, welcher in eine hohe Kuppel, domartig, sich verliert. Das Licht fällt nur von oben herab: aus der Kuppel vernimmt man wachsendes Geläute. Parzival steht wie verzaubert. Gurnemans: ‹Nun nimm dich zusammen: bist du ein Thor, so lass mich nun sehen, ob du auch wissend bist.› Sanfte Posaunenrufe kommen näher. Man hört einen feierlichen Gesang von tiefen Männerstimmen: höhere Stimmen antworten aus der halben Höhe des Gebäudes; aus der höchsten Höhe der Kuppel hört man den Gesang von Knabenstimmen verhallen. Da öffnen sich im Hintergrunde links und rechts zwei grosse Flügelthüren. Von rechts her schreitet die Prozession der Gralsritter, feierlich und gemessen; sie vertheilen sich an die gedeckten Tafeln, welche in 3 Abtheilungen von hinten nach vorn zu sich erstrecken. Von links her schreiten die Meister und die Dienerschaft des Königs. Anfortas wird in einer Sänfte getragen: vor ihm her trägt ein Ritter einen mit einer Purpurnen Sammetdecke überdeckten Schrein: (dem Anfortas wird eine hochaufgerichtete Lanze mit blutiger Spitze nachgetragen.)* In der erhöhten Mitte des Hintergrundes ist unter einem Baldachin das Ruhebett aufgerichtet, nach welchem Anfortas geleitet wird: davor steht eine Altarartige Tafel, auf welche der verdeckte Schrein niedergestellt wird. Als alle zur Stelle

* *Der eingeklammerte Satz ist von Wagner gestrichen worden.*

sind, schweigt der Gesang. Gurnemans nimmt seinen Platz an einem Tische, und beobachtet fortwährend Parzival, welcher staunend sprachlos und ohne Bewegung da steht. Vom tiefsten Hintergrunde her vernimmt man aus einer gewölbten Nische die Grabesstimme des alten Titurel: ‹Mein Sohn Anfortas, bist du am Amt?› – Schweigen – ‹Soll ich den Gral heut' noch sehen, und leben?› – Schweigen – ‹Muss ich sterben ohne den Retter zu begrüssen?› – Anfortas bricht in tiefe Klagen aus: er könne nicht länger des Amtes walten. Er schildert seine Leiden. Die Ritter brechen in Murren und Klagen aus. Titurels Stimme: ‹Enthüllt den Gral!› Man entkleidet den Schrein, nimmt aus ihm die heilige Krystalschale, und stellt sie feierlich vor Anfortas hin. – Anfortas verdeckt sich die Augen. Titurels Stimme: ‹Sprich den Segen!› Anfortas blickt endlich mit immer wachsender Entzückung nach dem Gefäss, und drückt seine begeisterten, zugleich reumüthigen Empfindungen aus. Aller Andacht spannt sich auf das Höchste. Aus der Kuppel dringt ein blendender Lichtstrahl in die Schale: diese beginnt in feirigem Purpurroth zu erglänzen. Alles senkt sich auf die Knie: ein Lichtstrahl der Hoffnung fällt auch in Anfortas' Seele. So rein erglühte ihm seit seinem Sündenfall der Gral noch nicht, wie heute: ist Rettung da, ist der Erlöser da? Er erhebt den Gral mit beiden Händen und lässt ihn nach jeder Seite hin leuchten. Man hört Titurels Stimme einen Seufzer des Wohlgefühles ausstossen. – Stimmen aus der Höhe ertönen. Titurel spricht den Segen: Dämmerung lagert sich über den ganzen Saal: nur der Gral leuchtet hell. Als es wieder hell wird, sind die Tische mit Wein u. Brod versehen; der Gral ist erbleicht, und wird wieder im Schrein verwahrt. Während des Gesanges, welcher die heilige Bruderliebe feiert, speisen die Ritter. Nur Anfortas fühlt sich leidender als zuvor: er muss wieder in der Sänfte fortgetragen werden; seine Wunde hat sich neu geöffnet: der Erlöser blieb noch stumm. Die Prozession schliesst sich wie beim Hereinkommen ordnungsmässig an. Unter ernsten, trüben Klängen verlässt Alles wieder den Saal: die Glocken in der Höhe verstummen: die Beleuchtung wird matter. – Parzival hat bewegungslos vor Staunen da gestanden: nur bei Anfortas' Klagen fuhr er einmal mit der Hand hastig nach dem Herzen. Als die letzten hinausgehen, tritt Gurnemans mismuthig an ihn heran, rüttelt ihn: ‹was stehst du da noch? Du bist doch eben nur ein Thor! Dort hinaus, da besinn' dich!› er stösst ihn zu einer Seitenpforte hinaus und schlägt die Thüre brummend hinter ihm zu.

29 Aug. *[1865]*

Kundry ist wieder verschwunden, in Todesschlaf verfallen. – Klingsor hat wieder Macht über ihre Seele gewonnen: er bedarf der Hülfe dieses wunderbarsten weiblichen Wesens, um seinen Hauptstreich auszuführen. In einem unnahbaren Verliesse seiner Burg sitzt er in seiner Zauberwerkstatt: er ist der Dämon der verborgnen Sünde, das Wüthen der Ohnmacht gegen die Sünde. Durch Zaubers Gewalt bannt er die Seele Kundry's zu sich; in einem finstren Hölengrunde erscheint ihr Geist. Aus dem Zwiegespräch beider ergiebt sich folgendes Verhältniss. Kundry lebt ein unermessliches Leben unter stets wechselnden Widergeburten, in Folge einer uralten Verwünschung, die sie, ähnlich dem ‹ewigen Juden›, dazu verdammt, in neuen Gestalten das Leiden der Liebesverführung über die Männer zu bringen; Erlösung, Auflösung, gänzliches Erlöschen ist ihr nur verheissen, wenn einst ein reinster, blühendster Mann ihrer machtvollsten Verführung widerstehen würde. Noch keiner hat ihr widerstanden. Nach jedem neuen, ihr endlich tiefinnerlichst so verhasstem Siege, nach jedem neuen Falle eines Mannes, verfällt sie in Rasen; sie flüchtet dann in die Wildnisse, und weiss sich der Macht ihrer Verwünschung durch die strengen Büssungen und Kasteiungen längere Zeit zu entziehen: doch ist ihr verwehrt, auf diesem Wege das Heil zu finden. Unbewusst steigt in ihr immer wieder die Sehnsucht auf, durch einen Mann erlöst zu werden, wie der Fluch ihr ja auch einzig nur diesen Weg der Erlösung anzeigt: so lässt sie die innerste Notwendigkeit stets von Neuem der Macht verfallen, die sie zur Wiedergeburt als verführerisches Weib treibt. Die Büsserin verfällt dann in einen Todesschlaf: die Verführerin erwacht, bis diese wieder nach Wahnsinnsrasen zur Büsserin wird. Da nur ein Mann sie erlösen kann, flüchtete sie als Büsserin endlich zu den Gralsrittern; hier, unter ihnen, müsse der Erlöser zu finden sein. Sie dient ihnen mit leidenschaftlichster Aufopferung: nie fällt in diesem Zustande ein Blick der Liebe auf sie; sie ist ganz nur dienende, verachtete Sclavin. Klingsors Zauber hat sie – – entdeckt: er kennt den Fluch, und die Macht, durch die sie ihm zu Dienste gezwungen werden kann. Die furchtbare Schmach zu rächen, die ihm von Titurel einst wiederfahren, stellt er den edelsten Gralsrittern durch Verführung zum Bruch ihres Keuschheitsgelübdes nach. Was ihm Macht über Kundry, dieses auserlesenste Mittel der Verführung giebt, ist aber nicht allein seine Zaubergewalt, mit welcher er sich der zwingenden Gewalt des auf Kundry lastenden Fluches bemächtigt: sondern in Kundry's eigenster Seele findet er die mächtigste Mithülfe. – Wie nur ein Mann sie erlösen kann, sie sich dem Manne daher zu völliger Unterthänigkeit zugewiesen fühlt, muss sie wieder ihre Erfahrung von der Schwäche dieser Männer zu einer wunderbaren Bitterkeit stimmen: sie fühlt dass nur der Mann sie vernichtend erlösen könnte, der der Allgewalt ihrer weiblichen Anmuth widerstehen würde; so lockt es sie aus dem tiefsten Grunde der Seele immer wieder, von Neuem die Prüfung vorzunehmen: aber hierein mischt sich zugleich der Hohn, ihre Verzweiflung, diesem schwachen Geschlechte unterworfen zu sein, ein auflodernder furchtbarer Hass, der sie zum Verderben der Männer stimmt, zugleich aber ihr wildes Liebessehnen auf verzehrende, furchtbar glühende Weise von neuem immer wieder zu dem extatischen Krampfe aufstachelt, durch welchen sie zaubern kann, zugleich aber auch dem Zauber verfällt. Ihr letztes Werk unter Klingsors Anleitung war die Verführung des Anfortas'. Dem Zauberer war es nur daran gelegen, Anfortas in seine Macht zu bekommen: er hatte ihm dieselbe Schmach zugedacht, die er sich einst selbst in rasender Verblendung zugefügt: es war gelungen, den Hüter des Grales selbst in die Arme des wunderbar verführerischen Weibes, zu dem Kundry umgeschaffen war, zu verlocken u. während er dort schwelgte, überfielen ihn die Klingsor dienstbar gewordenen Streiter, um ihn zu binden; sie durften ihn nicht tödten; es gelang dem wachsamen Gurnemans, mit Hülfe der angerufenen Gralsmacht den bereits verwundeten Anfortas zu befreien. Klingsor entging somit der Preis seines Unternehmens: glücklicher, zu ihrem Unglück, war es Kundry gelungen, von Neuem ihre Macht zu bewähren! Nach heftigem Wahnsinnstoben erwachte sie wieder als Büsserin. Aus einem Zustande in den andren bringt sie kein wirkliches Bewusstsein des Vorgefallenen: er ist ihr wie ein im tiefsten Schlaf erlebter Traum, von dem der Erwachte keine Erinnerung, sondern nur ein dunkles, ohnmächtiges, nur das tiefste Innere beherrschendes Gefühl hat. Doch blickte sie mit Trauer und Hohn zugleich auf den Verwundeten, dem sie nun als Büsserin wieder mit leidenschaftlichster Aufopferung, aber – ohne Hoffnung, ohne Achtung, diente. Jetzt gilt es nun Klingsor, Parzival in seine Macht zu bekommen. Er kennt die Weissagungen, die über dieses Wunderkind vorhanden sind. Er fürchtet, dass er berufen sein könnte, Anfortas zu erlösen und seine Stelle mit unbesieglicher Macht zu übernehmen. Gegen ihn soll nun Kundry ihre stärkste Macht üben. Kundry's von Klingsor gebannte Seele erbebt. Sie sträubt sich. Er droht. Sie flucht. Furchtbare Geheimnisse. Endlich Zwiespalt in Kundry's Seele: Hoffnung auf Erlösung – durch ihre Besiegung: – dann aber wahnsinniges Verlangen nach einem letzten Liebesgenuss. Klingsor's Lachen. – Waffengeräusch. Parzivals drohende Stimme von aussen. Kundry verschwindet. ‹An's Werk›! Klingsor springt auf die Mauer; er gewahrt Parzival's Kampf gegen die verzauberten Ritter. Klingsor lacht über die tölpischen Eifersüchtigen, die dem Fremden den Zugang zu ihren geliebten Teufelinnen wehren: er freut sich da sie besiegt und von Parzival erschlagen oder verjagt werden. Er gönnt allen Gralsrittern, sich auf diese Weise unter sich umzubringen. Er begleitet mit den Blicken Parzival, der nun kindisch stolz durch das geöffnete Thor einschreitet, wie betäubt vor der Pracht des Palastes steht, jetzt nach dem Lustgarten sich wendet. ‹Ha! Kindischer Spross! Zu was Du auch berufen sein könntest: noch bist du zu dumm, und mir verfallen. Hier wirst du lieblich enden, ewiger Herr des Grales.› Er verschwindet.

Parzival ist in den wunderbaren Zaubergarten Klingsor's eingetreten: sein Staunen über die unnennbare Anmuth ist mit einem unheimlichen Gefühle der Bangigkeit, des Zagens, des Grauens vermischt. Doch soll er nicht zur Fassung kommen: Schöne Frauen stürzen einzeln, von verschiedenen Seiten, herbei; in wilder, flüchtig umgeworfener Kleidung, mit ungeordneten Haaren u.s.w. Sie haben Waffenlärm gehört: beim Erwachen haben sie sich von ihren Geliebten verlassen gefunden; einige sind nach den Zinnen gelaufen; sie haben den Kampf angesehen, und berichten den andren Frauen, dass ihre Geliebten von dem kühnen Fremdlinge bekämpft, in die Flucht geschlagen, ja gefällt worden seien. Klagen und Verwünschungen: sie stürzen über Parzival her. Ihre Drohungen, Vorwürfe und Klagen mildern sich allmählich beim Anblicke des Helden, beim Innewerden seiner Schönheit, seiner kindischen Unbefangenheit. Einige verspotten ihn, andre fordern ihn auf, sie für die verlorenen Geliebten zu entschädigen: bald wird ihm geschmeichelt und geliebkost. Parzival giebt sich staunend, aber gänzlich unbefangen, dem, was ihm ein Kinderspiel dünkt, hin, ohne sich einen Ernst der Lage ankommen zu lassen. Bald entsteht Eifersucht u. Streit unter den Frauen: einige sind beiseit, in Lauben getreten, und treten mit reizend geschmücktem Haar, zierlich geordnetem Gewand u.s.w. wieder näher; sie werden von den andren verhöhnt, doch nachgeahmt. Das buhlerische Spiel um Parzival's Gunst artet endlich in Streit und Zank aus. Parzival verhält sich immer wie zu einem Kinderspiel: will nichts begreifen und zeigt vor allem keinen Ernst. Die Verhöhnung wendet sich gegen ihn: Spott und Schelten will ihn endlich fast ärgerlich machen: er will flüchten. Da vernimmt er den lauten, liebevoll klagenden Ton einer weiblichen Stimme, die ihn beim Namen ruft. Er bleibt erschüttert stehen, glaubt den Ruf seiner Mutter zu hören, und verweilt wie festgewurzelt in grosser Ergriffenheit. Die Stimme mahnt Parzival zu weilen: hier werde ihm grosses Glück widerfahren: den Frauen befiehlt sie, den Jüngling zu verlassen; er sei keiner von ihnen bestimmt: ihre Geliebten seien ihnen erhalten: sie möchten zu ihnen zurückkehren, und sie zum Frieden ermahnen. Zögernd gehorchen die Frauen: sie entfernen sich zaghaft von Parzival, den jede heimlich ihrem Geliebten vorzieht: schmeichelnd u. sanft verlassen sie ihn und zerstreuen sich nach allen Seiten. – Parzival glaubt nun gewiss zu träumen, und blickt sich schüchtern um, woher die Stimme kam. Da gewahrt er in einer Grotte auf einem Blumenlager ein jugendliches Weib von höchster Schönheit, Kundry, in neuer, gänzlich unkenntlicher Gestalt. Verwundert frägt er, noch fern stehend, ob sie es war, die ihn gerufen. Kundry: ob er denn nicht wisse, dass sie ihn hier seit lange erwarte? Was ihn denn hierher geführt, wenn nicht der Wunsch, sie zu finden? Parzival, wunderbar von ihr angezogen, nähert sich der Grotte. In seine Empfindung mischt sich ungeheure Bangigkeit; die heitere Unbefangenheit in seinem vorherigen Verhalten zu den schönen Frauen verlässt ihn ganz; ein tiefer Ernst kommt über ihn, ein dunkles Gefühl, dass es sich um die wichtigste Entscheidung für ihn handle. Das wunderbare Weib weiss die zartesten Saiten seiner Empfindung durch traulich-feierliches Berühren seiner Kindererinnerungen erzittern zu machen; der Abend, der Morgen, die Nacht – die Klagen, die Liebkosungen der Mutter; die Sehnsucht der Entfernten, Verlassenen, nach dem Sohne, ihr Schmachten, Verzweifeln und Sterben. Parzival überwältigt von furchtbarer Rührung und zermalmender Wehmuth, sinkt weinend zu den Füssen des schönen Weibes nieder: schreckliche Reue quält ihn. Sie beugt sich da über ihn, und umschlingt sanft seinen Nacken. Tröstung u. Verweis des allzu grossen Schmerzes. Nicht Alles, was ihn beglücken könne, sei in der Mutterliebe enthalten gewesen: der letzte Hauch des Muttersehnens sei der Segen des ersten Kusses der Liebe. Sie hat ihr Haupt über das seinige geneigt, und heftet nun ihre Lippen zu einem langen Kusse auf den Mund des Jünglings. Dieser fährt plötzlich mit einer Gebärde des höchsten Schreckens auf. Mit diesem Kuss ist eine furchtbare Veränderung in ihm vorgegangen: er fühlt nach seinem Herzen; dort brennt ihm plötzlich die Wunde des Anfortas: er hört dessen Klagen aus seinem eigenen tiefsten Innern aufsteigen. ‹Die Wunde! Die Wunde hier blutet sie! Jammervoller, und ich konnte dir nicht helfen!› – Dem Schrecken und der Verwunderung des schönen Weibes antwortet er mit hinstarrender Eintrücktheit: ihn fesselt nur der räthselhafte Vorgang, dessen Zeuge er in der Gralsburg war; gänzlich in Anfortas' Seele versetzt, fühlt er dessen ungeheure Leiden, seinen furchtbaren Selbstvorwurf; die unsäglichen Qualen des Liebessehnens, die unheiligen Schauer des sündigen Verlangens, selbst hier, im Anblick des Wundergrales, durchleuchtet von seinen hehren Wonnen, vernichtet von der Göttlichkeit seines welterlösenden Balsam's. Er ruft den Gral an, das Blut des Erlöser's: er hört die göttlichen Klagen über den Fall des Auserwählten; er vernimmt den Ruf des Heilands nach Befreiung des Heiligthumes aus der Pflege befleckter Hände: Und dies ungeheure Leiden erlebte er, die Qualen des Schuldbeladenen bezeugte er: zu seinem tiefsten Innern rief es laut um Erlösung, und – er blieb stumm, floh, irrte kindisch umher, verprasste seine Seele in wilden, thörichten Abenteuern! Wo giebt es einen Elenden, Sündhaften, wie ihn? Wie je hoffen, Vergebung der ungeheuren Pflichtversäumniss zu finden?› – Vergebens sucht ihn das erstaunte, zur leidenschaftlichsten Bewunderung hingerissene Weib zu beschwichtigen. Jeden ihrer Blicke sieht, jedes ihrer Worte hört er wie aus Anfortas' Seele: so blickte die Unselige, so sprach sie, so schlang sie den Arm um seinen Nacken; so furchtbare Schmerzen musste er als Lohn davon empfinden! Verderberin, weich' von mir.› – Wahnsinniges Liebesverlangen brennt nun in des Weibes Seele auf. ‹Grausamer! empfindest du nur die Schmerzen andrer, so empfinde auch die meinigen! – In dir allein soll ich Erlösung finden, in dir allein vergehen! Dich erharrte ich während Ewigkeiten des Elends: um dich zu lieben, um eine Stunde dein zu sein, kann einzig mich entschädigen für Qualen, wie sie noch kein Wesen litt.› – Parzival: ‹In Ewigkeit bist du verdammt mit mir, wollt' ich in deinen Armen nur einen Augenblick meine Sendung vergessen!› Auch dir bin ich zum Heil gesandt: Wahnsinnige, erkennst du denn nicht, dass der Trank nur deinen Durst vermehrt: dass dein Sehnen nur durch Ungestilltsein erlischt?› Vor seiner Empfindung liegen alle Qualen des Menschenherzens offen: er empfindet sie alle, und weiss wie sie einzig zu enden. Das Weib: ‹So war es mein Kuss, der dich hellsichtig machte? O Thor! umfange mich nun in Liebe, so bist du heute noch Gott selbst! Nimm mich nur eine Stunde an dein Herz, und lass mich dann verdammt sein in Ewigkeit! – Ich will keine Erlösung: ich will dich lieben!› Parz: ‹ich will dich lieben u. erlösen, zeigst du mir zu Anfortas den Weg!› Sie rast: ‹Nie sollst du ihn finden! Lass den Verfallenen verderben!› Er besteht auf seiner Forderung. Sie fordert als Lohn eine Stunde Liebe von ihm. Er stösst sie zurück. Sie zerschlägt sich die Brust, ruft wahnsinnig nach Hülfe. Noch sei sie mächtig genug, ihn irre zu leiten, dass er die Gralsburg nie finde: sie verwünscht die Pfade und Wege! Klingsor erscheint auf dem Thurme des Schlosses: Gewaffnete stürzen herbei: Parzival erkennt die Lanze, mit der Anfortas verwundet ward[1], entreisst sie dem Ritter: ‹mit diesem Zeichen bann' ich euch! Wie sich die Wunde schliesse die diese Speerspitze stach, vergehet alle hier, und in Trümmer stürze diese Pracht!› – Er schwingt die Lanze: mit einem furchtbaren Krach stürzt das Schloss zusammen, der Garten verdorrt zur Einöde. Parzival, aus der Ferne nach der schreiend zusammengebrochenen Kundry sich umblickend: ‹Du weisst, wo du mich wiedersehen kannst!› Er enteilt über die Trümmer. – –

In Monsalvat herrscht Trauer und Zerrüttung. Anfortas ist nicht mehr dazu zu bewegen, dem Amt des Grales vorzustehen. Er will, von übermässigen Qualen gepeinigt, seinen Tod ertrotzen: er will den Gral nicht mehr erschauen, der auch seine Wunderkraft in Trauer gehüllt zu haben scheint, da er, seit Parzivals Beisein, in immer matterer Gluth nur noch

1 Es ist die Lanze, mit welcher einst Longinus des Heilands Schenkel durchstach, und deren sich Klingsor als werthvollstes Zaubermittel bemächtigt hatte. *[Anmerkung Wagners.]*

leuchtete. Seit länger nun schon bleibt das heilige Gefäss in seinem Schrein verschlossen. Alles darbt und verkommt. Die Ritter müssen sich unheilige Nahrung suchen; die Kraft schwindet ihnen; sie werden nicht mehr ausgesendet. Titurel, des Anblicks des Lebenspendenden Heiligthumes verlustig, unfähig selbst noch das Amt zu verrichten, ist gestorben. Anfortas erwartet sehnlich seine eigene Auflösung. Die Ritter belagern seine Kammer; weinend und drohend bestürmen sie ihn: er weigert sich standhaft: er will sterben. – Gurnemans, unter solchen Umständen schnell zum fast kindischen Greis gealtert, hat sich an den heiligen Quell am Ende des Waldes zurückgezogen, um dort als Einsiedler zu sterben. Kundry ist ganz neulich von ihm wieder aufgefunden worden: sie lag, wie immer im Todesschlafe; nachdem er sie nochmals erweckt, hat er aber gegen früher eine grosse Veränderung an ihr wahrgenommen: als sie erwacht, ist sie nicht erstaunt, hat nicht geflucht, und hat ihn dagegen sanft und stetig bedient. Nur ist kein Wort aus ihr herauszubringen gewesen: sie scheint gänzlich die Sprache verloren zu haben. – An einem schönen Frühlingsmorgen schöpft Kundry am Quell Wasser für den alten Gurnemans: dieser liegt im Gebet vor seiner Hütte. Da wird Parzival aus der Ferne langsam sich nähernd gewahrt: er ist in ganz schwarzer Waffenrüstung; gebeugten Hauptes, mit gesenktem Speere kommt er träumerisch heran, und lässt sich auf einem Rasensitze in der Nähe des Brunnens nieder. Er hat das Visir geschlossen. Gurnemans bemerkt ihn und spricht ihn an. Auf alle Fragen schüttelt Parziv. nur traurig mit dem Haupte. Endlich wird Gurnemans ärgerlich, und verweist ihm, hier mit geschlossenem Helm, Speer u. Schild bewaffnet sich aufzuhalten. Ob er denn nicht wisse, welcher Tag heut' sei? – ‹Nein› – Woher er denn komme, und ob er unter Christen gelebt habe, nicht zu wissen, dass heut' der allerheiligste Charfreitag sei? – Parz. schweigt lange. Dann öffnet er den Helm, setzt ihn vom Haupte, stösst den Speer in den Boden*, legt Schild und Schwert davor nieder, senkt sich darauf knieend hin, heftet sein Auge inbrünstig auf die blutige Lanzenspitze, und betet eifrig. – Gurnemans betrachtet ihn mit Rührung, glaubt ihn wiederzuerkennen, ruft Kundry zum Zeugen herbei. Mit ruhigem Kopfnicken bekräftigt sie, dass diess derselbe sei, der einst am See erschienen und den Schwan erlegt habe. Parzival wird befragt. Auch er erkennt den Greis; und berichtet nun, wie er lange vergebens umhergeirrt habe, um die Gralsburg wieder zu finden, wo er eine grosse Schuld zu büssen habe: er sei verzweifelt, den Weg je wieder zu finden; durch Büssungen jeder Art habe er sich

* *Ursprünglich hieß es von hier ab:* ‹hängt Helm, Schild u. Schwert daran: kniet dann nieder, und sinkt in ein stummes Gebet.› *Wagner hat diese Formulierung gestrichen und durch die obige ersetzt.*

der Gnade, auf den rechten Pfad geleitet zu werden, theilhaftig machen wollen; vergebens: seine Werke waren nicht so stark, als der Zauber, der ihn in die Irre bannte! Ob ihm nun der Alte Nachricht geben könnte? Gurnemans antwortet traurig, dass die Kunde ihn nicht erfreuen würde, und meldet nun all die trostlosen Vorgänge in Monsalvat. Parziv., von Reue gefoltert, diesen Jammer nicht längst schon gemildert zu haben, schilt seine Blindheit, seine kindische Blödigkeit, und sinkt, von Schmerz überwältigt, ohnmächtig zurück. Kundry springt herbei: sie holt in einem grossen Becken Wasser. Gurnemans verwehrt ihr: dort, am Quelle selbst, soll der Pilger gebadet werden: mir ahnt, er habe noch heute ein hohes Amt zu verrichten; dazu muss er gereinigt, und aller Staub der langen Wanderung von ihm abgewaschen werden. Den wieder erweckten Parzival geleiten Beide sanft nach dem Quell. Parzival frägt, ob ihn der Alte zu Anfortas geleiten wolle? Gurn: gewiss, wir ziehen heute gemeinschaftlich zur Burg: die Todtenfeier Titurels, meines lieben Herrn, wird heut' begangen. Da hat Anfortas gelobt, noch einmal den Gral zu enthüllen, zur Heiligsprechung des durch seine Schuld geschiedenen Vaters. Während dem hat Kundry Parzivals Beinschienen gelöst, und badet ihm nun die Füsse; er blickt ihr mit Verwunderung und Rührung zu, und bittet dann Gurnemans, ihm auch das Haupt mit dem heiligen Wasser zu netzen: dieser segnet ihn zu dem ihm bestimmten Werke, und sprengt ihm das Haupt mit Wasser. Da bemerkt Parziv., dass Kundry ein goldenes Fläschchen aus dem Busen zieht, einen edlen Balsam daraus auf seine Füsse schüttet, sie salbt, und dann mit ihren Haaren trocknet. ‹Salbst du die Füsse, so salbe Gurnemans auch das Haupt: denn ich werde König!› Gurnemans nimmt, salbt ihm das Haupt und spricht den Segen. Leise, wie unvermerkt, schöpft da Parzival mit der Schale Wasser aus dem Quell, netzt damit Kundry's Haupt: ‹mein erstes Amt verricht' ich so: sei getauft und glaube an den Erlöser. – Kundry senkt das Haupt u. scheint zu weinen. – Parzival blickt mit sanfter Verzückung auf Wald u. Wiese. Wie doch Alles so wunderbar blühe, in zarten Farben, lieblichen Formen und milden Düften zu ihm spreche! Er habe noch nie die Aue so schön gesehen. Gurne: ‹das ist Charfreitagszauber, Herr.› Parz. ‹O des höchsten Schmerzenstages? Sollte da nicht eher die ganze Schöpfung trauern?› – Gurnem: ‹Du siehst, es ist nicht so: heut' freut sich alle unvernünftige Creatur, zu dem Erlöser aufzublicken. Ihn selbst am Kreuze kann sie nicht gewahren: da blickt es denn zu dem erlösten Menschen auf; der fühlt sich durch das Liebesopfer Gottes heilig u. rein, das merken die Blumen auf der Aue, dass der Mensch sie heut' nicht zertritt, sondern, wie Gott der Menschen sich erbarmte, heut' auch ihrer schont: nun dankt denn Alles, was blüht u. bald stirbt; es ist der Unschuldstag der Natur.› Kundry hat langsam das Haupt erhoben und blickt ernst und ruhig bittend zu

Parzival auf. Parz ‹heut' ist der grosse Unschuldstag: steh' auf und sei selig!› – Er küsst sie auf die Stirne. – Glockengeläute, annähernd: Männergesang aus der Ferne. – Gurnemans: die Stund' ist da: Mittag, – wie damals. Folgt mir. Parzival wird von Beiden gewaffnet, nimmt den Speer feierlich, und folgt mit Kundry dem Gurnemans. – Während der Gesang anschwillt, und die Glocken lauter tönen, wechselt die Scene wieder in allmählicher Weise, wie im ersten Act. In den Gängen gewahrt man Züge von Rittern, in Trauergewändern. Todtenklagen hallen näher. – Ein Leichenzug. – Dann Wiederankunft in dem grossen Saale, Klagegesänge – von tiefen, höheren und höchsten Stimmen: der Katafalk ist vor dem Baldachin statt der Tafel aufgerichtet. Einzug der Prozession der Ritter; von der anderen Seite Anfortas im Siechbett, dem Sarge Titurel's nachgetragen: voran der Schrein mit dem Gral. Trübe Dämmerung. Als Alles am Platze, der Sargdeckel zurückgelassen wird, bricht heftiges Wehklagen aus: Anfortas erhebt sich unter dem Baldachin vom Siechbett, verzweiflungsvoll zur Anklage an die Ritter, dass sie ihn zwingen wollen, heut' noch einmal den Gralszauber zu üben; hier, beim Anblick des durch ihn getödteten Vaters! Schon sei, seitdem ihn der Gral nicht mehr neu belebt, die Wunde ihm tödtlich bis an das Herz getreten: vielleicht noch ein Tag, und auch ihm wäre der Tod gewiss? Warum diese furchtbare Grausamkeit, ihn noch einmal in das Leben zurückzuwerfen? – Er weigert sich von Neuem. Man will ihn zwingen. Murren u. Drohen der Ritterschaft. Anfortas: ‹Wahnsinnige! womit wollt ihr mir drohen, da der Tod mir Erlösung ist?› – Da tritt Parzival hervor: ‹Lebe, Anfortas, lebe in Reue u. Busse. Deine Wunde schliesse ich so›: Er berührt mit dem Speer Anfortas's Schenkel. Parzival fährt fort, ihm sein Leiden, seinen Fehltritt, seine innere Pein zu schildern: ‹von Allem soll er nun erlöst sein: der Zauber, dem du erlagest, ist gebrochen; stark ist der Zauber des Begehrenden, doch stärker der des Entsagenden. Dank deinem Leiden: es machte mich zum Mitleidenden; danke du meiner Thorheit, durch die konnt' ich zum Wissen gelangen. Ich darf des Amtes walten, ich soll es, damit Du erlöset seiest!› – Anfortas, plötzlich genesen, hat den Gral aus dem Schrein gehoben: dieser leuchtet nun sofort im hellsten Glanze auf; eine Glorie breitet sich über Alle aus: Titurel erhebt sich segnend aus dem Sarge. Anfortas geleitet Parzival unter den Baldachin: – Kundry umschlingt Parzival's Füsse und sinkt leise entseelt vor ihm nieder. Eine weisse Taube schwebt aus der Kuppel herab und kreist über Parzival. – Anfortas huldigend vor ihm auf den Knien. –

30 August (1865)

So! das war Hülfe in der Noth!!*

* *Diesen Satz hat Wagner am Schluß quer über die Seite geschrieben.*

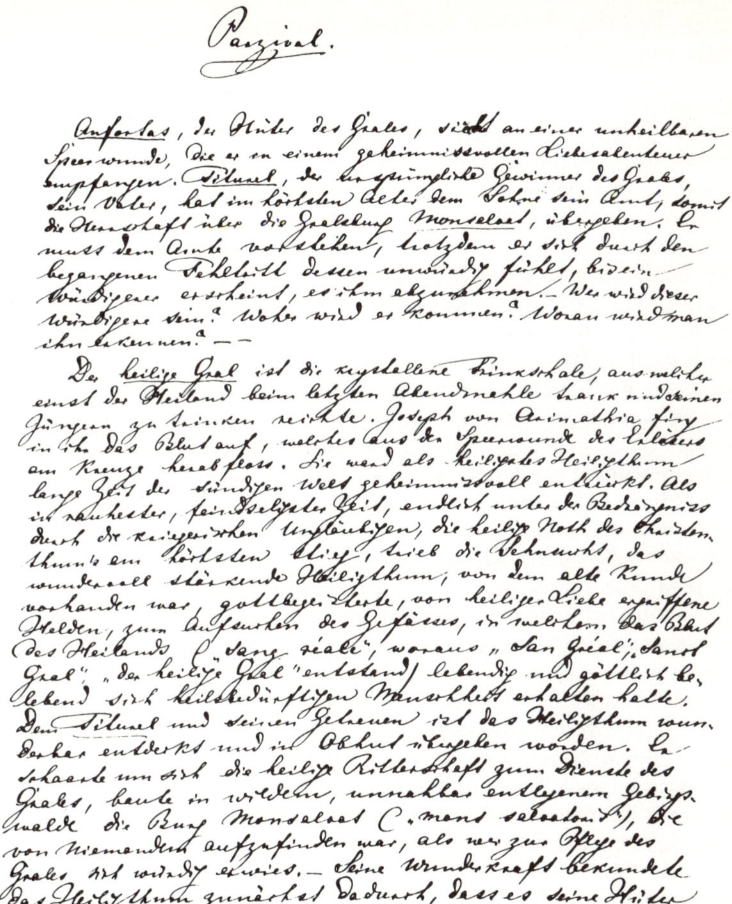

Parzival.

Anfortas, der Hüter des Grales, siecht an einer unheilbaren Speerwunde, die er in einem geheimnissvollen Liebesabenteuer empfangen. Titurel, der ursprüngliche Gewinner des Grales, sein Vater, hat im höchsten Alter dem Sohne sein Amt, damit die Herrschaft über die Gralsburg Monsalvat, übergeben. Er muss dem Amte vorstehen, trotzdem er sich durch den begangenen Fehltritt dessen unwürdig fühlt, bis ein Würdigerer erscheint, es ihm abzunehmen. – Wer wird dieser Würdigere sein? Woher wird er kommen? Woran wird man ihn erkennen? – –

Der heilige Gral ist die krystallene Trinkschale, aus welcher einst der Heiland beim letzten Abendmahle trank und seinen Jüngern zu trinken reichte. Joseph von Arimathia fing in ihr das Blut auf, welches aus der Speerwunde des Erlösers am Kreuze herabfloss. Sie ward als heiligstes Heiligthum lange Zeit der sündigen Welt geheimnissvoll entrückt. Als in rauhester, feindseligster Zeit, endlich unter der Bedrängniss durch die kriegerischen Ungläubigen, die heilige Noth des Christenthum's am höchsten stieg, trieb die Sehnsucht, das wundervoll stärkende Heiligthum, von dem alte Kunde vorhanden war, gottbegeisterte, von heiliger Liebe ergriffene Helden, zum Aufsuchen des Gefässes, in welchem das Blut des Heilands („sang réale", woraus „San Gréal", „Sanct Gral", „der heilige Gral" entstand) lebendig und göttlich belebend sich heilsbedürftigen Menschheit erhalten habe. Dem Titurel und seinen Getreuen ist das Heiligthum wunderbar entdeckt und in Obhut übergeben worden. Er schaarte um sich die heilige Ritterschaft zum Dienste des Grales, baute in wildem, unnahbar entlegenem Gebirgswalde die Burg Monsalvat („mons salvationis"), die von Niemandem aufzufinden war, als wer zur Pflege des Grales sich würdig erwies. – Seine Wunderkraft bekundete das Heiligthum zunächst dadurch, dass es seine Hüter

Beginn der für König Ludwig II. von Bayern angefertigten Reinschrift des ersten Prosaentwurfs zum ‹Parsifal› vom August 1865. Damals hieß der Titelheld, wie in der mittelalterlichen Stoffvorlage Wolframs von Eschenbach, noch ‹Parzival›. Am 14. März 1877, also am ersten Tag der Niederschrift der Textdichtung, notiert Cosima Wagner in ihrem Tagebuch: «Und Parsifal wird er heißen.» Wagner beruft sich bei dieser Änderung auf Joseph Görres, der in der Einleitung zu seiner Ausgabe des ‹Lohengrin› (1813) den Namen ableitete aus «fal parsi», was arabisch sei und «reiner Tor» heiße.

Eine Tagebuchnotiz Richard Wagners zum ‹Parsifal›-Stoff

2 Sept. *[1865]*

Was soll ich mit der blutigen Lanze machen? – Das Gedicht sagt: mit dem Gral sei zugleich die Lanze aufgeführt worden; an ihrer Spitze hing ein Blutstropfen. – Die Wunde des Anfortas ist jedenfalls von dieser Spitze gestochen: wie hängt diess aber zusammen? Hier ist grosse Confusion. Die Lanze gehört, als Reliquie, zu der Schale; in dieser wird das Blut aufbewahrt, welches durch die Lanzespitze dem Schenkel des Heilands entfloss. Beide ergänzen sich. – Entweder nun diess: –

Die Lanze ist gleichzeitig mit dem Gral der Ritterschaft übergeben worden. Sie wird vom Hüter des Grales in höchster Bedrängniss selbst in den Kampf geführt. Anfortas hat sie, um Klingsors der Ritterschaft so höchst verderblichen Zauber zu brechen, vom Altar genommen u. ist mit ihr zum Kampf gegen den Erzfeind aufgebrochen. Während er der Verführung erlag, Schild u. Speer ihm entsunken waren, ist ihm die heilige Waffe entwendet worden, und durch sie selbst ward er nun verwundet, als er zur Flucht sich wandte. (Vielleicht, weil Klingsor daran liegt, den Anfortas lebendig in seine Gewalt zu bekommen, befielt er dessen Verwundung durch die Lanze, weil ihm bekannt ist, das diese Lanze nur verwundet, nicht aber tödtet. Warum?) Die Heilung und Erlösung des Anfortas' ist nun folgerichtig nur möglich, wenn die Lanze aus unheiligen Händen befreit, und wieder dem Gral beigesellt wird.

Oder so: –

Bei Übergabe des Grales ist den Rittern auch die Lanze verheissen: nur müsse sie erst durch schwere Kämpfe gewonnen werden. Würde sie einst dem Grale beigesellt sein, so würde die Ritterschaft dann nichts mehr anfechten können. Klingsor hat diese Lanze aufgefunden, und verwahrt sie, theils ihres starken Zaubers wegen, da sie auch den Heiligsten zu verwunden im Stande ist, wenn noch irgend ein Fehl an ihm haftet, theils um sie der Gralsschaft vorzuenthalten, weil sie durch ihren Gewinn unbesieglich sein würde. Anfortas ist nun ausgezogen, um diese Lanze dem Klingsor zu entführen: der Liebeverführte wird durch sie verwundet, als Klingsor sie nach ihm schleudert. – Die Folge bleibt nun dieselbe: sie muss in den Besitz der Ritterschaft kommen. – Klingsor schleudert den Speer nach Parzival: dieser fängt ihn mit der Hand auf; er weiss von ihm und kennt seinen Zauber, seine Bedeutung. –

Was ist besser, Cos*? –

* *Die Frage richtet sich an Cosima von Bülow, Wagners damalige Geliebte. Wagner hat sich für die erste Fassung entschieden.*

Ach, Alles, Alles ist besser, als so von Gott verlassen sein, wie ich gestern war!* – Was hab' ich da ‹geklagt›! Wie ganz unähnlich war ich da deinem heiligen Vater**, der ja nie klagt! –

Ich hatte wohl zu angestrengt gearbeitet. Leider bin ich immer noch zu leidenschaftlich in Allem, was ich thue, – auch in der Arbeit: ich hatte nur einen Tag zu früh geendet: nun musste ich's büssen. Mein Leiden hatte sich sehr verschlimmert. –

Nun, heute fährtst Du zum Baron Augus. Den habe ich auch kennen gelernt. Die gefährlichen sind die liebenswürdigen; man traut ihnen Tiefe, göttliches Müssen zu, und – schämt sich dann gelegentlich, viel zu weit gegangen zu sein. Mit diesem göttlichen Müssen in der Seele habe ich nur noch Einen gefunden: das ist mein Parzival, mein Sohn im heiligen Geist. –

Briefe Wagners über ‹Parsifal› an König Ludwig II.

Am 5. September 1865 schreibt Ludwig II. an Wagner:
Endlich finde ich einen freien Augenblick, endlich komme ich dazu, dem Geliebten für den übersandten Entwurf*** zum *‹Parcival›* aus tiefster Seele zu danken; die Flammen der Begeisterung erfassen mich; mit jedem Tage wird sie glühender, meine Liebe zu dem, den ich einzig liebe auf dieser Welt, der meine höchste Freude, mein Trost, meine Zuversicht, mein Alles ist! – O Parcival, wann wirst Du geboren werden!? – Ich bete sie an, diese höchste Liebe, das Versenken, das Aufgehen in den qualvollen Leiden des Mitmenschen! – Wie hat mich dieser Stoff ergriffen! – Ja diese Kunst ist heilig, ist reinste, erhabenste Religion. – Wie sehne ich mich nach Ihnen; selig kann ich nur bei Ihnen sein!

In dem folgenden Brief Wagners an Ludwig II. geht es um Fragen zum Gehalt des ‹Parsifal›-Stoffs.

München, 7. September 1865

«Welche Bedeutung es mit dem Kusse Kundry's hat?» – Das ist ein furchtbares Geheimnis, mein Geliebter! Die Schlange des Paradieses kennen

* *Am 1. September hatte Wagner in sein Tagebuch notiert: «Wer liebt, kann klagen, und tritt in kein besonderes Verhältnis zum lieben Gott. Der Fromme liebt nicht: ihm liegt nur am Herrschen. Ich weiss was ich sage. Mir ist dieser ganze katholische Kram in tiefster Seele zuwider: wer sich dahinein flüchtet, muss wohl viel zu büssen haben.»*

** *Gemeint ist Franz Liszt.*

*** *Gemeint ist der erste Prosaentwurf vom August 1865 (vgl. Dokumentation S. 88f).*

Sie ja, und ihre lockende Verheißung: «eritis sicut Deus, scientes bonum et malum.» Adam und Eva wurden «wissend». Sie wurden «der Sünde sich bewußt». An diesem Bewußtsein hatte das Menschengeschlecht zu büßen in Schmach und Elend, bis es durch Christus erlöst ward, der die Sünde der Menschheit auf sich nahm. Mein Teuerer, kann ich in so tiefsinnigen Materien anders als im Gleichnis, durch Vergleichung sprechen? Den inneren Sinn kann doch nur der Hellsehende sich selbst sagen. Adam – Eva: Christus. – Wie wäre es, wenn wir zu ihnen stellten: – «Anfortas – Kundry: Parzival?» Doch mit großer Behutsamkeit! – Der Kuß, der Anfortas der Sünde verfallen läßt, er weckt in Parzival das volle Bewußtsein jener Sünde, nicht aber als die seinige, sondern die des jammervollen Leidenden, dessen Klagen er zuvor nur dumpf empfand, davon ihm nun aber, am eigenen Mitgefühl der Sünde, der Grund hell aufging: mit Blitzesschnelle sagte er sich gleichsam: «ach! das ist das Gift, an welchem Jener siecht, dessen Jammer ich bisher nicht verstand!» – So weiß er mehr als alle andren, namentlich auch als die gesamte Gralritterschaft, welche doch immer nur meinte, Anfortas klage um der Speerwunde willen! Parzival blickt nun tiefer.

Die folgenden Briefe schrieb Wagner bereits während der Kompositionsarbeit an ‹Parsifal›. Die Dichtung hatte er am 19. April 1877 vollendet, und ab 17. September dieses Jahres melden Cosimas Tagebücher minuziös den Fortgang der Arbeit an den parallel zueinander entstehenden Kompositions- und Orchesterskizzen. Am 25. April 1879 ist diese Arbeit abgeschlossen.

Bayreuth, 22. Mai 1878

Wollte mich die Not wieder mit ihren schwarzen Krallen fassen, rasch stieg da der für Sie – damals – entworfene *‹Parsifal›* mir wieder auf: an ihm webe ich nun Tag für Tag. Der verhängnisvolle «Kuß» hat bereits den Zauber der Torheit gelöst: «Amfortas!» – bis so weit bin ich.

Bayreuth, 15. Oktober 1878

Das war ein schöner Tag, dieser elfte Oktober! Der göttliche Brief kam an, und – der zweite Akt des *‹Parsifal›* wurde fertig bis zur letzten Note.* Da gab es denn Jubel und schöne Tränen in Wahnfried! Wohl hatte ich Grund, die Beendigung gerade dieses Aktes wie ein Fest zu feiern. Mir bangte, vor dem Beginn, vor den furchtbaren Aufregungen, welche die große Katastrophe zwischen Parsifal und Kundry darbot. Ich habe im

* *Gemeint ist die Kompositions- und Orchesterskizze, nicht die Partitur des zweiten Aktes. Die Partiturreinschrift vollendete Wagner am 19. Oktober 1881.*

‹*Tristan*› die verzehrendsten Leiden der Sehnsucht in undenklichster Steigerung bis zum schmerzlichsten Todesverlangen wiederzugeben gehabt; das Rasen der Leidenschaft füllt den ‹*Ring des Nibelungen*› an, und ‹*Venus*› und ‹*Tannhäuser*› wissen – in meiner späteren Bearbeitung – was die Schrecken der Liebe sind. Aber für Parsifal und Kundry ist das Alles wieder etwas Neues: hier sind zwei Welten mit sich im Kampfe um die letzte Erlösung. Oft sagte ich mir: nachdem ich so oft schon in diese Sphären mich verloren, hätte ich mir es diesmal ersparen können. Aber, da hieß es, wie es der gemeine Mann ausdrückt: «wer die Suppe eingebrockt hat, mag sie auch ausessen!»

Bayreuth, 27. März 1879

Ich nahe mich der Vollendung der musikalischen Ausführung meines Gedichtes; während es mich unruhig drängt, meiner etwas angegriffenen Kräfte Herr zu werden, um die Vollendung der Kompositions-Skizze (womit ja die Erfindung der Musik für alle Zeiten festgestellt ist) zu fördern, hält mich ein anderes Gefühl von diesem Eifer zurück, mit welchem ich mir sage: «Tor! Bist du so eilig die über alles Elend täuschende, tiefe Befriedigung wieder zu verscheuchen, welche während dieser Arbeit dich einzig über die Welt und ihren Jammer hinwegschwebend erhielt?» In der Tat! Nie ist es mir so nahe, als nach meinen letzten Erfahrungen, herangetreten, was es heißt, ein fertiges Werk von mir nun für das Gefallen der Welt durch öffentliche Preisgebung durch unsere erbämlichen theatralischen Reproduktionsmittel vorzubereiten ...

Es ist mir Alles an meiner Arbeit wohlgelungen: nur noch Weniges habe ich hinzuzufügen; ich stehe mit Amfortas vor der enthüllten Leiche Titurels. Es wird mir zum Trost, dieses Wenige noch vor mir zu haben, und – um meinem schmerzlichen Gefühle des Scheidens von dieser Arbeit einen Ausdruck zu geben, habe ich beschlossen, wenigstens vor dem Eintritte der milden Jahreszeit sie nicht zu beschließen, so daß ich nach der Niederschrift der letzten Note doch mindestens die «Aue» mir zulächeln sehen kann.

Bayreuth, 25. August 1879

Ja! Ich muß mit diesem letzten Werke volle Freiheit haben; denn in Tells Weise muß ich sagen: entrinnt auch dieses kraftlos meinen Händen, hab' ich kein weiteres mehr zu versenden. Die ungeheuere Mühe einer möglichst stilvollen Einführung meines ‹*Nibelungen*›-Werkes hat mich, da sie doch endlich auch nur zur Geburt eines gewöhnlichen Theaterkindes führte, sehr erschöpft: Nichts habe ich damit aufgebaut, nichts als ein leerstehendes Gehäuse. Wollte ich selbst den ‹*Parsifal*› nur eben so auf das Ungewisse hin wieder – etwa als einen neuen Versuch! – darangeben, so fühle ich, daß ich dies nicht einmal könnte, denn die Kraft würde mich mitten in der Arbeit verlassen, und erliegend müßte ich zusammensinken. Der Kummer frißt mir am Herzen, – und was er übrig läßt, verzehrt der Ekel. Diese Welt, in der wir leben, braucht meinen ‹*Parsifal*› nicht! – Dem Verhalten der Welt zu mir gegenüber würde ich durchaus korrekt handeln, wenn ich mit der sehr allmählichen Ausführung der Instrumentation mir einen angenehmen künstlerischen Lebensabend bereitete, mein Werk dann unter sieben Siegel legte und es meinem Sohne dann vollständig legierte, um dereinst, wann er die Zeit für dieses gekommen hält, mit der Einsicht, die er von mir zu ererben hat, es der Welt im richtigen Augenblicke vorzuführen. Was soll jetzt dieses christlichste aller Kunstwerke in einer Welt, welche in Feigheit vor den Juden vergeht! ...

Nach Abschluß der Kompositions- und Orchesterskizze des ‹Parsifal› – bei Wagner heißt das allemal, daß damit der eigentliche Schaffensvorgang vorbei ist, da die Partitur dann «nur» noch Ausarbeitung der Instrumentation in Reinschrift ist – schreibt Wagner an Ludwig II.:

Bayreuth, 28. Mai 1879

Ich konnte in drei Auditionen meinen herbeigekommenen Freunden von meinem Wahnfriedischen «Hofpianisten» Joseph Rubinstein Akt für Akt den ‹*Parsifal*› bis zur letzten Note vorspielen lassen. Ein Traum war es mir und Allen, daß so Etwas wieder geschaffen war!

Der Brief Wagners aus Posilipo an den König enthüllt eine wichtige Anregung für die Dekoration des zweiten Aktes. Wagner besichtigte entzückt den botanischen Garten des Palazzo Rufolo in Ravello und schrieb ins Gästebuch: «Klingsors Zaubergarten ist gefunden.» (Heute erinnert eine Steintafel am Eingang zum Garten mit diesen Worten in italienischer Sprache daran.)

Posilipo, 31. Mai 1880

Gemeinschaftlich begaben wir uns dieser Tage auf einen Ausflug nach Amalfi, am Golf von Salerno, vielleicht einem der schönsten Punkte Italiens: von dort aus besuchten wir das auf der Gebirgshöhe gelegene Ravello, ein jetzt verfallenes Städtchen, welches aber wunderbare Bau-Reliquien aus der Zeit der Okkupation der Araber erhalten hat. Hier trafen wir prachtvolle Motive zu Klingsors Zaubergarten an, welche sofort skizziert und zu weiterer Ausführung für den zweiten Akt des ‹*Parsifal*› bestimmt wurden.

Der Turm des Palazzo Rufolo in Ravello. Wagner besuchte ihn am 26. Mai 1880 und trug damals in sein Tagebuch ein: «Habe den 2ten Akt von Pars. gefunden.»

Wagners Sorge um den singulären Charakter und damit die begrenzte Funktionsfähigkeit des «Bühnenweihfestspiels», wie er den ‹Parsifal› später ausdrücklich bezeichnete, ist der Gegenstand des folgenden Briefes an Ludwig II. Die Schutzfrist, die damals bis dreißig Jahre nach der Uraufführung bestand, wollte Wagner für ‹Parsifal› unbegrenzt in Anspruch nehmen.

Siena, 28. September 1880

In Betreff dieses meines letzten Werkes mußten überhaupt in der letzten Zeit vielerlei Überlegungen und – sage ich es offen – Gewissens-Befragungen mich zu einer ernsten Zurückhaltung bestimmen. Ich habe nun alle meine, noch so ideal konzipierten Werke an unsre, von mir als tief unsittlich erkannte, Theater- und Publikums-Praxis ausliefern müssen, daß ich mich nun wohl ernstlich befragen mußte, ob ich nicht wenigstens dieses letzte und heiligste meiner Werke vor dem gleichen Schicksale einer gemeinen Opern-Carière bewahren sollte. Eine entscheidende Nötigung hierfür habe ich endlich in dem reinen Gegenstande, dem Sujet meines ‹*Parsifal*› nicht mehr verkennen dürfen. In der Tat, wie kann und darf eine Handlung, in welcher die erhabensten Mysterien des christlichen Glaubens offen in Szene gesetzt sind, auf Theatern, wie den unsrigen, neben einem Opernrepertoire und vor einem Publikum, wie dem unsrigen, vorgeführt werden? Ich würde es wirklich unseren Kirchenvorständen nicht verdenken, wenn sie gegen Schaustellungen der geweihtesten Mysterien auf denselben Brettern, auf welchen gestern und morgen die Frivolität sich behaglich ausbreitet, und vor einem Publikum, welches einzig von der Frivolität angezogen wird, einen sehr berechtigten Einspruch erheben. Im ganz richtigen Gefühle hiervon betitelte ich den ‹*Parsifal*› ein «Bühnenweihspiel»*. So muß ich ihm denn nun eine Bühne zu weihen suchen, und dies kann nur mein einsam dastehendes Bühnenfestspielhaus in Bayreuth sein. Dort darf der ‹*Parsifal*› in aller Zukunft einzig und allein aufgeführt werden: nie soll der ‹*Parsifal*› auf irgendeinem anderen Theater dem Publkum zum Amusement dargeboten werden: und, daß dies so geschehe, ist das Einzige, was mich beschäftigt und zur Überlegung dazu bestimmt, wie und durch welche Mittel ich diese Bestimmung meines Werkes sichern kann.

* *Die endgültige Bezeichnung lautet «Bühnenweihfestspiel».*

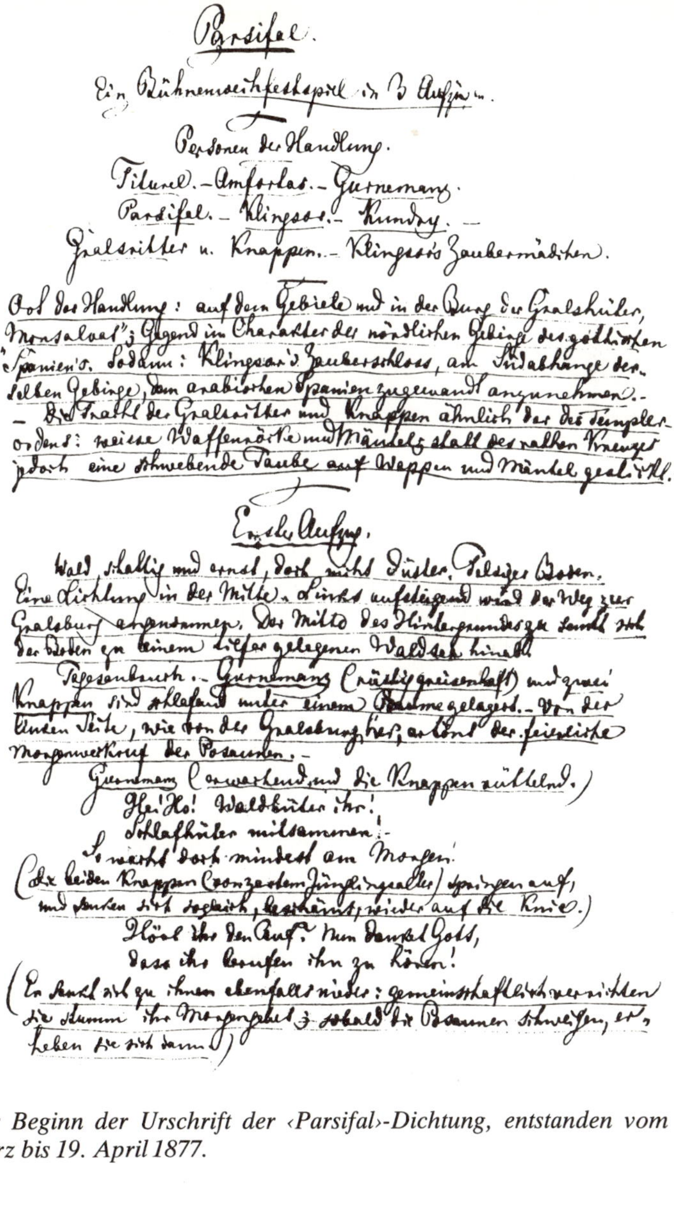

Parsifal.

Ein Bühnenweihfestspiel in 3 Aufzügen.

Personen der Handlung.

Titurel. – Amfortas. – Gurnemanz.
Parsifal. – Klingsor. – Kundry. –
Gralsritter u. Knappen. – Klingsor's Zaubermädchen.

Ort der Handlung: auf dem Gebiete und in der Burg der Gralshüter, "Monsalvat"; Gegend im Charakter der nördlichen Gebirge des gothischen Spanien's. Sodann: Klingsor's Zauberschloss, am Südabhange derselben Gebirge, dem arabischen Spanien zugewandt anzunehmen. – Die Tracht der Gralsritter und Knappen ähnlich der des Templerordens: weisse Waffenröcke und Mäntel; statt des rothen Kreuzes jedoch eine schwebende Taube auf Wappen und Mäntel gestickt.

Erster Aufzug.

Wald, schattig und ernst, doch nicht düster. Felsiger Boden. Eine Lichtung in der Mitte. Links aufsteigend wird der Weg zur Gralsburg angenommen. Der Mitte des Hintergrundes zu senkt sich der Boden zu einem tiefer gelegenen Waldsee hinab.

Tagesanbruch. – Gurnemanz (rüstig greisenhaft) und zwei Knappen sind schlafend unter einem Baume gelagert. – Von der linken Seite, wie von der Gralsburg her, ertönt der feierliche Morgenweckruf der Posaunen. –

Gurnemanz (erwachend und die Knappen rüttelnd.)
He! Ho! Waldhüter ihr!
Schlafhüter mitsammen! –
So wacht doch mindest am Morgen!
(Die beiden Knappen (von zartem Jünglingsalter) springen auf, und senken sich sogleich, beschämt, wieder auf die Kniee.)
Hört ihr den Ruf? Nun danket Gott,
dass ihr berufen ihn zu hören!
(Er senkt sich zu ihnen ebenfalls nieder: gemeinschaftlich verrichten sie stumm ihr Morgengebet; sobald die Posaunen schweigen, erheben sie sich dann.)

Der Beginn der Urschrift der ‹Parsifal›-Dichtung, entstanden vom 14. März bis 19. April 1877.

Programmatische Erläuterung Richard Wagners zum Vorspiel des ‹Parsifal›*

Vorspiel zu *‹Parsifal›*.

Liebe – Glaube –: Hoffen?

Erstes Thema: «Liebe».

«Nehmet hin meinen Leib, nehmet hin mein Blut, um unserer Liebe willen!»

«Nehmet hin mein Blut, nehmet hin meinen Leib, auf daß ihr mein gedenkt!»
(Wiederum verschwebend wiederholt.)

Zweites Thema: «Glaube».

Verheißung der Erlösung durch den Glauben. – Fest und markig erklärt sich der Glaube, gesteigert, unerschütterlich selbst im Leiden. – Der erneueten Verheißung antwortet der Glaube, aus zartesten Höhen – wie auf dem Gefieder der weißen Taube – sich herabschwingend, immer breiter und voller die Brust, das menschliche Herz einnehmend, die Welt, die ganze Natur mit mächtiger Kraft erfüllend, – dann wieder nach dem Himmelsäther wie sanft beruhigt aufblickend. –

Da, noch einmal, aus Schauern der Einsamkeit, erbebt die Klage des liebenden Mitleides: Bangen, heiliger Angstschweiß des Ölberges, göttliches Schmerzens-Leiden des Golgatha, – der Leib erbleicht, das Blut entfließt und erglüht nun mit himmlischer Segensglut im Kelche, über Alles was lebt und leidet die Gnadenwonne der Erlösung durch die Liebe ausgießend. – Auf ihn, der – furchtbare Reue im Herzen – in den göttlich strafenden Anblick des erglühenden Grales sich versenken mußte, auf Amfortas, den sündigen Hüter des Heiligtumes, sind wir vorbereitet: wird seinem nagenden Seelenleiden Erlösung werden? – Noch einmal vernehmen wir die Verheißung; und – hoffen!

* *Niedergeschrieben anläßlich einer Privataufführung für Ludwig II. am 12. November 1880 in München.*

Die französische Schriftstellerin Judith Gautier (1846–1917) im Jahre 1875.

Aus Briefen Richard Wagners an Judith Gautier während der Komposition des ‹Parsifal›

[ohne Datum]

Teure Seele! Nicht mehr schreien und protestieren! An das Erlebnis Ihrer Umarmungen denke ich als an den berückendsten Rausch, an den höchsten Stolz meines Daseins. Es ist ein letztes Geschenk der Götter, die mich nicht unter dem Gram des falschen Ruhms der ‹*Nibelungen*›-Aufführungen wollten erliegen lassen. Aber wozu von elendem Zeug reden! Ich schreie nicht, aber in meinen besten Momenten bewahre ich mir eine so süße, wohltuende Sehnsucht, jene Sehnsucht, Sie noch zu umarmen und Ihre göttliche Liebe nie zu verlieren. Sie sind mein, nicht wahr?

[ohne Datum]

All dies für die guten Vormittage mit ‹*Parsifal*›.

Dieser Name ist arabisch. Die alten Troubadours haben ihn nicht mehr verstanden. «Parsi-fal» bedeutet: «parsi», denken Sie an die das Feuer anbetenden Parsen, «rein»; «fal» bedeutet «törig». In einem hohen Sinne ist dies ein Mann ohne Gelehrsamkeit, aber genial («fellow» auf englisch scheint zu dieser orientalischen Wurzel in Beziehung zu stehen). Sie werden erkennen (vielmehr erst erfahren, Verzeihung!), warum dieser naive Mann solch einen arabischen Namen trug!

Lebewohl, meine Teuerste, meine «dolcissima amica».

27. November 1877

Die letzte Melodie? Fassen Sie sie als Albumblatt auf. Aber Sie werden schon sehen, im zweiten Akt, Klingsors Zaubermädchen, Blüten seines verhexten Gartens (tropisch), mit dem Frühling sprießen sie auf und leben bis zum Herbst, um als junge Mädchen ganz naiv und anmutig die Gralshelden zu umgarnen. Sie liebkosen Parsifal, streicheln ihm die Wangen, das Kinn, wie spielende Kinder. Vielleicht werden sie nach dieser Melodie singen: Komm, komm! Junger Held, schöner Knabe usw. Sie werden schon seh'n und es wird Ihnen gefallen.

Wenn aber nicht! Werden Sie mich auch dann und trotzdem lieben? Ich hoffe es. O ja! Und wenn Sie es nicht wollen, so küsse ich Sie trotzdem! O ich besitze schon ein Ding, das ich «Judith» nenne.

4. Dezember 1877

«Ein furchtbar schönes Weib!» Ja, ein Weib von einer Schönheit (warum nicht von zwei Schönheiten), die furchtbar ist. Allein «furchtbar» wirkt hier komisch! «Unheimliche Schönheit?» Das habe ich abgelehnt. Wieso unheimlich? Aber für das deutsche «furchtbar schön» wollen wir etwa «terrifiant» [Furcht einflößend; d. Übers.] sagen. Geht nicht: man sagt «terrifié» [erschreckt; d. Übers.], aber nicht «terrifiant». Ach! das ist Logik! Vielleicht ein wenig zu viel der Logik für eine Sprache, die Naturprodukt ist, ganz irrational, indes eine Akademie höchst rational ist, logisch und alles, was nur sein mag, aber sie schafft nicht, sie arrangiert und bestimmt Konventionelles.

[ohne Datum]

Der «Arabi-Dialekt», worin «Fal» Narr, Ungeschliffener bedeuten sollte, war meine Erfindung. Ich wollte dieses Wort irgendeinem Dialekte zuschreiben, weil es mir paßt! «Suchen wir» war nicht ernst gemeint. Ich lese aber doch Goerres noch einmal durch, er muß seiner Sache ganz sicher sein. Vermutlich hat er nicht Arabisch gekonnt, aber er wird das von einem Orientalisten gehört haben. Im übrigen stört mich das nicht. Was kümmert's mich, was die arabischen Worte in Wirklichkeit bedeuten, und ich meine, unter meinem zukünftigen Publikum werden nicht gar zu viel Orientalisten sein!

Die zentrale Idee des ‹Parsifal› ist, anders als in Wolframs Epos, die christliche Kategorie des Mitleids. Die «innere» Handlung des ‹Parsifal›, die, wie schon in ‹Tristan und Isolde›, die eigentliche ist – die «äußere» dient nur der theatralischen Sinnfälligkeit – enthüllt drei Stufen des Mitleids, die erklommen werden. Im ersten Aufzug ist es noch ein abstraktes, dumpfes, ja vorbewußtes Gefühl, im zweiten wandelt es sich, unter dem Eindruck des Kusses der zwielichtigen Kundry, zur «Welt-Hellsicht» des «reinen Toren», also zur Reflexion und Situationsbewußtheit, und im dritten Aufzug wird das Mitleid konkret zur «erlösenden Tat». Was Wagner überhaupt unter dem Begriff des Mitleids verstand und wie sehr er davon ergriffen, ja geradezu besessen war, und zwar bereits lange vor der Ausführung von Dichtung und Komposition des ‹Parsifal›, das erfahren wir in einer Aufzeichnung Wagners für Mathilde Wesendonck vom 1. Oktober 1858, geschrieben aus der selbstgewählten Einsamkeit in Venedig heraus. Hier ist genau von dem Mitleid die Rede, das eigentlich Lieblosigkeit bedeutet und das den Philosophen Friedrich Nietzsche (1844–1900) so sehr von Wagner trennte. So findet sich etwa, neben vielen anderen Stellen, in den nachgelassenen Aufzeichnungen Nietzsches eine ausdrückliche Ablehnung des Mitleids als moralischer Kategorie: «Man hat Tugend, Entselbstung, Mitleiden, man hat selbst Verneinung des Lebens gelehrt. Dies alles sind Werte der Erschöpften.» Wer so dachte, konnte Wagners ‹Parsifal› nicht dulden. Und Nietzsches betontes Abrücken von Wagner seit Ende der siebziger Jahre (vgl. dazu Dokumentation S. 162f) hat eben in der entgegengesetzten Auffassung moralischer Werte eine ihrer Wurzeln. Es ist denn auch kein Zufall, daß Wagner im Zusammenhang seiner Ausführungen über das Mitleid – immerhin bezeichnete er es als den «stärksten Zug meines moralischen Wesens und vermutlich … auch Quell meiner Kunst» – auf den ‹Parsifal›-Stoff, speziell auf den dritten Aufzug, zu sprechen kommt.*

Wagner an Mathilde Wesendonck über die Idee des ‹Parsifal›

Venedig, 1. Oktober 1858

Vor kurzem fiel mein Blick von der Straße in den Laden eines Geflügelhändlers; gedankenlos übersah ich die aufgeschichtete, sauber und appetitlich hergerichtete Ware, als, während seitwärts einer damit beschäftigt

* *Zu Mathilde Wesendonck und ihrem Verhältnis zu Wagner vgl.: Tristan und Isolde. Texte, Materialien, Kommentare (rororo opernbuch 7770), Reinbek 1983.*

war, ein Huhn zu rupfen, ein andrer soeben in einen Käfig griff, ein lebendes Huhn erfaßte und ihm den Kopf abriß. Der gräßliche Schrei des Tieres und das klägliche, schwächere Jammern während der Bewältigung drang mit Entsetzen in meine Seele. – Ich bin diesen so oft schon erlebten Eindruck seitdem nicht wieder losgeworden. – Es ist scheußlich, auf welchen bodenlosen Abgrund des grausamsten Elends unser, im ganzen genommen, doch immer genußsüchtiges Dasein sich stützt! Es ist dies meiner Anschauung von jeher so deutlich gewesen und ist ihr, bei zunehmender Sensibilität, immer gegenwärtiger geworden, daß ich den gerechten Grund aller meiner Leiden eigentlich darin erkenne, daß ich Leben und Streben immer noch nicht mit Bestimmtheit aufgeben kann. Die Folge davon muß sich in allem zeigen, und mein oft unbegreiflich wechselvolles, nicht selten dem Liebsten bitter begegnendes Benehmen, ist nur aus diesem Zwiespalte erklärlich. Wo ich entschiedenes Behagen oder die Tendenz, sich ein solches zu bereiten wahrnehme, wende ich mich mit einem gewissen inneren Grauen ab. Sobald mir ein Dasein leidlos und sorgsam auf Fernhaltung des Leidens bedacht erscheint, kann ich es mit unerstickIicher Bitterkeit verfolgen, weil es mir so fern der eigentlichen Lösung der Aufgabe des Menschen steht. So habe ich, ohne Neid zu empfinden, einen instinktiven Haß gegen Reiche empfunden; ich gebe zu, daß auch sie trotz ihres Besitzes nicht glücklich zu nennen sind, aber sie haben die recht ersichtliche Tendenz, es sein zu wollen, und das entfernt mich so von ihnen. Sie halten sich mit raffinierter Absicht vom Leibe, was ihrer möglichen Mitempfindung das Elend zeigen könnte, auf dem all ihr gewünschtes Behagen beruht, und dies einzige trennt mich um eine ganze Welt von ihnen. Ich habe mich darin beobachtet, daß ich mit sympathisch drängender Gewalt zu jener andren Seite hingezogen werde, und alles mich ernst nur insofern berührt, als es mir Mitgefühl, das ist Mitleiden, erweckt. Dieses Mitleiden erkenne ich in mir als stärksten Zug meines moralischen Wesens, und vermutlich ist dieser auch der Quell meiner Kunst.

Was nun aber das Mitleiden charakterisiert, ist, daß es in seinen Affektionen durchaus nicht von den individuellen Beschaffenheiten des leidenden Gegenstandes bestimmt wird, sondern eben nur durch das wahrgenommene Leiden selbst. In der Liebe ist es anders: in ihr steigern wir uns bis zur Mitfreude, und die Freude eines Individuums können wir nur teilen, wenn dessen besondre Eigenschaften uns im höchsten Grade angenehm und homogen sind. Unter gemeinen Persönlichkeiten ist dies eher und leicht möglich, weil hier die rein geschlechtlichen Beziehungen fast ausschließlich tätig sind. Je edler die Natur, desto schwieriger diese Ergänzung zur Mitfreude; dann, gelingt sie, aber auch das Höchste! – Dagegen kann das Mitleiden sich dem gemeinsten und geringsten Wesen zuwenden, einem Wesen, welches außer seinem Leiden durchaus nichts Sympathisches, ja in dem, woran es sich zu freuen imstande ist, sogar nur Antipathisches für uns hat. Der Grund hiervon ist jedenfalls ein unendlich tiefer, und, erkennen wir ihn, so sehen wir uns hierdurch über die eigentlichen Schranken der Persönlichkeit erhoben. Denn wir begegnen in unsrem so ausgeübten Mitleiden dem Leiden überhaupt, abgesehen von jeder Persönlichkeit.

Um sich gegen die Gewalt des Mitleidens abzustumpfen, bringt man gemeinhin vor, daß niedrere Naturen ja erwiesenermaßen das Leiden selbst bei weitem schwächer, als eben bei der höheren Organisation es der Fall ist, empfinden; ganz mit dem Grade der erhöhten Sensibilität, die ja erst zum Mitleiden befähigt, nehme auch erst das Leiden an Realität zu: unser an niedrere Naturen verwendetes Mitleiden sei daher Verschwendung, Übertreibung, ja Verzärtelung der Empfindung. – Diese Meinung beruht aber auf dem Grundirrtume, aus dem alle realistische Weltanschauung hervorgeht; und hier gerade zeigt sich der Idealismus in seiner wahrhaft moralischen Bedeutung, indem er uns jene als egoistische Borniertheit aufdeckt. Es handelt sich hier nicht darum, was der andere leidet, sondern was ich leide, wenn ich ihn leidend weiß. Wir kennen ja alles außer uns Existierende nur insoweit, als wir es uns vorstellen, und wie ich es mir vorstelle, so ist es für mich. Veredle ich es, so ist es, weil ich edel bin, fühle ich sein Leiden als ein tiefes, so ist es, weil ich tief fühle, indem ich sein Leiden mir vorstelle, und wer dagegen es sich gering vorstellen mag, zeigt dadurch eben nur, daß er selbst gering ist. Somit macht mein Mitleid das Leiden des andren zu einer Wahrheit, und je geringer das Wesen ist, mit dem ich leiden kann, desto ausgedehnter und umfassender ist der Kreis, der überhaupt meiner Empfindung nahe liegt. – Hierin liegt aber auch der Zug meines Wesens, der andren als Schwäche erscheinen kann. Ich gebe zu, daß einseitiges Handeln dadurch sehr aufgehalten wird; aber ich bin mir gewiß, daß, wenn ich handle, ich dann meinem Wesen angemessen handle und jedenfalls nie absichtlich jemand Leid zufüge. Für alle meine Handlungen kann mich aber einzig nur noch diese Rücksicht bestimmen: andren so wenig wie möglich Leiden zu verursachen. Hierin finde ich mich ganz mit mir einig, und nur so kann ich hoffen, andren auch Freude zu machen, denn es gibt keine wahre, echte Freude als die Übereinstimmung im Mitleiden. Diese kann ich aber nicht erzwingen, das muß mir aus der befreundeten eigenen Natur von selbst gewährt werden, und deshalb – konnte ich dieser Erscheinung nur einmal ganz und voll begegnen!

Ich bin mir aber auch darüber klar geworden, warum ich mit niedreren Naturen sogar mehr Mitleiden haben kann als mit höheren. Die höhere

Natur ist, was sie ist, eben dadurch, daß sie durch das eigene Leiden zur Höhe der Resignation erhoben wird oder zu dieser Erhebung die Anlagen in sich hat und sie pflegt. Sie steht mir unmittelbar nah, ist mir gleich, und mit ihr gelange ich zur Mitfreude. Deshalb habe ich im Grunde genommen mit Menschen weniger Mitleiden als mit Tieren. Diesen sehe ich die Anlage zur Erhebung über das Leiden, zur Resignation und ihrer tiefen, göttlichen Beruhigung gänzlich versagt. Kommen sie daher, wie dies durch Gequältwerden geschieht, in den Fall des Leidens, so sehe ich mit eigener, qualvoller Verzweiflung eben nur das absolute, erlösungslose Leiden, ohne jeden höheren Zweck, mit der einzigen Befreiung durch den Tod, somit durch die Bekräftigung dessen, es sei besser gewesen, wenn es gar nicht erst zum Dasein gelangt wäre. Wenn daher dieses Leiden einen Zweck haben kann, so ist dies einzig durch Erweckung des Mitleidens im Menschen, der dadurch das verfehlte Dasein des Tieres in sich aufnimmt und zum Erlöser der Welt wird, indem er überhaupt den Irrtum alles Daseins erkennt. (Diese Bedeutung wird Dir einmal aus dem dritten Akte des *‹Parzifal›,* am Karfreitagsmorgen, klar werden.) Diese Anlage zur Welterlösung durch das Mitleiden im Menschen aber unentwickelt und recht geflissentlich unausgebildet verkommen zu sehen, macht mir nun eben den Menschen so widerwärtig und schwächt mein Mitleiden mit ihm bis zur gänzlichen Empfindungslosigkeit gegen seine Not. Er hat in seiner Not den Weg zur Erlösung, der eben dem Tiere verschlossen ist; erkennt er diesen nicht, sondern will er sich ihn durchaus versperrt halten, so drängt es mich dagegen, ihm diese Türe gerade recht weit aufzuschlagen, und ich kann bis zur Grausamkeit gehen, ihm die Not des Leidens zum Bewußtsein zu bringen. Nichts läßt mich kälter als die Klage des Philisters über sein gestörtes Behagen; hier wäre jedes Mitleid Mitschuld. Wie es meine ganze Natur mit sich bringt, aus dem gemeinen Zustande aufzuregen, so drängt es mich auch hier, nur zu stacheln, um das große Leid des Lebens zu fühlen zu geben!

In den folgenden Briefen wird deutlich, daß Wagner sich schon während der Arbeit an ‹Tristan und Isolde› mit dem ‹Parsifal›-Stoff beschäftigte – dieser Zusammenhang ist bis heute noch nicht zureichend erforscht – und vor allem, wie weit seine Konzeption des Stoffes von der Dichtung Wolframs von Eschenbach bereits in diesem frühen Stadium, immerhin zwanzig Jahre vor der Entstehung des «Bühnenweihfestspiels», entfernt war. Offen übt er Kritik an der ausschweifenden Abenteuer-Handlung des ritterlichen Epos, die seiner Ansicht nach nicht zum Wesentlichen der Grals-Handlung vordringt. Deshalb fügt er das Element des christlichen Mitleids und der Keuschheit überhaupt erst vertiefend hinzu und rafft dementsprechend den Inhalt der Vorlage zu, wie er selbst sagt, «drei Hauptsituationen von drastischem Gehalt» zusammen, nämlich den bereits erwähnten drei Stufen des Mitleids, die Parsifal, der «reine Tor», durchschreitet. Ähnlich wie in ‹Tristan und Isolde› erscheint die literarische Vorlage so weit reduziert und gleichzeitig uminterpretiert, daß sie hinter dem ausgeführten musikalischen Bühnenwerk verschwindet.

[Venedig, ca. 20. Dezember 1858]

Mit der Musik ist nun aber eine Allmacht gewonnen, gegen welche die Dichter jener so wundervoll suchenden, strebsamen Entwicklungsepoche mit ihren Arbeiten sich doch nur wie Skizzenzeichner verhielten. Deshalb gehören sie mir aber so innig an: sie sind mein leibhaftiges Erbstück. Aber glücklich waren sie – glücklicher ohne die Musik! Der Begriff gibt kein Leiden; aber in der Musik wird aller Begriff Gefühl; das zehrt und brennt, bis es zur hellen Flamme kommt, und das neue wunderbare Licht auflachen kann!

Dann trieb ich viel Philosophie, und bin darin auf große, meinen Freund Schopenhauer ergänzende und berichtigende Resultate gelangt. Doch ruminiere ich so etwas lieber im Kopfe, als daß ich es aufschriebe. Dagegen stellen sich dichterische Entwürfe wieder sehr lebhaft vor mich hin. Der ‹*Parzival*› hat mich viel beschäftigt: namentlich geht mir eine eigentümliche Schöpfung, ein wunderbar weltdämonisches Weib (die Gralsbotin) immer lebendiger und fesselnder auf. Wenn ich diese Dichtung noch einmal zustande bringe, müßte ich damit etwas sehr Originelles liefern. Ich begreife nur gar nicht, wie lange ich noch leben soll, wenn ich all meine Pläne noch einmal ausführen soll. Wenn ich recht am Leben hinge; könnte ich mir durch diese vielen Projekte noch ein recht langes Dasein gewährleistet glauben. Doch trifft's nicht notwendig ein.

Luzern, 29./30. Mai 1859

Das hat mich auch allerneuestens wieder gegen den ‹*Parzival*› gestimmt. Es ging mir kürzlich nämlich wieder auf, daß dies wieder eine grundböse Arbeit werden müsse. Genau betrachtet ist Amfortas der Mittelpunkt und Hauptgegenstand. Das ist denn nun aber keine üble Geschichte das. Denken Sie um Himmels willen was da los ist! Mir wurde das plötzlich schrecklich klar: es ist mein Tristan des dritten Aktes mit einer undenklichen Steigerung. Die Speerwunde und wohl noch eine andre – im Herzen, kennt der Arme in seinen fürchterlichen Schmerzen keine andre Sehnsucht als die, zu sterben; dies höchste Labsal zu gewinnen, verlangt es ihn immer wieder nach dem Anblick des Grals, ob der ihm wenigstens die Wunden schlösse, denn alles andre ist ja unvermögend, nichts – nichts vermag zu helfen: – aber der Gral gibt ihm immer nur das eine wieder, eben daß er nicht sterben kann; gerade sein Anblick vermehrt aber nur seine Qualen, indem er ihnen noch Unsterblichkeit gibt. Der Gral ist nun, nach *meiner* Auffassung, die Trinkschale des Abendmahles, in welcher Joseph von Arimathia das Blut des Heilands am Kreuze auffing. Welche furchtbare Bedeutung gewinnt nun hier das Verhältnis des Amfortas zu diesem Wunderkelch; *er,* mit derselben Wunde behaftet, die ihm der Speer des Nebenbuhlers in einem leidenschaftlichen Liebesabenteuer geschlagen, – er muß zu seiner einzigen Labung sich nach dem Segen des Blutes sehnen, das einst aus der gleichen Speerwunde des Heilands floß, als dieser, weltentsagend, welterlösend, weltleidend am Kreuze schmachtete! Blut um Blut, Wunde um Wunde – aber hier und dort, welche Kluft zwischen diesem Blute, dieser Wunde! Ganz hingerissen, ganz Anbetung, ganz Entzückung bei der wundervollen Nähe der Schale, die im sanften, wonnigen Glanze sich rötet, gießt sich neues Leben durch ihn aus – und der Tod kann ihm nicht nahen! Er lebt, lebt von neuem, und furchtbarer als je brennt die unselige Wunde ihm auf, *seine* Wunde! Die Andacht wird ihm selbst zur Qual! Wo ist Ende, wo Erlösung? Leiden der Menschheit in alle Ewigkeit fort! – Wollte er im Wahnsinn der Verzweiflung sich gänzlich vom Gral abwenden, sein Auge vor ihm schließen? Er möchte es, um sterben zu können. Aber – er selbst, er ward zum Hüter des Grales bestellt; und nicht eine blinde äußere Macht bestellte ihn dazu, – nein! weil er so würdig war, weil keiner wie er tief und innig das Wunder des Grales erkannt, wie noch jetzt seine ganze Seele endlich immer wieder nach dem Anblicke drängt, der ihn in Anbetung vernichtet, himmlisches Heil mit ewiger Verdammnis gewährt!

Und so etwas soll ich noch ausführen? und gar noch Musik dazu machen? – Bedanke mich schönstens! Das kann machen wer Lust hat; ich werde mir's bestens vom Halse halten!

Es mag das jemand machen, der es so à la Wolfram ausführt; das tut dann wenig und klingt am Ende doch nach etwas, sogar recht hübsch. Aber ich nehme solche Dinge viel zu ernst. Sehen Sie doch, wie leicht sich's dagegen schon Meister Wolfram gemacht! Daß er von dem eigentlichen Inhalte rein gar nichts verstanden, macht nichts aus. Er hängt Begebnis an Begebnis, Abenteuer an Abenteuer, gibt mit dem Gralsmotiv kuriose und seltsame Vorgänge und Bilder, tappt herum und läßt dem Ernstgewordenen die Frage, was er denn eigentlich wollte? Worauf er antworten muß, ja, das weiß ich eigentlich selbst nicht mehr wie der Pfaffe sein Christentum, das er ja auch am Meßaltar aufspielt, ohne zu wissen, um was es sich dabei handelt. – Es ist nicht anders. Wolfram ist eine durch-

Mathilde Wesendonck (1828–1902) nach einem Ölbildnis von C. Dörner.

aus unreife Erscheinung, woran allerdings wohl großenteils sein barbarisches, gänzlich konfuses, zwischen dem alten Christentum und der neueren Staatenwirtschaft schwebendes Zeitalter schuld. In dieser Zeit konnte nichts fertig werden; Tiefe des Dichters geht sogleich in wesenloser Phantasterei unter. Ich stimme fast jetzt Friedrich dem Großen bei, der bei der Überreichung des Wolfram dem Herausgeber antwortete, er solle ihn mit solchem Zeuge verschont lassen! – Wirklich, man muß nur einen solchen Stoff aus den echten Zügen der Sage sich selbst so innig belebt haben, wie ich dies jetzt mit dieser Gralssage tat, und dann einmal schnell übersehen, wie so ein Dichter, wie Wolfram, sich dasselbe darstellte – was ich jetzt mit Durchblätterung Ihres Buches* tat –, um sogleich von der Unfähigkeit des Dichters schroff abgestoßen zu werden. (Schon mit dem Gottfried v. Straßburg ging mir's in bezug auf ‹*Tristan*› so.) Nehmen Sie nur das eine, daß dieser oberflächliche «Tiefsinnige» unter allen Deutungen, welche in den Sagen der Gral erhielt, grade die nichtssagendste sich

* *Es handelt sich um die Übersetzung des ‹Parzival› Wolframs von Eschenbach, die Albert Schulz unter dem Pseudonym San Marte zum erstenmal 1836 veröffentlicht hat.*

auswählt. Daß dieses Wunder ein kostbarer Stein sein sollte, kommt allerdings in den ersten Quellen, die man verfolgen kann, nämlich in den arabischen der spanischen Mauren, vor. Leider bemerkt man nämlich, daß alle unsre christlichen Sagen einen auswärtigen, heidnischen Ursprung haben. Unsre verwundert zuschauenden Christen erfuhren nämlich, daß die Mauren in der Kaaba zu Mekka (aus der vormohammedanischen Religion stammend) einen wunderbaren Stein (Sonnenstein – oder Meteorstein – allerdings vom Himmel gefallen) verehrten. Die Sagen von seiner Mirakelkraft faßten bald aber die Christen auf ihre Weise auf und brachten das Heiligtum mit dem christlichen Mythus in Berührung, was andrerseits dadurch erleichtert ward, daß eine alte Sage in Südfrankreich bestand, dorthin habe sich einst Joseph von Arimathia mit der heiligen Abendmahlsschale geflüchtet, was ganz mit dem Reliquienenthusiasmus der ersten christlichen Zeit stimmt. Nun erst kam Sinn und Verstand hinein, und wirklich bewundere ich mit völligem Entzücken diesen schönen Zug christlicher Mythenbildung, der das tiefsinnigste Symbol erfand, das je noch als Inhalt des sinnlich-geistigen Kernes einer Religion erfunden werden konnte. Wen schauert es nicht von den rührendsten und erhabensten Gefühlen, davon zu hören, daß jene Trinkschale, aus der der Heiland seinen Jüngern den letzten Abschied zutrank, und in der endlich das unvertilgbare Blut des Erlösers selbst aufgefangen und aufbewahrt ward, vorhanden sei, und wem es beschieden, dem Reinen, der könne es selbst schauen und anbeten. Wie unvergleichlich! Und dann die doppelte Bedeutung des einen Gefäßes, als Kelch auch beim heiligen Abendmahl –, offenbar dem schönsten Sakramente des christlichen Kultus! Daher denn auch die Sage, daß der Gral (Sang Réal) (daraus San[cl] Gral) die fromme Ritterschaft einzig ernähre, und zu den Mahlzeiten er Speise und Trank gewähre. – Und dies alles nun so sinnlos unverstanden von unsrem Dichter, der eben nur für den Gegenstand die schlechten französischen Ritterromane seiner Zeit hernahm und ihnen nachschwatzte wie ein Star! Schließen Sie hieraus auf alles übrige! Schön sind nur einzelne Schilderungen, in denen überhaupt die mittelalterlichen Dichter stark sind: da herrscht schön empfundene Anschaulichkeit. Aber ihr *Ganzes* bleibt immer wüst und dumm. Was müßte ich nun mit dem *‹Parzival›* alles anfangen! Denn mit dem weiß Wolfram nun auch gar nichts: seine Verzweiflung an Gott ist albern und unmotiviert, noch ungenügender seine Bekehrung. Das mit der «Frage» ist so ganz abgeschmackt und völlig bedeutungslos. Hier müßte ich also rein alles erfinden. Und noch dazu hat's mit dem Parzival eine Schwierigkeit mehr. Er ist unerläßlich nötig als der ersehnte Erlöser des Amfortas: soll Amfortas aber in das wahre, ihm gebührende Licht gestellt werden, so wird er von so ungeheuer tragischem Interesse, daß es fast mehr als schwer wird, ein zweites Hauptinteresse gegen ihn aufkommen zu lassen, und doch müßte dieses Hauptinteresse sich dem Parzival zuwenden, wenn er nicht als kalt lassender Deus ex machina eben nur schließlich hinzutreten sollte. Somit ist Parzivals Entwicklung, seine erhabenste Läuterung, wenn auch prädestiniert durch sein ganzes sinniges, tief mitleidsvolles Naturell, wieder in den Vordergrund zu stellen. Und dazu kann ich mir keinen breiten Plan wählen, wie er dem Wolfram zu Gebote stand: ich muß alles in *drei* Hauptsituationen von drastischem Gehalt so zusammendrängen, daß doch der tiefe und verzweigte Inhalt klar und deutlich hervortritt; denn *so* zu wirken und darzustellen, das ist nun einmal *meine* Kunst. Und – solch eine Arbeit sollte ich mir noch vornehmen? Gott soll mich bewahren! Heute nehme ich Abschied von diesem unsinnigen Vorhaben; das mag Geibel machen, und Liszt mag's komponieren!

[Paris, Anfang April 1860]

Viel ist wieder der ‹*Parzival*› in mir wach gewesen; ich sehe immer mehr und heller darin; wenn alles einmal ganz reif in mir ist, muß die Ausführung dieser Dichtung ein unerhörter Genuß für mich werden. Aber da können noch gute Jahre darüber hingehen! Auch möchte ich's einmal bei der Dichtung allein bewenden lassen. Ich halte mir's fern, solange ich kann, und beschäftige mich damit nur, wenn mir's mit aller Gewalt kommt! Dann läßt mich dieser wunderbare Zeugungsprozeß aber mein ganzes Elend vergessen. – Soll ich davon plaudern? Sagte ich Ihnen schon einmal, daß die fabelhaft wilde Gralsbotin ein und dasselbe Wesen mit dem verführerischen Weibe des zweiten Aktes sein soll? Seitdem mir dies aufgegangen, ist mir fast alles an diesem Stoffe klar geworden. Dies wunderbar grauenhafte Geschöpf, welches den Gralsrittern mit unermüdlichem Eifer sklavenhaft dient, die unerhörtesten Aufträge vollzieht, in einem Winkel liegt und nur harrt, bis sie etwas Ungemeines, Mühvolles zu verrichten hat, – verschwindet zuzeiten ganz, man weiß nicht wie und wohin?

Dann plötzlich trifft man sie einmal wieder, furchtbar erschöpft, elend, bleich und grauenhaft: aber von neuem unermüdlich, wie eine Hündin dem heiligen Grale dienend, vor dessen Rittern sie eine heimliche Verachtung blicken läßt: ihr Auge scheint immer den Rechten zu suchen, – sie täuschte sich schon – fand ihn aber nicht. Aber was sie sucht, das weiß sie eben nicht: es ist nur Instinkt.

Als Parzival, der Dumme, ins Land kommt, kann sie den Blick nicht von ihm abwenden: Wunderbares muß in ihr vorgehen; sie weiß es nicht, aber sie heftet sich an ihn. Ihm graust es – aber auch ihn zieht es an: er versteht nichts. (Hier heißt's – Dichter, schaffe!) Nur die Ausführung kann hier sprechen! – Doch lassen Sie sich andeuten und hören Sie so zu, wie Brünhilde dem Wotan zuhörte. – Dieses Weib ist in einer unsäglichen Unruhe und Erregung: der alte Knappe hat das früher an ihr bemerkt, zu Zeiten, ehe sie kurz darauf verschwand. Diesmal ist ihr Zustand auf das höchste gespannt. Was geht in ihr vor? Hat sie Grauen vor einer abermaligen Flucht, möchte sie ihr enthoben sein? Hofft sie – ganz enden zu können? Was hofft sie von Parzival? Offenbar heftet sie einen unerhörten Anspruch an ihn? – Aber alles ist dunkel und finster: kein Wissen, nur Drang, Dämmern? – In einem Winkel gekauert wohnt sie der qualvollen Szene des Amfortas bei: sie blickt mit wunderbarem Forschen (sphinxartig) auf Parzival. Der – ist auch dumm, begreift nichts, staunt – schweigt. Er wird hinausgestoßen. Die Gralsbotin sinkt kreischend zusammen; dann ist sie verschwunden. (Sie muß wieder wandern.)

Nun raten Sie, wer das wunderbar zauberische Weib ist, die Parzival in dem seltsamen Schlosse findet, wohin sein ritterlicher Mut ihn führt? Raten Sie, was da vorgeht, und wie da alles wird. Heute sage ich Ihnen nicht mehr!

Das Bayreuther Festspielhaus, in dem am 26. Juli 1882 die Uraufführung des ‹Parsifal› stattfand.

II. Zur Uraufführung im Bayreuther Festspielhaus

Felix Weingartner*

Erinnerungen an die ‹Parsifal›-Aufführungen 1882

Der Zuschauerraum verdunkelt sich vollständig. Atemloses Schweigen tritt ein. Wie eine Stimme aus einer anderen Welt setzt das erste großlinige Thema des Vorspiels ein. Dieser Eindruck ist unvergleichlich und auch nicht verwischbar. Ich habe später den ‹*Parsifal*› in Bayreuth in Aufführungen gehört, die mich auf das schmerzlichste enttäuschten; die Weihe dieses Anfangs aber blieb dieselbe. Erfindung, Instrumentation, Akustik und in negativem Sinne auch die Optik wirken hier in einzigartiger und nirgends sonstwo möglicher Weise zusammen.

Der Vorhang teilt sich mäßig langsam und ein schönes, ernstes Bühnenbild entrollt sich dem Auge: Gurnemanz erwacht von den fernen Posaunentönen. Die herrliche Gestalt Emil Scarias steht vor uns, und seine wundervolle Stimme weckt die Knappen. In der Besetzung der ersten Aufführung wird diese Vorstellung gegeben, und sie bedeutet einen Triumph nicht nur der Bayreuther, sondern auch der Wiener Kunst, denn fast alle Hauptdarsteller sind Künstler des Wiener Hofoperntheaters, die Materna, Reichmann, Winkelmann, Scaria. Nur der schwarze Magier Klingsor wird vom prachtvollen Hill aus Schwerin, dem berühmten Alberich der ‹*Nibelungen*›-Spiele›, dargestellt, und Titurels Stimme singt, dröhnend wie ein gewaltiger Ruf aus versunkenen Welten, Kindermann aus

* *Felix Weingartner (1863–1942), österreichischer Dirigent und Komponist. Seine Laufbahn als Operndirigent führte ihn nach Königsberg, Danzig, Mannheim und Berlin, bis er von 1908 bis 1911 Nachfolger von Gustav Mahler als Wiener Hofoperndirektor wurde. Später wandte er sich nach Hamburg, Darmstadt, an die Wiener Volksoper und leitete bis 1927 die Wiener Philharmonischen Konzerte. Er schrieb ein Buch über die Aufführungspraxis der Symphonien Beethovens.*

Klingsors Zaubergarten auf einem Ölbild Max Brückners, gemalt nach Entwürfen Paul von Joukowskys. Das Vorbild für den Zaubergarten war der botanische Garten des Palazzo Rufolo in Ravello. Wagner besuchte ihn am 26. Mai 1880 und trug ins Gästebuch ein: «Klingsors Zaubergarten ist gefunden.»

München, der Vater der Reicher-Kindermann. Hermann Levi, anfänglich, weil er Jude ist, von Wagner abgelehnt, dirigiert. König Ludwig hätte dem Münchner Orchester die Mitwirkung versagt, wenn Wagner auf seiner Ablehnung bestanden hätte. Wie hoch die Leistung Hermann Levis stand, konnten Zuhörer, die keine blinden Parteigänger waren, erst später beurteilen, als Levi nicht mehr dirigierte.

Als Gurnemanz sich anschickte, Parsifal zur Gralsburg zu geleiten, ergriff mich ein leiser Schwindel. Was geschah? Mir war es, als ob sich das Haus mit allen Zuhörern in Bewegung setzte. Die durch eine Wandeldekoration bewerkstelligte Umgestaltung der Szene hatte begonnen. Die Illusion war vollkommen. Man schritt nicht, man wurde getragen. «Zum Raum wird hier die Zeit.» – Auf je zwei oder drei beiderseits der Bühne hintereinander aufgestellten Säulen wickelten sich entsprechend abgestimmte Prospekte ab, bis die letzte Felswand sich vorbeischob und das in herrlichen Dimensionen gemalte Innere der Gralsburg vor uns stand. Ge-

Klingsors Zaubergarten im originalen Bühnenbild der Bayreuther Uraufführung des Jahres 1882.

nau auf den C-dur-Akkord ergoß sich Licht über das majestätische Bild. Eine beispiellose Wirkung war mit den einfachsten Mitteln hervorgebracht. [...]

Überraschend wirkt die Verwandlung von Klingsors Turm, der mit einem Schlage versinkt, zum Zaubergarten, der ebenso plötzlich hervortritt. Einige Jahre später, als ich mehreren Proben und Vorstellungen des *‹Parsifal›* auf der Bühne beiwohnte, hatte ich Gelegenheit, die Einfachheit und Zweckmäßigkeit dieses außerordentlich wirkungsvollen Verwandlungsmechanismus zu studieren und zu bewundern. Bei Aufführungen in unseren Theatern sah ich hier den Vorhang fallen. Wie armselig sind wir doch in vieler Beziehung geworden trotz unseres vielgepriesenen Fortschritts! Schwer und überladen ist unser ganzer dekorativer Apparat, unplastisch trotz aller Plastik und phantasielos, wenn er einfach sein will. Hier muß der Hebel zu gesunder Reform angesetzt werden, die einerseits nicht verhindert, daß des Zuhörers Phantasie selbstschöpferisch mit-

Die «Wandeldekoration» im ersten Aufzug («Du siehst, mein Sohn, zum Raum wird hier die Zeit»), ausgeführt von Max und Gotthold Brückner für die Bayreuther Uraufführung. Den Eindruck dieser erstaunlichen Vorwegnahme einer filmähnlichen Wirkung (für den Übergang vom Wald in den Gralstempel) beschreibt der Dirigent Felix Weingartner, der den Bayreuther Aufführungen im Jahre 1882 beiwohnte: «Als Gurnemanz sich anschickte, Parsifal zur Gralsburg zu geleiten, ergriff mich ein leiser Schwindel. Was geschah? Mir war es, als ob sich das Haus mit allen Zuhörern in Bewegung setzte. Die durch eine Wandeldekoration bewerkstelligte Umgestaltung der Szene hatte begonnen. Die Illusion war vollkommen. Man schritt nicht, man wurde getragen».

wirkt, anderseits aber ihn auch nicht mit erkünstelter Nüchternheit langweilt.

Die Blumenmädchen stürmen von allen Seiten herbei und umringen Parsifal. Ihre Kostüme sind geschmacklos, sogar unbegreiflich geschmacklos, aber ihr Gesang ist über alles Lob erhaben. Heinrich Porges, der «Blumenvater», wie er allgemein genannt wird, hat sie einstudiert und damit seinem Namen ein schöneres Gedächtnis gesichert als durch seine Münchner kritische Tätigkeit. Bei dem holden Diminuendo «Wir welken und sterben dahinnen» ertönt aus der Loge ein warmes, herzliches «Bravo! Bravo!» *Das war wirklich Wagners Stimme.* Man hatte mir bereits erzählt, daß er bei jeder Vorstellung an dieser Stelle das Zeichen seiner Zustimmung gab. Ich hörte diesen Ruf auch in den beiden noch folgenden Vorstellungen, denen ich in diesem Jahr beiwohnte. – Selten habe ich so stark empfunden, welche Leere der Tod in unserem irdischen Leben zurückläßt, als es bei den *‹Parsifal›*-Vorstellungen, die ich später in Bayreuth hörte, an dieser Stelle starr und stumm blieb.

Die große Szene zwischen Kundry und Parsifal löst den stärksten Eindruck aus. Auch der Schluß dieses Aktes, der Zusammensturz der Zauberburg Klingsors und das Verdorren des Blumengartens zur Öde ist ein Meisterstück der Inszenierungskunst. Wagners Gegner hatten behauptet, der *‹Parsifal›* sei ein Abklatsch seiner früheren Werke und diese Szene eben auch ein Liebesduett wie seine früheren. Kein Vorwurf war törichter. *Wagner hat sich niemals wiederholt,* weder in diesem noch in einem anderen Werke. Nur kleine Geister arbeiten nach Rezepten.

Ich glaubte nach diesem Akt den Höhepunkt erreicht, und dennoch brachte der dritte noch eine Steigerung. Diesen Akt in seiner vollen Bedeutung zu erfassen, war ich damals noch zu jung. Der Vermittler des gewaltigen Eindrucks, den ich empfing, war Scaria, der eine geradezu erhabene Leistung bot; sie ist, so weit meine Erfahrung reicht, durch niemand später übertroffen worden. Ein Riese an Erscheinung war dieser Gurnemanz, ein Kämpfer, dem man ansah, daß er einst Rüstung und Schwert geführt hat, und dabei doch ein Kind an Zartheit und Innigkeit. Noch höre ich den leise gebrochenen Tonfall seiner Stimme bei den Worten, die vom Tode seines alten Waffenherrn Titurel berichten. «Er starb, ein Mensch wie alle.» – Aber auch Wagner ist in diesem Akt über alles hinausgegangen, was er früher geschaffen hat. Hier, in diesem Akt liegt für seine Erscheinung die Schwelle von der Zeitlichkeit zur Ewigkeit.

Hermann Levi

Brief an seinen Vater über die letzte Aufführung des ‹Parsifal› im Festspielsommer 1882

Die letzte Vorstellung war herrlich. Während der Verwandlungsmusik kam der Meister in's Orchester, krabbelte bis zu meinem Pult hinauf, nahm mir den Stab aus der Hand und dirigierte die Vorstellung zu Ende. Ich blieb neben ihm stehen, weil ich in Sorge war, er könne sich einmal versehen, aber diese Sorge war ganz unnütz – er dirigierte mit einer Sicherheit, als ob er sein ganzes Leben immer nur Kapellmeister gewesen wäre. Am Schlusse des Werkes brach im Publikum ein Jubel los, der jeder Beschreibung spottet. Aber der Meister zeigte sich nicht, blieb immer unter uns Musikanten sitzen, machte schlechte Witze und als nach 10 Minuten der Lärm im Publikum noch immer nicht aufhören wollte, schrie ich aus Leibeskräften: Ruhe, Ruhe! Das wurde oben gehört, man beruhigte sich wirklich, und nun fing der Meister (immer vom Pulte aus) an, zu reden, erst zu mir und dem Orchester, dann wurde der Vorhang aufgezogen, das ganze Sänger- und technische Personal war oben versammelt, der Meister sprach mit einer Herzlichkeit, daß Alles zu weinen anfing – es war ein unvergeßlicher Moment!

Rechts:
Hermann Levi (1839–1900), der Dirigent der Uraufführung des ‹Parsifal›, Kapellmeister am Münchner Hoftheater. Obwohl er Jude war, sah sich der Antisemit Wagner genötigt, ihn als seinen ‹Parsifal›-Dirigenten zu dulden, da Ludwig II. sein Münchner Ensemble nur unter dieser Bedingung für die Bayreuther Festspiele zur Verfügung stellte. Allerdings schätzte Wagner Levi als Musiker sehr, erwog aber während der Entstehungszeit des ‹Parsifal› und den Vorbereitungen zur Uraufführung immer wieder – wie Cosimas Tagebücher bezeugen – ihn taufen (!) zu lassen. Einen bitteren Bei-

geschmack erhält dieser Sachverhalt noch dadurch, daß Levi sich Wagners Ideologie aus Angst unterwarf (wenn er auch nicht so weit ging, seine Religion durch eine Taufe zu verleugnen) und dafür alle Arten von Demütigungen des Hauses «Wahnfried» hinnehmen mußte. Die Unverschämtheit Wagners ging dabei so weit, daß er, laut Cosimas Tagebuchnotiz vom 24. Juli 1882, während der Generalprobe des ‹Parsifal› zu seiner Frau die Bemerkung machte, «er möchte nicht als Orchester-Mitglied von einem Juden dirigiert werden». Trotzdem blieb Levi bis 1894 in Bayreuth der ‹Parsifal›-Dirigent.

Eduard Hanslicks (1825–1904) ausführliche Kritik der ersten beiden Aufführungen des ‹Parsifal› im Bayreuther Festspielhaus, die am 26. und 28. Juli 1882 stattfanden, ist mehr als nur bloße Berichterstattung. Die Aufführungskritik weitet sich aus zu einer ebenso kenntnisreichen wie originellen Werkbesprechung, die sowohl die Stoffgrundlage als auch ihre musikalische Behandlung erläutert. Wenn man bedenkt, daß es eine Novität war, die Hanslick zu besprechen hatte, und wenn auch das getrübte Verhältnis zwischen ihm und Wagner in Rechnung gestellt wird, dann ist Hanslicks vorurteilsfreie Begutachtung des «Bühnenweihfestspiels» erstaunlich.

Eduard Hanslick

Richard Wagners ‹Parsifal›

Erster der Briefe aus Bayreuth vom Juli 1882

1.
So säßen wir denn wieder in dem freundlichen bayrischen Städtchen: dem einst durch weltliche Pracht, dann zweimal durch geistige Macht berühmt gewordenen Bayreuth. Vor einem halben Jahrhunderte wallfahrteten einzelne Jean-Paul-Schwärmer nach dieser Stätte, vor sechs Jahren ganze Pilgerkarawanen von Wagnerverehrern. Ja, volle sechs Jahre sind verflossen, seit das «Bühnenfestspielhaus» in Bayreuth sich zum ersten Male auftat, um uns die viertägigen Wunder des Wagnerschen *‹Nibelungenrings›* vorzuzaubern. Seitdem blieb das seltsame Haus auf dem Berge geschlossen, die hinanführende staubig heiße Straße verödet. [...] Erst jetzt öffnet er wieder seine Pforten, um ein neues Werk, *‹Parsifal›*, aufzunehmen, dem Wagner durch die Bezeichnung «Bühnenweihfestspiel» eine ganz ungewöhnliche Bedeutung beilegt.

Mit der Wahl seines Stoffes ist Wagner in zweifachem Sinne aufwärts gestiegen: genealogisch, von Lohengrin zu dessen Vater Parcival, und metaphysisch, von einem mythischen zu einem mystischen, spezifisch christlichen Inhalt. Die Seele des Ganzen ist der «heilige Gral», das ist die auf dem Berge Montsalvat von den Gralsrittern gehütete wundertätige Schüssel oder Schale, in welcher Joseph von Arimathiä das Blut des Gekreuzigten aufgefangen haben soll. Sie hat schon im *‹Lohengrin›* als eine unsichtbare, von ferne hereinwirkende Macht die Katastrophe («Mich ruft der Gral!») herbeigeführt. Im *‹Parsifal›* bildet der Gral den sichtbaren Mittelpunkt und den obersten Willen des Dramas. Nur ein völlig

Emil Scaria als Gurnemanz mit seinen Knappen im ersten Aufzug der Bayreuther Erstaufführungen des Jahres 1882. Kostüm-Porträt nach Hans Brand.

Reiner, der den Weg dahin nicht sucht, kann zum Gral gelangen und in dessen Ritterschaft aufgenommen werden. Parcival ist dieser unschuldige, weltfremde Jüngling, «der reine Tor», der, hiezu berufen, seine höhere Sendung erst versäumt, um nach schweren Prüfungen und allmählicher sittlicher Läuterung sie schließlich zu vollbringen. Bekanntlich hat der ritterliche Sänger Wolfram von Eschenbach auf Grund verschiedener Sagen und hauptsächlich nach dem Gedichte des Franzosen Chrétien de Troyes anfangs des 13. Jahrhunderts den Parcival in einem ebenso weitläufigen als tiefsinnigen und farbenreichen Epos verherrlicht und darin den Sagenkreis vom heiligen Gral mit jenem von der ritterlichen Tafelrunde des Königs Artus vereinigt. Wolfram von Eschenbach, der – das gerade Gegenteil von Richard Wagner – weder lesen noch schreiben konnte, hat letzterem als vorzüglichste, wenngleich nicht ausschließliche Quelle gedient. Es fügt sich hübsch, daß der neueste Parcival, der Wagnersche, in demselben Lande, Bayern, ja in demselben fränkischen Gau jetzt aufersteht, wo vor sechshundert Jahren Wolframs Heimat gestanden. Eschenbach liegt südöstlich von Ansbach, also gar nicht weit von

Bayreuth. Zu Wiedenberg, vermutlich Wehlenberg bei Ansbach, hatte Wolfram sein Haus und lebte dort mit Frau und Kind, arm, aber zufrieden. Er starb, ein hoher Fünfziger, um das Jahr 1220 und wurde in der Frauenkirche zu Eschenbach begraben. So erinnert denn der bayrische Nordgau, welcher auch Bayreuth einschließt, unmittelbar an den unübertroffenen Dichter des ‹*Parcival*›: an Wolfram von Eschenbach. In sein Gedicht dürften sich wohl nur die Gelehrten unter unseren Lesern, Literarhistoriker und Germanisten, vertieft haben. Ein viel größerer Kreis ist über Wolfram und seinen ‹*Parcival*› aus älteren Literaturwerken informiert, neuestens vielleicht aus Wilhelm Hertz' sorgfältiger Monographie, oder endlich aus der trefflichen Literaturgeschichte von Wilhelm Scherer. Einen dritten Kreis bildet die ansehnliche Minorität, welche Wolfram von Eschenbach wahrscheinlich nur als den melodiösen Abendsternsänger in Wagners ‹*Tannhäuser*› kennt. Für das Verständnis des «Bühnenweihfestspiels» sollte auch dies hinreichen, da ein rechtschaffenes Drama, gesprochen oder gesungen, sich selber erklären soll, ohne gelehrte Vorstudien.

Indem wir den Inhalt der Wagnerschen Dichtung nacherzählen, sehen wir von dem ‹*Parcival*› Wolframs vorläufig ganz ab und wollen erst später einige für das Drama wichtige Abweichungen notieren. Wagners ‹*Parsifal*› – doch halt, wir müssen notwendig einen Augenblick bei dem Namen des Helden verweilen, dessen Bayreuther Schreibart schon manche Verwirrung veranlaßt hat. Wolfram nennt seinen Helden *Parcival*; von dem französischen Zeitwort *percer* («Fürwahr, dein Nam' ist Parcival; recht *mitten durch* bedeutet er.) Chrétien de Troyes nennt ihn «Perceval» («Taldurchstreifer»), was jener ersten Bedeutung verwandt ist.[1] Eigennamen unzweifelhaft französischen Ursprungs aus dem Persischen und Arabischen herleiten wollen, ist eine gelehrte Schrulle, in welcher bisher nur Joseph Görres sich gefallen hat; seine «falschen Herleitungen» hat schon Gervinus gerichtet. Wagner, der es wahrlich nicht bedarf, wohl aber liebt, in Kleinigkeiten groß, in Nebendingen originell zu sein, leitet den unanfechtbar französischen Namen gewaltsam aus dem Arabischen her, um ihm die Bedeutung «reiner Tor» aufzuzwingen. Er läßt seinen Helden im zweiten Akt von der Verführerin Kundry philologisch aufklären: «Dich nannt' ich, tör'ger Reiner, *Fal parsi* – dich, reinen Toren: *Parsifal*!» Uns scheint der Umstand, daß der Name *Parcival* seit sechshundert Jahren durch einen unserer größten Dichter in der Literatur eingebürgert ist, ausreichend, um daran festzuhalten und jede willkürliche Abänderung zu

1 Das französische Perce-val ist ein Imperativname wie das deutsche Springinsfeld und bedeutet «Dring durchs Tal». Ähnlich heißt ein Söhnlein des Fuchses Reinhard in der französischen Tierdichtung Percehaie, «Durchdring die Hecke», ferner der Held eines großen Romans aus dem 14. Jahrhundert Perceforest, «Durchdring den Wald» (W. Hertz).

ignorieren. Den Titel des *Wagnerschen* Festspieles hat man natürlich buchstabengetreu *‹Parsifal›* zu zitieren; im übrigen wird die nichtwagnersche Welt nach wie vor «Parcival» schreiben.

2.

Schon aus der Lektüre des Textbuches wird jeder mit Wagners genialer Theaterkunst vertraute Leser den Eindruck eines effektvollen Bühnenstückes davontragen. Ein geschickt gegliedertes Drama mit völlig neuen, teilweise blendenden Situationen baut sich kühn vor uns auf. In formeller Beziehung besitzt es unleugbare Vorzüge und übertrifft durch übersichtlichen Aufbau, knappere Führung und wirksame Steigerung die Dichtung der *‹Nibelungen›*-Trilogie. Überdies bezeichnet es einen erfreulichen Fortschritt (oder gesunden Rückschritt) in der Diktion. Zwar fehlt es dieser auch nicht an gequälten Wortbildungen und Sätzen, an absichtlicher Dunkelheit und bombastischem Aufputz, aber wenigstens sind wir das kindische Geklapper der Stabreime und Alliterationen los. Gegen die sprachmörderische Diktion des *‹Siegfried›* oder *‹Tristan›* gehalten, ist die Sprache Parsifals einfach und natürlich – soweit Richard Wagner überhaupt noch fähig ist, einfach und natürlich zu sprechen. An der Erzählung Wolframs von Eschenbach hat er zwar einiges Wesentliche zum Nachteil der dramatischen Motivierung geändert, wie wir bald sehen werden, aber auch mit praktischem Blick alles ausgeschieden, was die Einheit *seines* Planes stören konnte, zum Beispiel die ritterliche Gestalt des Gawan, der als verliebter Abenteurer das Gegenstück zu Parcival bildet, sowie die ganze Tafelrunde des Königs Artus, dieses weltliche Gegenstück zu dem geistlichen Bunde der Gralsritter. Durch diese Ausscheidung alles Episodischen, nicht streng Notwendigen gewann Wagner eine ruhige, stetig fortschreitende Handlung, die in drei wohl aufgebauten Akten gleichsam sechs malerische Tableaux hinstellt, je zwei in jedem Akt. Der geborene Theaterkomponist verrät sich in jeder Szene dieses Textbuches, so lebendig ist darin alles angeschaut, vorausgeschaut, genau wie es auf der Szene unfehlbar wirken muß. Und welcher Reichtum an glänzenden szenischen Bildern, an neuen Effekten breitet sich im *‹Parsifal›* aus! Die Wandeldekoration und die Abendmahlsfeier im ersten Akt, die lebenden Blumen, das Wunder der Lanze und das versinkende Zauberschloß im zweiten, endlich die Leichenfeier Titurels und die ganze Schlußszene, es sind lauter überraschend neue Beweise von Wagners unerschöpflicher Bühnenphantasie. In dieser fremdartig und rätselhaft flimmernden Handlung folgt Wunder auf Wunder. Wer, naiv-genügsamen Sinnes, den Wagnerschen *‹Parsifal›* als eine höhere Zauberoper auffassen mag und kann, als ein freies Spiel einer im Wunderbaren schwelgenden Phantasie, der

Marianne Brandt als Kundry im ersten Aufzug der Bayreuther Erstaufführungen des Jahres 1882. Kostüm-Porträt nach Hans Brand.

hat ihm die beste Seite abgewonnen und sich den möglichst ungetrübten Genuß errettet. Er wird von diesem Festspielzauber nichts abzuwehren haben als die falschen Prätensionen, daß dem ein unergründlich tiefer, heiliger Sinn zugrunde liege, eine philosophische und religiöse Offenbarung. Leider wird gerade auf diese angeblich tiefe, sittliche Bedeutung, auf das Christlich-Mystische in Wagners Dichtung das größte Gewicht gelegt.[2] Und von dieser Seite habe ich gegen das neue «Bühnenweihfestspiel» und dessen dramatischen Gehalt schwere Bedenken.

Wie die meisten Wagnerschen Werke gerade in ihrem von glänzender Hülle umgebenen dramatischen Kern krank und dürftig sind, weil die Personen weniger aus freiem Willen als unter dem Zwang einer übersinnlichen Macht handeln, so auch der *‹Parsifal›*. Und dieser noch weit mehr als irgendeines der früheren Wagnerschen Stücke. Es fehlt jedem darin Handelnden, was erst zum dramatischen Charakter macht: die freie Selbstbestimmung in Gutem und Bösem. Gut oder böse in diesem Sinne, also dramatisch, ist weder der Tugendheld Parsifal noch sein teuflisches Gegenstück Klingsor, noch endlich die willenlos zwischen beiden hin und her gezerrte Kundry – von der erleuchteten Gralsgesellschaft nicht zu reden. Vorerst ist Parsifal selbst, seine Schuld und nachfolgende sittliche Läuterung in Wagners Fassung unverständlich. Parsifal ist der unerfahrene, gutmütige Jüngling der Tölpeljahre, ein Lieblingscharakter zahlloser mittelaltriger Romane, den zuerst Wolfram von Eschenbach durch tiefere Auffassung verklärt hat. Im ersten Akt ist er bei Wagner ganz charaktergemäß gehalten: eine Art zahmerer Siegfried. Er schießt in jugendlicher Jagdlust einen Schwan, ohne Arges dabei zu denken, antwortet auf jede Frage mit «Das weiß ich nicht» und läßt sich willenlos in die Gralsburg führen, wo er all die Wunder und rätselhaften Menschen, die ihn umgeben, stumm anstaunt. Das ist vollkommen begreiflich. Ganz unbegreiflich ist es dagegen, wie derselbe «reine Tor» sich im zweiten Akt plötzlich als einen furchtbaren Sünder erkennen kann, welcher schwere Schuld abzubüßen hat. Hier rächt sich die Änderung, die Wagner an der *‹Parcival›*-Sage und an Wolframs Erzählung vorgenommen hat, eine Änderung, welche die psychologische Motivierung des Helden und die folgerichtige Entwicklung der Handlung geradezu vereitelt. Nach der Sage und der Erzählung Wolframs soll der kranke Amfortas einer Offenbarung des Grals zufolge von einem reinen Jüngling erlöst werden, welcher unabsichtlich den Weg zur Gralsburg findet und dort *aus freien Stücken an den König die teilnehmende Frage richtet, was ihm fehle*. Durch diese bloße Frage soll Amfortas geheilt und der Fragende an seiner Statt König wer-

2 Um ungefähr den Maßstab kennenzulernen, mit welchem das neue Ereignis gemessen wird und gemessen sein will, möge der Leser irgendeine auf *‹Parsifal›* bezügliche Stelle in Wagners offiziellem Organ, den *Bayreuther Blättern*, aufschlagen. Da heißt es zum Beispiel: «Wer an *Bayreuth* glaubt, in dem Sinne des Wagnerschen Glaubens, der gehört zum echten Bayreuther Patronat. Unsere Blätter werden es versuchen, diesen erhabenen *Glauben*, der uns beseelt, auch für ihre neuen Leser in *Wissen* umzuprägen, und wo das Wissen wiederum verstummen muß vor der Heiligkeit des göttlichen Geheimnisses, da wird der *‹Parsifal›* uns allen gemeinsam mit seinen beseligenden Weiheklängen die Freudenkunde offenbaren: *Der Glaube lebt!*»

den. Da man aber dem Knaben Parcival als Lebensregel eingeschärft hatte, nicht viel zu fragen, so unterläßt er die Frage auch dort, wo sie sich ziemte und von ihm erwartet werden durfte: beim Anblick des siechen Amfortas. Wolframs Parcival verläßt die Gralsburg, ohne sich einer Schuld bewußt zu sein. Erst als die Gralsbotin Kundry die gräßlichsten Verwünschungen über ihn ausstößt und ihn an Artus' Tafelrunde als einen Verräter anklagt, weil er die Erlösung des Amfortas, die in seiner Hand gelegen, *durch sein Schweigen vereitelt* habe, weiß er, was er verschuldete, und hadert mit Gott, der solches zulassen konnte. Mit sich zerfallen, verzweifelnd, gelangt er endlich zu einem alten Einsiedler, Trevrizent, der sein Lehrer und Erlöser wird, indem er ihn über den Gral aufklärt und über sein eigenes Innere. Reuig und mit Gott versöhnt, findet Parcival nach langen Irrfahrten und schweren Prüfungen wieder den Weg zum Gral und tritt vor Amfortas mit der Frage: «Oheim, was fehlt dir?» Der kranke König erhebt sich geheilt und überträgt seine Krone auf Parcifal. So erzählt Wolfram den Hergang; die Lösung ist poetisch und verständlich. Indem aber Wagner das Motiv der *Frage* ganz wegläßt, wird uns unverständlich, was denn Parcival verschuldet hat und was er eigentlich hätte tun sollen, um die Heilung des Königs, dem Orakel entsprechend, zu bewerkstelligen. Bei Wolfram lautet der Ausspruch des Grals ganz klar; bei Wagner ist er wirklich dunkler, als wir es selbst von Orakeln gewöhnt sind: «Durch Mitleid wissend, der reine Tor: Harre sein, den ich erkor.» Ich bekenne aufrichtig, das nicht zu verstehen. Vergeblich fragen wir und müssen immer wieder fragen, wie es denn kommt, daß Wagners Parsifal, der von niemandem mit einem Wort über sein Versäumnis aufgeklärt und keiner Schuld sich bewußt ist, plötzlich, und zwar während der Liebesszene im zweiten Akt, in Reue und Zerknirschung umschlägt, aus einem reinen Toren ein reiner Heiliger wird. Ohne einen Gedanken an den kranken König, ohne einen Schatten von Schuldbewußtsein reitet Parsifal im zweiten Akt «kindisch jauchzend» auf Abenteuer und gelangt in Klingsors Zauberschloß mitten unter die verführerischen Mädchen. Kundry, zur reizenden Fee umgewandelt, gibt ihm «der Liebe ersten Kuß», und Parsifal springt mit dem Ausruf «Amfortas, die Wunde, die Wunde!» auf und stürzt verzweifelt auf die Knie:

«Erlöser, Heiland, Herr der Huld!
Wie büß ich Sünder *solche Schuld?!*»

Das begreife, wer kann. Kundry selbst scheint es nicht zu begreifen, da sie den Parsifal fragt: «So war es mein Kuß, der welt-hellsichtig dich machte?»

Wie im dritten Akt die dogmatischen, so häufen sich im zweiten die psychologischen Wunder. Unter letzteren ein sehr häßliches: daß in Parsifal das Bild seiner sterbenden Mutter benützt wird, ihn in sinnliche Ekstase zu hetzen. Diese Vermengung des heiligsten Gefühls mit dem unheiligsten wirkt um so abstoßender, als sie hier vollständig unnötig und unnatürlich ist. Nach dem entscheidenen Kuß macht sich der welt-hellsichtig Gewordene von Kundry los und auf den Weg zu Amfortas, ausgerüstet mit der heiligen Lanze, die von ihm nicht einmal erkämpft, sondern ihm durch ein Wunder als gebratene Taube in die Hand geflogen ist. Dieses fernliegende, alte Märchenmotiv von dem Speer, welcher allein die Wunden, die er geschlagen hat, wieder heilt – bei Wolfram kommt es nicht vor –, hat Wagner in seinen *‹Parsifal›* eingeführt, wahrscheinlich um ein Mirakel mehr und einen glänzenden Aktschluß zu gewinnen. Wagners Ausleger, die oft noch tiefsinniger und unverständlicher sind als er selbst, verehren gerade in dieser Lanze «die Heilstat des wissend gewordenen Mitleids». Nach unserer Empfindung sticht Wagner mit diesem Wunderspeer seinem eigenen Drama ins Herz.

Nicht eben wunderbar, aber sehr wunderlich fällt es auf, daß wir von Parsifal, dem Helden des Stückes, keine einzige geistige oder leibliche Heldentat zu sehen bekommen, höchstens die rein negative der Standhaftigkeit gegen sinnliche Reizung. Mit wachsendem Erstaunen beobachten wir, wie sich im Verlauf des Stückes ein immer größerer Heiligenschein um das Haupt des reinen Toren wölbt, bis dieser unter Wagners Händen förmlich zum Erlöser der Menschheit emporwächst. In der Szene, wo Kundry als büßende Magdalena ihm die Füße wäscht und mit ihren Haaren abtrocknet, schlüpft Parsifal leibhaftig in die Gestalt Christi hinein. Zum Schluß senkt sich gar eine weiße Taube als Verkörperung des Heiligen Geistes auf sein Haupt herab, während unsichtbare Stimmen «Höchsten Heiles Wunder! Erlösung dem Erlöser!» singen. Was der Wagnersche Parsifal getan hat, um diese verschämte Identifizierung mit dem Heiland zu rechtfertigen, müssen uns andere sagen, und andere mögen auch entscheiden, ob durch solche Szenen wirklich der Geist echten Christentums gefördert werde. Wir fragen uns nur, wenn wir Momente aus dem Leben Jesu also leicht maskiert im *‹Parsifal›* antreffen, warum Wagner es nicht vorzog, Jesus selbst in einem «Bühnenweihfestspiel» zu verherrlichen? Ich meine dies im vollkommenen Ernst. Etwas von der Einrichtung des Oberammergauer Passionsspiels – auch dessen seltene periodische Wiederkehr – scheint dem Begründer der Bayreuther Festspiele vorgeschwebt zu haben. Die Person und das Leben des Heilands sind ja im höchsten Sinne dramatisch, und es ist nicht einzusehen, warum ein berufener Dichter nicht mit demselben frommen Mute an ein solches

Ferdinand Jäger als Parsifal im ersten Aufzug der Bayreuther Erstaufführungen des Jahres 1882. Kostüm-Porträt nach Hans Brand.

Drama gehen sollte wie zum Beispiel der Maler Munkacsy an eine moderne und realistisch gehaltene Darstellung des historischen Christus. Friedrich Hebbel trug sich lange mit dem Plane eines Christus-Dramas, «der gewaltigsten aller Tragödien», starb jedoch vor dem ersten Federzug. An künstlerischem Mute steht Wagner gewiß nicht hinter Hebbel zurück; auch darf er mehr wagen, als Hebbel wagen durfte oder irgend jemand heute wagen darf. ‹*Das letzte Abendmahl Christi mit seinen Jün-*

gern›, nach dem Gemälde Leonardo da Vincis gruppiert, böte sicherlich ein tausendmal ergreifenderes, wenn auch weniger prunkvolles Bild als das Liebesmahl der Gralsritter im *‹Parsifal›*, das doch nur eine durchsichtige Maskerade jenes letzten Abendmahls ist. Wahrhaft christlichen Gemütern dürfte das Urbild wahrscheinlich weniger Anstoß erregen als die ernsthafteste Parodie.

So wie Parsifal nur von übersinnlichen Mächten regiert und unversehens vom guten dummen Jungen zum «Erlöser des Erlösers» begnadet wird, so ist auch Kundry ein willenloses Werkzeug bald in des Grals, bald in Klingsors Hand. Bei Wolfram von Eschenbach sind die wilde Gralsbotin Kundry und die schöne Verführerin des Parcival (Orgeluse) ganz verschiedene Personen; Wagner verschmilzt beide Gegensätze in die eine Figur Kundry. Neu und interessant mag man diese Figur nennen, menschlich begreiflich ist sie nicht, und was alles mit diesem hysterischen Unwesen bei Wagner gemeint ist, dürfte ohne gelehrten Kommentar kaum jemand erraten.

Eine verwandte Gestalt ist Klingsor, ein sonderbarer gefallener Engel, der, als Selbstverstümmeler vom Gral zurückgestoßen, zum bösen Zauberer ward. Auch er ist ein blutloses Abstraktum, das uns wie Kundry durch mancherlei Widersprüche und Rätsel in seinen Erzählungen verwirrt. Der sieche Amfortas bleibt eine rein leidende Gestalt, von deren «sehrenden Schmerzen», blutenden Wunden, Bädern und Medikamenten so viel gesprochen wird, daß wir mehr ein klinisch-pathologisches als ein tragisches Mitleid mit ihm empfinden.

Je weiter die Handlung fortschreitet, desto willkürlicher, mystischer, symbolischer wird sie. Die menschliche Natur in uns verliert schließlich jede Fühlung mit diesen in lauter heiligen Mirakeln kreisenden Begebenheiten und den abnormen Über- und Untermenschen, die sich vor uns wie an einem göttlichen Marionettendraht bewegen. An welchem von ihnen kann man mit warmer, echt menschlicher Teilnahme hängen? Lohengrin ist doch nur in der Schlußszene der übersinnliche Ritter, der seraphische Soldat, der blindlings seinem Kriegsherrn, dem Gral, folgen und Elsa verlassen muß – das Stück hindurch handelt und fühlt er menschlich, und die ihn umgeben gleichfalls. Im *‹Parsifal›* hingegen ist der heilige Gral alles, bedeutet alles, entscheidet alles. Was ist uns der Gral? Eine legendenhafte Kuriosität, dem Bewußtsein des Volkes wie der Gebildeten wildfremd, ein längst vergessenes Requisit phantastischen Aberglaubens. Die hysterische Exaltation, welche in Wagners *‹Parsifal›* unablässig die heilige Schüssel und die heilige Lanze und das heilige Blut anschwärmt, findet heute keinen Widerhall in deutschen Geistern, deutschen Herzen und wird ihn niemals finden. Selbst Calderon, der für die katholischen

Das Innere des berühmten Doms von Siena, der Wagner am 21. August 1880, laut Cosimas Tagebuchaufzeichnungen, «zu Tränen» hinriß und «der größte Eindruck» war, «den er gehabt hat von einem Gebäude». Er wurde zum Vorbild für den Bühnenbildentwurf des Gralstempels zur Bayreuther Uraufführung.

Der Gralstempel für die Bayreuther Uraufführung des ‹Parsifal›. Ölbild Max Brückners nach Entwürfen des russischen Malers Paul von Joukowsky, der sowohl für die Dekorationen als auch für die Kostüme der Uraufführung verantworlich war. Die Ausführung dieser Entwürfe übertrug Wagner den Coburger Bühnenmalern Gotthold und Max Brückner, die schon bei den ersten Bayreuther Festspielen 1876 die Entwürfe zum ‹Ring des Nibelungen› in die Bühnenrealität umgesetzt hatten. Dieses Bühnenbild wurde ebenso wie auch die übrigen Dekorationen bis zum Jahre 1933 in Bayreuth verwandt.

Spanier des 16. Jahrhunderts dichtete, hat sich kaum so hoch ins Mystisch-Religiöse verstiegen, von dem romantisch-katholischen Schwärmgeist Zacharias Werner gar nicht zu reden. Wenn Wagners offizieller Interpret, Herr von Wolzogen, behauptet, Wagner habe aus dem Epos Wolframs von Eschenbach «den allgemein menschlichen Grundgedanken genommen und vertieft», so scheint uns eher das Gegenteil richtig. Das Mystische, Religiös-Symbolische hat Wagner daraus aufgefangen, im Vergrößerungsspiegel aufgefangen, hingegen gerade das echt Menschliche dieser lebensvollen, reichbewegten Dichtung unterdrückt. Wie schön und rührend ist bei Wolfram Parcivals steter Gedanke an seine Frau! Diese treue Liebe und das unausgesetzte Streben nach häuslichem Familienglück vermag in ihm der Gral nicht zu unterdrücken. Sobald Parcival die früher versäumte mitleidige Frage an Amfortas getan und das Königreich angetreten hat, vereinigt er sich mit seiner Frau, der holden Conduiramur, und seinen beiden Söhnen Lohengrin und Kardeiz. Von alledem keine Spur bei Wagner, dessen christliches Ideal offenbar das Zölibat bedingt. Es wird uns als Wagners größte Tat gepriesen, daß er «den *Gral*, das höchste christlich-religiöse Ideal», verherrlicht habe. Aber wem unter uns ist denn der Gral ein religiöses Ideal? Wem ist er es jemals gewesen? Das Christentum unserer Zeit ist ein ganz anderes als das wundersüchtige der heiligen Gralsritter, und vielleicht kein schlechteres. Es ist über Shakespeare treffend gesagt worden, daß er nirgends religiös und doch überall religiös sei. Die christliche Ekstase im ‹*Parsifal*› bildet den geraden Gegensatz zu Shakespeares dichterischer Gesundheit und mahnt nicht selten an die gereimten Andachtskrämpfe der deutschen Pietisten.

Ist das wirklich *Wagner,* wird man fragen, derselbe Richard Wagner, der in seinem berühmten Buche ‹*Die Kunst und die Religion*› (1850) gegen die *«beklagenswerte Einwirkung des Christentums»* so energisch kämpfte?[3]

Damals also faßte Wagner das Christentum als einen feindseligen Gegensatz gegen die echte Kunst und gegen die einzig wünschenswerte natürliche Entwicklung der Menschen auf – heute scheint er, ins andere Extrem umschlagend, nur in den christlichen Mysterien das Heil der Kunst zu finden. Wenn Wagner an der Schwelle seines siebzigsten Jahres für seine Person fromm geworden, so wäre dies nicht das erste Beispiel solcher Wandlung und ginge weiter keinen Menschen an. «Religiosität ist die Weingärung des sich bildenden und die faule Gärung des sich zersetzenden Geistes», sagt Grillparzer.

3 Ich zitiere einige Stellen aus jenem älteren Glaubensbekenntnis Wagners: «So viel erkennt der redliche Dichter auf den ersten Blick, daß das Christentum weder Kunst war noch irgendwie aus sich die wirklich lebendige Kunst hervorbringen konnte ... Die *Heuchelei* ist der hervorstechendste Zug, die eigentliche Physiognomie der ganzen *christlichen* Jahrhunderte bis auf unsere Tage, und zwar tritt dieses Laster ganz in dem Maße immer greller und unverschämter hervor, als die Menschheit aus ihrem inneren unversiegbaren Quell und *trotz des Christentums* sich neu erfrischte und der Lösung ihrer wirklichen Aufgaben zureifte ... Der künstlerische Ausdruck dieser neuen Welt konnte sich immer nur im Gegensatze, im *Kampf gegen den Geist des Christentums* geltend machen ... Die ritterliche Poesie war die ehrliche Heuchelei des Fanatismus. In Wahrheit konnte das christliche Kunstideal sich nur als fixe Idee, als Gebilde eines Fieberparoxysmus kundgeben, weil es eben *außerhalb der menschlichen Natur* Ziel und Zweck hernehmen und daher seine Verneinung, sein Ende in dieser Natur finden mußte.»

Fast ahnen wir einen sich zersetzenden Geist, wenn ein moderner Künstler in Gralsreliquien und Heiligenmirakeln die Mission der deutschen Kunst erblickt und damit die «Regeneration des Menschengeschlechtes» bewerkstelligen will. Wagners eigene Äußerungen, noch mehr die seiner Mitarbeiter und Jünger, sprechen für solche Generalisierung seines neuesten Ideals, wie denn Wagners gesamte Theorie nur das *seinem* eigenartigen Talent Entsprechende zum allgemeinen und ausschließlichen Kunstgesetze erhebt. Trotz der Anstrengung von hundert Wagner-Vereinen, in der christlichen Mystik die rettende Zukunft der Kunst zu begrüßen, wird die Gegenwart wohl kaum nötig haben, Goethes Feldzug gegen die «neudeutsche religiös-patriotische Kunst» ernstlich wiederaufzunehmen. Wir wollen – wie Scherer mit Bezug auf Wagners ‹*Nibelungen*› ausrief – im Sinne Goethes weiterleben und weiterwirken, «unbekümmert um den barbarischen Unsinn halbverstandener Mythologie, die man uns als neues Evangelium aufdrängen will». Auch das allerneueste Kunstevangelium, das der christlichen Mystik, dürfte im ‹*Parsifal*› trotz der glänzendsten Verkörperung isoliert bleiben. Sie würde, gleich der Wiederbelebung jener abgestorbenen Götterwelt, nur geistige Rückbildung bewirken und die Kunst zur Verarmung führen statt zum Reichtum.

Ich weiß recht gut, daß jeder Wagnerschen Oper unrecht geschieht, wenn man ihr Textbuch abgetrennt von der Musik und der ganzen szenischen Darstellung beurteilt. Indem ich dies dennoch versuchte, habe ich mich nur den eigenen Ansprüchen Wagners gefügt, welcher seinen Textbüchern Wert und Bedeutung selbständiger Dichtungen vindiziert und darum auch letztere Jahr und Tag vor Erscheinen der Partitur als unabhängige Dramen in Buchform veröffentlicht. Diesem Anspruch Wagners mußte für die ‹*Parsifal*›-Dichtung um so sicherer genügt werden, als diese in dem großen Wagnerschen Lager mit einem Taumel von Bewunderung begrüßt worden ist.

3.

Die erste Aufführung des ‹*Parsifal*› hat am 26. Juli 1882 mit vollem, ungetrübtem Erfolg stattgefunden. ‹*Parsifal*› verkündet in der großen Anlage wie in dem kleinsten Detail laut die Eigenart seines Schöpfers. Wie jener babylonische Herrscher auf jedem einzelnen Ziegelstein mächtiger Neubauten seinen Namenszug einbrennen ließ, zum Zeugnis nach Jahrtausenden, so hat der Autor des ‹*Parsifal*› jedem Takte gleichsam ein unsichtbares R. W. eingeprägt. Mit Sicherheit werden späteste Forscher jedes ausgerissene Blatt dieser Partitur erkennen. Abwechselnd günstig und ungünstig, bald stark und erhebend, bald gleichgültig und niederdrükkend berühren uns die einzelnen Teile dieses ausgedehnten Werkes. Immer jedoch fühlen wir uns unter der Gewalt einer mächtigen Persönlichkeit von eigenster, unerschütterlich fester Überzeugung. Die Energie eines starken, niemals zweifelnden Willens wirkt in der Kunst wie im Leben jederzeit imponierend. Sie erzwingt sich Achtung, Bewunderung – nicht immer Sympathie. Diese Hauptzüge haben die Bayreuther Festspiele von 1882 mit den ersten von 1876 gemein. Gegen jenen ‹*Nibelungen*›-Zyklus erprobt jetzt ‹*Parsifal*› den Vorteil der geschlossenen Form und dadurch des einheitlichen Eindrucks. Schon der Umstand, daß Wagner hier die dramatisch falsche, unselige Form der Trilogie oder Tetralogie aufgegeben hat, welche den Kunstgenuß von 1876 zu einer qualvollen Anstrengung machte, sichert dem ‹*Parsifal*›, dessen sich die Bühnen eines Tages ohne Zweifel bemächtigen werden, eine reinere Wirkung.

Die Methode der musikalischen Komposition ist hier wie dort konsequent dieselbe. Es ist der von der «unendlichen Melodie» bestimmte Stil, wie ihn Wagner zuerst im ‹*Tristan*› streng durchgeführt, dann in den ‹*Meistersingern*› durch blühende Oasen melodischen und mehrstimmigen Gesanges belebt hat, um ihn wieder in den ‹*Nibelungen*› zu imposant starrer Gesetzmäßigkeit zu steigern. Diese Methode, durch welche die Oper zum wirklichen Drama erhoben werden soll, bringt es bekanntlich mit sich, daß die bisherigen Formen der Arie, des Duetts, Terzetts, des Chores, überhaupt die organische Form und damit die Selbständigkeit des musikalischen Gedankens beseitigt werden und dem unaufhörlich bewegten Orchester die Hauptrolle neben den mehr deklamierenden als singenden Stimmen zufällt. Das Material, aus welchem das Orchester sein ewig wechselndes, endloses Gewebe spinnt, sind die sogenannten Leitmotive. Auch in ‹*Parsifal*› hat jede handelnde Person ihr bestimmtes musikalisches Leitmotiv oder vielmehr nach ihren verschiedenen dramatischen Beziehungen deren mehrere. Der ‹*Leitfaden*› von Wolzogen zählt sechsundzwanzig solche Motive auf, ein anderer von Heintz sechsundsechzig, hingegen ein dritter von Eichberg (es gibt schon eine kleine Bibliothek solcher Bayreuther Handbüchlein) nur dreiundzwanzig. Diese dreiundzwanzig aber sind, wie der Verfasser betont, «geradezu zum Auswendiglernen bestimmt». Diese ausdrückliche Weisung ist charakteristisch. Die Leitmotive *«müssen»* von dem Zuhörer, wenn er den ‹*Parsifal*› verstehen und genießen will, zuvor auswendig gelernt werden; dann obliegt ihm eine rastlos vergleichende Verstandes- und Gedächtnisarbeit während des Hörens. Wir haben aus der Brandung eines wogenden Orchesters jederzeit herauszuhören, wann das eigentliche «Gralsmotiv», wann das «Liebesmahlmotiv», das «Glaubensmotiv», das «Verheißungsmotiv» und so weiter erklingt. Das sind lauter den Gral betreffende Motive. Daneben gibt es natürlich mehrere Motive der Kundry («Kundrys wildes Rittmo-

Theodor Reichmann als Amfortas im ersten Aufzug der Bayreuther Erstaufführungen des Jahres 1882. Kostüm-Porträt nach Hans Brand.

tiv», «Kundrys Liebesmotiv», «Kundrys Lachmotiv»), ebenso des Parsifal, des Klingsor und der übrigen. Diese immer neu kombinierten, neu variierten, neu instrumentierten Leitmotive geben im Orchester ein fortlaufendes sinfonisches Gewebe. Wer es nicht von intimen Freunden Wagners wüßte, müßte es von selber erraten, daß dieser in der Regel zuvor die Orchesterbegleitung, dann erst darüber die Gesangspartien skizziert. Das zusammenhängende und zusammenhaltende Ganze ist die sinfonische selbständige Orchesterpartie; was dazu gesungen wird, sind Fragmente, deren Sinn in den Worten liegt, nicht in den Tönen. Mit wenigen, stark herausleuchtenden Ausnahmen melodiösen, durch sich selbst verständlichen Gesanges bietet also auch *‹Parsifal›* das Schauspiel eines immer anspielungsreichen, in lauter «Bedeutung» arbeitenden Orchesterspiels, in welchem die Schollen eines aufgeregten Sprechgesangs schwimmen.

Ein zweiter wesentlicher Charakterzug der späteren Wagnerschen Manier ist die grenzenlose Freiheit der Modulation. Auch im *‹Parsifal›* gibt es eigentlich keine Modulationen mehr, sondern nur ein Modulieren, ein unausgesetzt wogendes Modulieren, bei welchem der Hörer jede Vorstellung einer bestimmten Tonalität verliert. Wir fühlen uns wie auf hoher See, ohne festen Boden unter den Füßen. Wagner hat sich in ein ihm ganz eigenes chromatisch-enharmonisches Denken vernistet, das fortwährend die entlegensten Tonarten in- und auseinanderschlingt. Wie die *‹Nibelungen›*, so bringt allerdings auch *‹Parsifal›* einzelne Sätze von ruhigerer Tonalität, es sind erfreuliche, mitunter entzückende Ausnahmen, aber sind Ausnahmen und gehen meist flüchtig vorüber. Jene tyrannische Herrschaft der Leitmotive im Orchester und diese der schrankenlos emanzipierten Modulation empfinden wir als schwere Nachteile in der Opernmusik; Wagner und seine Anhänger preisen sie als den höchsten Fortschritt. Das sind schroffe prinzipielle Meinungsverschiedenheiten, über welche zu streiten heute nicht mehr möglich ist.

Ein einfach gehaltenes langes Vorspiel, das in seiner feierlichen Langweiligkeit offenbar nichts anderes beabsichtigt, als «Stimmung» zu machen, leitet den ersten Akt ein und führt gleich die drei wichtigsten «Gralmotive» vor. Den verschiedenen Leitmotiven im *‹Parsifal›* vermag ich weder großen musikalischen Reiz noch eine besonders charakterisierende Kraft und Prägnanz abzusehen. Das Muster eines Leitmotivs und seiner Verwendung hat Wagner im *‹Lohengrin›* gegeben: «Nie sollst du mich befragen!» Von Lohengrin selbst wie ein Dogma proklamiert, steht dieses Thema gleich anfangs in seiner ganzen Bedeutung da. Es braucht nirgends gesucht oder erraten zu werden, sondern schneidet, wo immer es ertönt, wie ein blankes Schwert in die Partitur. Die Leitmotive in den *‹Nibelungen›* und im *‹Parsifal›* haben lange nicht mehr dieselbe scharf ausgeprägte Physiognomie noch dieselbe, jedesmal packende Wirkung, schon deshalb nicht, weil ihrer zu viele sind. Wo *jede* kleine Tonreihe leiten und bedeuten soll, da leitet und bedeutet eigentlich keine mehr. Die Gralmotive aus dem Vorspiel schattieren auch als Orchesterbegleitung die mehr im Gesprächston gehaltenen ersten Szenen, in welchen eine von den *‹Nibelungen›*-Dialogen vorteilhaft abstechende natürlichere Ausdrucksweise auffällt. Gurnemanz, der Bassist, ist bei aller Umständlichkeit immerhin ein liebenswürdiger Alter gegen Wotan. Mit der Deklamation, auf welcher doch das Hauptgewicht der Wagnerschen Partien ruht, springt er freilich auch seltsam um, man merkt, er kennt die *‹Meistersinger›*. Wörter wie «Linderung», «lindern», «schaden», «hämisch» deklamiert er wiederholt mit nachdrücklich falscher Betonung der *letzten* Silbe, welche bald eine Sexte, bald eine Oktave hinaufsteigt. Die Szenen vor Parsifals Auftreten bieten musikalisch wenig Hervorragendes, wenn man nicht einzelne geistvolle Züge und Klangeffekte in der Orchesterbegleitung, welche ja auf keinem Blatte der Partitur fehlen, dafür nehmen will. Nach diesen etwas monoton ausgesponnenen Szenen kommt – sehr erwünscht – der verwundete Schwan (ein prächtiges Stück Maschinerie) über die Bühne geflogen; die mit dem Übeltäter Parsifal in großer Aufre-

Anton Fuchs als Klingsor im zweiten Aufzug der Bayreuther Erstaufführungen des Jahres 1882. Kostüm-Porträt nach Hans Brand.

gung herbeistürzenden Ritter und Knappen erfüllen die Bühne mit regem Leben. Es ist ein sehr dramatisches, meisterhaft arrangiertes Bild, in welchem wir einen Anklang an das Schwanenmotiv in ‹*Lohengrin*› als sinnige Reminiszenz begrüßen. Parsifals Auftreten wirkt sympathisch, die «Tumbheit» des unerfahrenen Knaben gibt sich einfach, ohne falsches Pathos. Es ist eine psychologisch begründete Erfahrung, daß wir an anderen diejenigen Tugenden, die wir selbst nicht besitzen, am meisten zu schätzen pflegen. Wagner, der reflektierende, verstandesscharfe Künstler, liebt es, die naive Einfalt, die Simplicitas, zu verherrlichen, aber selbst das Unbewußte klingt bei ihm viel zu bewußt. Man denke an das Matrosenlied im ‹*Tristan*›, das Schusterlied in den ‹*Meistersingern*›, an die

Schmiedelieder des Siegfried, dieses unnatürlichsten aller singenden Naturburschen. Anders Parsifal in der ersten Szene. Er ist das, was er sein soll. Hingegen Kundry! Freilich ist auch sie, was sie nach dem Willen des Dichters sein soll – das ist aber eben das Unnatürliche, Widerspruchsvolle. Ein psychologisches und physiologisches Zwitterwesen, singt sie oder vielmehr ruft und stammelt sie abgebrochen in den haarsträubendsten Intonationen und hat gleichzeitig in der Kunst der Mimik stets das Unerhörteste zu leisten.

Nun kommt der große Effekt der Wandeldekoration. Dieses Meisterstück szenischer Kunst wird von der Musik nur stiefmütterlich unterstützt: Bis zur Ankunft im Gralstempel marschieren Parsifal und Gurnemanz unter schwerfälligen, ermüdend monotonen Akkorden. Von da an hebt sich die Komposition und steigert sich, unterstützt von dem prachtvollen und eigentümlichen Eindrucke der Szene, zu bedeutender Wirkung. Vortrefflich wirkt der ernste Unisono-Gesang der Ritter, der Chor der Jünglinge, endlich die von oben herabtönende Verheißung «Durch Mitleid wissend, der reine Tor». In diesem überraschenden Zusammenklange reiner hoher Stimmen macht das «Verheißungsmotiv» ganz den beabsichtigten Eindruck; an sich wird man das etwas leere, in Quinten aufsteigende Thema kaum originell oder interessant finden. Die Abendmahlsfeier der Gralsritter in dem herrlichen maurischen Saale, mit den drei verschiedenen singenden Gruppen der Ritter, der Jünglinge und der Knaben (oben in der Kuppel), mit dem schweren Glockengeläute, den fremdartigen malerischen Gewändern, der feierlichen Grals-Enthüllung – das alles gestaltet sich zu einem großartigen Bild. Das Finale gehört unstreitig zu jenen blendenden musikalisch-szenischen Leistungen, in welchen Wagner keinen Nebenbuhler hat. Es mag meine Schuld sein, die Schuld einer zu hoch gesteigerten Erwartung, wenn ich die Wirkung trotzdem nicht so mächtig und glänzend fand, wie ich sie mir aus Textbuch und Partitur vorgestellt hatte. Ich erwartete insbesondere einen außerordentlich blendenden Glanz des Orchesters und einen geradezu überwältigenden Eindruck der Chöre, eine bis zum Schluß sich unausgesetzt steigernde Klangwirkung. In der Regel findet der Leser Wagnerscher Partituren seine Erwartungen weit übertroffen in der wirklichen Aufführung; diesmal traf, wenigstens für meine Empfindung, das Gehoffte nicht ganz ein. Die auffallend langsamen Tempi in diesem sehr langen ersten Akt mögen dazu beigetragen haben sowie die bekannte Bauart des tief versenkten und verdeckten Bayreuther Orchesters, das eine höchste, glänzendste Klangwirkung nicht zuläßt. Immerhin ist nach der deklamatorisch gesungenen und orchestral verschlungenen ersten Hälfte dieses Aktes die zweite eine musikalische Wohltat, da sie rhythmisch geregelten, melodiös selbständigen Gesang, überdies

Marianne Brandt als Kundry im zweiten Aufzug der Bayreuther Erstaufführungen des Jahres 1882. Kostüm-Porträt nach Hans Brand. Gerade hier wird Wagners Unmut gegenüber allem «Kostüm- und Schminkewesen» besonders verständlich, vor allem, wenn man seine eigentliche Idee für die Verführerin Kundry im zweiten Aufzug bedenkt: «Eigentlich müßte sie wie eine Tizianische Venus nackt da liegen» – so notiert in Cosimas Tagebuch unter dem 4. Januar 1881. Sie ergänzt: «Nun muß das durch Pracht ersetzt werden.» Das Modell für diese (erotische) Pracht scheint die Malerei Hans Makarts gewesen zu sein, sieht man das Kostüm-Porträt an und vergleicht es etwa mit Makarts Darstellung der Schauspielerin Charlotte Wolter als Messalina.

mehrstimmigen Gesang bringt. Nur eines verkümmert diese Wohltat: daß jede Szene so unendlich lang ausgesponnen ist. Dieses Nicht-enden-Können langer, in der Handlung stillstehender Szenen beeinträchtigt den ‹*Parsifal*› nicht weniger als die ‹*Nibelungen*›. Es ist alles maßlos, alles zu lang darin, vom Größten bis zum Kleinsten, von dem feierlichen Liebesmahl bis zu dem unmöglichen Kuß der Kundry.

Den zweiten Akt eröffnet der böse Zauberer Klingsor mit seiner Beschwörung der Kundry. Das Dämonische ist musikalisch mit nicht ungewöhnlichen, aber packenden Mitteln bestritten, der Gesang wieder hastige, stoßweise Rezitation, das Orchester ein Hexenkessel voll brodelnder Leitmotive, Kundry ein dramatischer Musikkrampf. Sollte vielleicht Wagner hier absichtlich allen Schwefelqualm aufgeboten haben, um uns für den Blumenduft der folgenden Szenen doppelt empfänglich zu machen? Das hätte er im vollsten Maße erreicht. Die «Dichtung» dieser lieblichen Blumenmädchen sinkt allerdings stellenweise zu bedenklichen Reimereien herab: «Willst du auf Trost uns sinnen, solltest den uns abgewinnen! Dir zur wonnigen Labe gilt mein inniges Mühen. – Kannst du uns nicht lieben und minnen, wir welken und sterben *dahinnen*», und so weiter. Aber wer achtet auf die Worte, wenn sie reizend gesungen den Lippen von dreißig jungen schönen Mädchen entströmen? Schon ihr wirres Hereinstürzen in dem Gewimmel zierlicher Triolenfiguren der Violinen ist voll dramatischen Lebens. Und vollends die zweite Hälfte dieser Szene, das Erscheinen der Mädchen als Blumen! Ihr As-Dur-Satz «Komm, o holder Knabe!» etwa im Tempo eines langsamen Walzers, melodiös reizend, pikant und doch einfach harmonisiert, gehört zu den glücklichsten Eingebungen Wagners. Mit welch feiner Berechnung sind die dreißig Singstimmen in Gruppen geteilt, die bald abwechselnd, bald zusammen singen, mitunter auch kleinen Solostellen Raum geben! Das muß man selber hören, sehen und hören. Unter allen Szenen im *‹Parsifal›* möchte ich diese *musikalisch* zuhöchst stellen, denn sie erreicht die reinste und sicherste Wirkung mit den einfachsten Mitteln: durch eine reizende ausdrucksvolle Melodie. In Wagners sämtlichen Tondichtungen steht dieser freilich überaus schwierig auszuführende Mädchenchor geradezu als ein Unikum, als die einzige groß ausgeführte Szene in heiter-graziösem Genre, zugleich ein Meisterstück in diesem Genre.

Die Blumenmädchen oder Mädchenblumen sind endlich unter Gelächter verschwunden; Kundry, jetzt jung und verführerisch schön, ruft den Parsifal beim Namen. Es folgt die große Szene, in welcher Kundry dem Parsifal zuerst von seiner Mutter erzählt, dann immer glühender und begehrender ihm auf den Leib rückt. Der Anfang von Kundrys Erzählung «Ich sah das Kind» – gottlob diesmal nicht das «zullende» Kind! – läßt sich schlicht und sangbar an, eine der verheißenden Melodienknospen, wie sie bei Wagner nicht selten hervorlugen, um nur zu rasch vor ihrem Aufblühen wieder abgebrochen zu werden. Von da an versteigt sich die Komposition immer höher in forciertes Pathos. Jeden Augenblick droht dem Komponisten der Atem auszugehen. Wer hier seine Leitmotive nicht auswendig weiß, bleibt ratlos vor dem brausenden Gischt des Orchesters, und wer sie weiß, wird darum nicht viel glücklicher. Denn es ist eine schwere Zumutung, alle die unmotivierten furchtbaren Stimmungswechsel mitzumachen, in welchen nun Parsifal und Kundry die ganze lange

Hermann Winkelmann als Parsifal, umringt von Blumenmädchen, im zweiten Aufzug der Bayreuther Erstaufführung des Jahres 1882. Kostüm-Porträt nach Hans Brand. Die Kostüme, die Paul von Joukowsky für die Blumenmädchen entwarf, entsprachen genau Wagners realistischen Vorstellungen vom Theater: «Es gelang uns, die vollständigste Naivität dafür herzustellen; es waren wirklich Blumen, ganz ähnlich den Riesenblumen des Gartens selbst: die Vollendung ihres Schmuckes bestand einfach darin, daß sie von solchen Blumen abbrachen und sich kindisch auf den Kopf stülpten, was eine unbeschreiblich anmutige Wirkung hervorbrachte» (Wagner an König Ludwig II.).

Szene hindurch geschleudert werden: aus langweiligen Erzählungen in sinnliche Glut, aus dieser in religiöse Ekstase, und immer auf der Flucht vor allem, was musikalisch schön und maßvoll ist. In Wagners Musik haben sich gerade für solche Szenen äußersten leidenschaftlichen Ausdrukkes gewisse stehende Phrasen ausgebildet, die heute fast zur Manier erstarrt sind. Ich weiß, daß die geschworenen Wagnerianer diese stehenden Phrasen für Naturlaute der tiefsten Empfindung halten und die große Szene zwischen Kundry und Parsifal als das Höchste preisen werden, was der Meister je geschaffen. Es kommt eben auf den Standpunkt an. Mir erscheint die ganze Szene im tiefsten Grunde unwahr, die Musik äußerlich glühend, innerlich kalt, gebackenes Eis. Schon beginnen wir in diesem Tumult müde und zerstreut zu werden, da ergreift Parsifals Hand die heilige Lanze, und wir sind mit diesem handgreiflichen Schlußeffekt gerettet. Das Zauberschloß sinkt unter der Gewalt einer naturtreuen Erdbebenmusik krachend zu Boden, und der Vorhang schließt sich über den Ereignissen auf Klingsors Gebiet.

Der dritte Akt beginnt mit einer Art religiöser Idylle, von Wagner mit großer Liebe, aber auch mit äußerster Weitschweifigkeit ausgeführt. Es ist ein poetisches, friedlich anmutendes Bild, wie Parsifal im schneeweißen Christusgewande an der heiligen Quelle sitzt und die Schönheit der «blumigen Au» preist, während ihm Kundry die Füße wäscht und der alte Gurnemanz sein lockiges Haupt salbt. Das Ganze gehört zu jenen Wagner ganz eigentümlichen Szenen, die uns als stimmungsvolles *Bild* fesseln. Ein gemaltes Bild vermögen wir aber länger zu betrachten als das schönste stillstehende Tableau im Drama, wo die Handlung doch bald nach Bewegung und Entwicklung drängt. An der plastischen Ruhe dieser Szenen scheint sich der Autor gar nicht ersättigen zu können; die Musik streckt sich weithin heideartig in stimmungsvoller Monotonie. Als eine duftige Blüte überrascht uns darin Parsifals lyrischer Exkurs über die Schönheit der Blumen-Au; leider verkümmert auch sie sehr bald in dem Flugsande der instrumentalen «Unendlichkeit».

Endlich machen Parsifal, Gurnemanz und Kundry sich auf den Weg nach der Gralsburg. Hier sollte, nach Vorschrift des Textbuches und der Partitur, wieder eine Wandeldekoration, ähnlich jener im ersten Akt, ihr vergnügliches Amt verrichten und die drei stillstehenden Wanderer durch allerlei Landschaften bis in die Gralsburg zaubern. Technische Bedenken, die sich bald bei den Proben geltend machten, bestimmten Wagner, auf diesen Dekorationseffekt lieber zu verzichten, und so sahen wir bei der Aufführung statt der Wandeldekoration einen einfachen Zwischenvorhang sich über den drei abziehenden Gralspilgern schließen. Dieser Ausweg ist gewiß zweckmäßiger als die ursprüngliche Vorschrift; die Wiederholung eines und desselben, an Feerie und Kindertheater erinnernden Dekorationszaubers erschien mir von allem Anfang bedenklich, als ein Armutszeugnis für die Phantasie des Autors. Noch eine zweite, ebenso lobenswerte Abweichung von den Vorschriften des Textbuches brachte der dritte Akt: der tote Titurel, der sich, «für den Augenblick neu belebt», segnend im Sarg erheben soll, erhebt sich *nicht,* sondern bleibt, wie es einem anständigen Toten ziemt, ruhig liegen. Die einleitende Trauermusik dehnt sich wohl zu breit aus. Wie sehr die Handlung, nach langer lyrischer Beschaulichkeit, eines energisch dramatischen Momentes be-

Hermann Winkelmann als Parsifal im dritten Aufzug, nach seiner Salbung zum Gralskönig. Kostüm-Porträt von den Erstaufführungen des ‹Parsifal› im Sommer 1882 in Bayreuth.

darf, ersehen wir aus der großen Wirkung von Amfortas' leidenschaftlichem Aufspringen gegen die ihn bedrängenden Gralsritter. Schon von den Worten «Mein Vater!» an wird sein Gesang (über einer ausdrucksvollen Begleitungsfigur der Violoncelle, dann der Geigen) ergreifend. Die Schlußszene ist musikalisch wieder mit außerordentlich glänzenden Mitteln – denselben freilich, welche der Gralsszene der ersten Akte dienten – bestritten. Die feierlichen Harfenklänge, der aus der Kuppel herabtönende Gesang der Knaben, das helle Erglühen des Grals, die Erscheinung der weißen Taube – das alles wirkt abermals zu einem blendenden Bild, ähnlich dem im ersten Finale, zusammen.

Der dritte Akt mag als der einheitlichste und stimmungsvollste gelten, der musikalisch reichste ist er nicht.

Und Wagners schöpferische Kraft? Für einen Mann von Wagners Alter und von – Wagners System erscheint sie mir im ‹*Parsifal*› noch immer erstaunlich. Wer Musikstücke von dem bestrickenden melodiösen Reiz des «Blumenspieles» und von der Energie der Schlußszene im ‹*Parsifal*› zu schaffen vermag, der verfügt noch über eine Kraft, um die ihn heute unsere Jüngsten beneiden dürfen. Allerdings besteht der umfangreiche ‹*Parsifal*› nicht aus lauter solchen Lichtblicken. Es wäre «rein töricht» zu behaupten, daß Wagners Phantasie und namentlich seine spezifisch musikalische Erfindung unversehrt die Frische und Leichtigkeit von ehedem sich bewahrt habe. Eine gewisse Sterilität und Nüchternheit bei zunehmender Weitschweifigkeit ist im ‹*Parsifal*› nicht zu verkennen. Stehen nicht die Verführungsversuche der unwiderstehlichen Kundry fast steif und kühl neben der ähnlichen Szene im ‹*Tannhäuser*›? Und das Vorspiel zu ‹*Parsifal*›, ist es nicht von gleicher Stimmung, von gleicher Absicht diktiert wie die Einleitung zu ‹*Lohengrin*›? Es ist derselbe Baum, aber einmal in voller Blüte, dann herbstlich entblättert und fröstelnd. Man vergleiche ferner den Gesang des Gurnemanz vom «Karfreitagszauber» (dritter Akt) mit der ihm melodisch nahe verwandten Schilderung des Johannestages in den ‹*Meistersingern*›. Pogners stimmungsvoller Gesang scheint Wagner bei der Komposition des «Karfreitagszaubers» geradezu vorgeschwebt zu haben – aber wo blieb die innere Kraft, die singende Seele des Vorbildes? Auch die gewaltigsten Nummern aus den ‹*Nibelungen*› finden, für sich betrachtet, schwerlich ebenbürtige Seitenstücke im ‹*Parsifal*›, den ganz isoliert stehenden Blumenmädchenchor immer ausgenommen. Freilich, wenn man bedenkt, daß jene Glanzstücke im ‹*Nibelungenring*› – durch wahre musikalische Wüsten voneinander getrennt – sich auf volle vier Abende verteilen, so mag das Zünglein an der Waage vielleicht wieder zwischen beiden Schalen innestehen. Im Vergleiche mit den ‹*Nibelungen*› kommt dem ‹*Parsifal*› auch ein wirksameres Textbuch zustatten. Als «dramatische Dichtung» völlig unhaltbar, ist ‹*Parsifal*› doch ein besserer Operntext als das viergliedrige Buch zum ‹*Nibelungenring*›. Er ist mit einem Worte musikalischer: dem ganzen Stoff nach, sodann in den entscheidenden Situationen, endlich in der Diktion. Sehen wir den ‹*Parsifal*› als eine Fest- und Zauberoper an, ignorieren wir, wie wir es ja sonst häufig tun müssen, ihre logischen und psychologischen Unmöglichkeiten und falschen, religiös-philosophischen Prätensionen, so werden wir Momente bedeutender künstlerischer Anregung und blendenster Wirkung darin erleben.

Kundrys Taufe im dritten Aufzug. Kostüm-Porträt von den Erstaufführungen des ‹Parsifal› im Sommer 1882 in Bayreuth. Dargestellt sind Therese Malten als Kundry (die mit Marianne Brandt und Amalie Materna alternierte), Heinrich Gudehus als Parsifal (der mit Hermmann Winkelmann und Ferdinand Jäger abwechselte) und Gustav Siehr als Gurnemanz (alternierend mit Emil Scaria).

4.

[...] Die Frage, ob denn ‹*Parsifal*› wirklich allen Bühnen definitiv vorenthalten und auf ein zeitweiliges (für die Dauer doch sehr zweifelhaftes) Erwachen in *Bayreuth* beschränkt bleiben solle, drängt sich natürlich auf alle Lippen. Wagner selbst hat bekanntlich in einem offenen Brief aus Palermo (April 1882) den «durchaus unterschiedlichen Charakter dieses Werkes» nachdrücklich betont und will jede Aufführung desselben außerhalb Bayreuths schon dadurch *unmöglich* gemacht haben, daß er «mit dieser Dichtung eine *unseren Operntheatern mit Recht abgewendet bleiben sollende Sphäre* beschritt». Trotzdem will uns diese «Unmöglichkeit» schlechterdings nicht einleuchten. Auf das Befremdende, selbst Unschickliche, das in den kirchlichen Szenen des ‹*Parsifal*› liegt, wurde allerdings in unserm Bericht selbst hingewiesen. Aber wann und wo hat Unschickliches je ein Hindernis gebildet für die Aufführung Wagnerscher Opern? Ich finde die brünstige Liebesszene des sich vermählenden Geschwisterpaares Siegmund und Sieglinde in der ‹*Walküre*› tausendmal anstößiger als die religiösen Bilder im ‹*Parsifal*›, welche für strenggläubige Christen ärgerlich, doch keinesfalls für das menschliche Gemüt empörend sind wie die genannte, mit Schopenhauers «Infam!» gestempelte Szene. Ich muß hier gleich bemerken, daß die kirchlichen Szenen im ‹*Parsifal*› mir bei der Aufführung bei weitem nicht den anstößigen Eindruck gemacht haben, wie ich und andere ihn aus der Lektüre des Textbuches vermutet hatten. Es sind religiöse Handlungen, die uns vorgeführt werden, aber bei aller ernsten Würde durchaus nicht im Stil der Kirche, sondern vollkommen im Stil der Oper. ‹*Parsifal*› ist eine Oper, mag man ihn immerhin Bühnenfestspiel oder Bühnenweihfestspiel taufen. Nicht einmal eine «geistliche Oper» im Sinne Anton Rubinsteins kann er heißen, denn in einer solchen wäre der üppig-weltliche zweite Akt einfach unmöglich. Wie in diesem zweiten Akt aus dem frommen Mönchsgewand der alte prächtige Theaterteufel herausspringt, der Wagner des Venusberges, das ist übrigens gar zu reizend.

Warum sollte Wagners ‹*Parsifal*› auf keinem Theater erscheinen dürfen? Ist denn das Bayreuther «Festspielhaus», für welches Wagner den ‹*Parsifal*› geschrieben, kein Theater? Ist es etwa eine Kirche oder ein Konzertsaal? Es ist ein Theater, in welchem ‹*Parsifal*› wie jede andere Oper von Theatersängern in Kostüm und mit dem denkbar glänzendsten Opernapparat gespielt, und zwar vor einem fortwährend wechselnden, zahlenden Publikum gespielt wird. Warum sollte eine Aufführung des ‹*Parsifal*› überall das religiöse Gefühl beleidigen, nur gerade in Bayreuth nicht? An dem ernsten Vorsatz Wagners, den ‹*Parsifal*› in Europa zu verbieten, zweifeln wir keinen Augenblick; er mag äußere Gründe haben, ihn für Bayreuth zu reservieren. Aber aus inneren, dem Werke entnommenen Gründen vermögen wir die sittliche Unmöglichkeit einer Aufführung auf anderen Bühnen nicht zu begreifen. Wir würden das Verbot auch aufrichtig bedauern. So wie es schade gewesen wäre um die enormen Kosten und Anstrengungen des ‹*Nibelungenrings*›, die auch «nur für Bayreuth» aufgewendet sein sollten, so wäre es auch schade und noch mehr schade um ‹*Parsifal*›. Er ist leichter ausführbar als die Tetralogie, geschlossener, wirksamer; seine Musik ist (mit einziger Ausnahme der Kundry-

Szenen) ruhiger, edler. Zweckmäßige Kürzungen als unumgänglich vorausgesetzt, dürfte *‹Parsifal›* für die Bühnen sogar wertvoller und erfolgreicher werden. Seit einem Vierteljahrhundert sind wir in Deutschland bettelarm an lebensfähigen neuen Opern und scheinen von Jahr zu Jahr in dieser Verarmung fortzuschreiten – man braucht kein «Wagnerianer» zu sein, um den unseren Bühnen angedrohten Entgang des *‹Parsifal›* aufrichtig zu beklagen. Das wissen wir sehr gut, daß Wagner der größte lebende Opernkomponist ist und in Deutschland der einzige, von dem in historischem Sinne ernsthaft die Rede sein kann. Er ist der einzige deutsche Komponist seit Weber und Meyerbeer, den man aus der Geschichte der dramatischen Musik nicht hinwegdenken kann. Selbst Mendelssohn und Schumann, von Rubinstein und den neueren nicht zu reden, können wir uns wegdenken, ohne daß in der Geschichte der Oper eine Lücke entstünde. Zwischen diesem Zugeständnisse und der widerwärtigen Vergötterung, die mit Wagner getrieben und von ihm patronisiert wird, liegt freilich eine unendliche Kluft.

Nach allem, was hier laut oder halblaut geäußert wird, scheint eine alljährliche *‹Parsifal›*-Wiederholung in Bayreuth nichts weniger als sicher zu sein. Was dann? Und wenn selbst für Wagners Lebenszeit der *‹Parsifal›* den Bühnen wirklich vorenthalten bliebe – was dann? Fehlt einmal Wagners Persönlichkeit, der magnetische Blick und die starke Hand, die alles, Künstler und Zuhörer, in das kleine Bayreuth heranzieht und hier festhält, so wird niemand, niemand nach ihm ein Gleiches zu vollbringen imstande sein. Mit Wagner wird voraussichtlich das Bayreuther Festspielwesen erlöschen, aber gewiß nicht sein *‹Parsifal›*. Die großen Bühnen werden diese interessante fromme Oper ohne viel religiöse Skrupel geben, und das Publikum von Wien, München, Berlin wird sie, wie das hiesige, naiv anschauen und anhören, ohne einen Augenblick zu glauben, daß es sich in der Kirche befinde. Die Menschen werden sich so lange an *‹Nibelungen›* und *‹Parsifal›* erfreuen, bis sie es eines Tages überdrüssig sind, sich von bloß «unendlicher» Melodie herumschaukeln und von stereotypen Leitmotiven leiten zu lassen. Zur selben Zeit erscheint dann wohl für die Oper ein neuer «reiner Tor», das heißt ein naiver Tondichter von genialer Naturkraft, vielleicht eine Art Mozart, welcher Meister über den «Meister» wird und die lange dramatisch gemaßregelte Menschheit zur Abwechslung wieder musikalisch beherrscht.

Juli 1882

III. Ausgewählte Texte zur Rezeption des ‹Parsifal›

Friedrich Nietzsche zu Wagners ‹Parsifal›

Aus einem Brief Nietzsches an Reinhart von Seydlitz

Basel, d. 4. Januar 1878

Gestern kam, von Wagner gesandt, der *‹Parsifal›** in mein Haus. Eindruck des ersten Lesens: mehr Liszt als Wagner, Geist der Gegenreformation; mir, der ich zu sehr an das Griechische, menschlich Allgemeine gewöhnt bin, ist alles zu christlich, zeitlich, beschränkt; lauter phantastische Psychologie; kein Fleisch und viel zu viel Blut (namentlich beim Abendmahl geht es mir zu vollblütig her); dann mag ich hysterische Frauenzimmer nicht; vieles, was für das innere Auge erträglich ist, wird bei der Aufführung kaum auszuhalten sein: denken Sie sich unsere Schauspieler betend, zitternd und mit verzückten Hälsen. Auch das Innere der Gralsburg *kann* auf der Bühne nicht wirkungsvoll sein, ebensowenig der verwundete Schwan. Alle diese schönen Erfindungen gehören ins Epos und, wie gesagt, fürs innere Auge. Die Sprache klingt wie eine Übersetzung aus einer fremden Zunge. Aber die Situationen und ihre Aufeinanderfolge – ist das nicht von der höchsten Poesie? Ist es nicht eine letzte Herausforderung der Musik?

* *Gemeint ist das Libretto, von Wagner in der Zeit vom 14. März bis 19. April 1877 geschrieben und veröffentlicht im Dezember desselben Jahres.*

Wie Nietzsche in seinem ‹Ecce homo› (1888) berichtet, schickte er genau zur gleichen Zeit an Wagner sein Buch ‹Menschliches, Allzumenschliches›: «Durch ein Wunder von Sinn im Zufall kam gleichzeitig bei mir ein schönes Exemplar des ‹Parsifal›-Textes an, mit Wagners Widmung an mich ‹seinem theuren Freunde Friedrich Nietzsche, Richard Wagner, Kirchenrath›. – Diese Kreuzung der zwei Bücher – mir war's, als ob ich einen ominösen Ton dabei hörte. Klang es nicht, als ob sich Degen *kreuzten? ... Jedenfalls empfanden wir es beide so: denn wir schwiegen beide. – Um diese Zeit erschienen die ersten «Bayreuther Blätter»: ich begriff,* wozu *es höchste Zeit gewesen war. – Unglaublich! Wagner war fromm geworden ...» Damit war der Bruch zwischen Wagner und Nietzsche auf ideologischer Ebene manifest.*

Aus Briefen Nietzsches an Peter Gast

Tautenburg, 25. Juli 1882

Sonntags war ich in Naumburg, um meine Schwester ein wenig noch auf den ‹*Parsifal*› vorzubereiten.* Da ging es mir seltsam genug! Schließlich sagte ich: «Meine liebe Schwester, *ganz diese Art Musik* habe ich als Knabe gemacht, damals als ich mein Oratorium machte» – und nun habe ich die alten Papiere hervorgeholt und, nach langer Zwischenzeit, wieder abgespielt: die *Identität* von *Stimmung* und *Ausdruck* war märchenhaft! Ja, einige Stellen, z. B. «Der Tod der Könige», schienen uns beiden ergreifender als alles, was wir uns aus dem P. vorgeführt hatten, aber doch ganz parsifalesk! Ich gestehe: mit einem wahren Schrecken bin ich mir wieder bewußt geworden, *wie* nahe ich eigentlich mit Wagner *verwandt* bin. – Später will ich Ihnen dieses kuriose Faktum nicht vorenthalten, und *Sie* sollen die letzte Instanz darüber sein – die Sache ist so seltsam, daß ich *mir* nicht recht traue. – Sie verstehen mich wohl, lieber Freund, daß ich *damit* den ‹*Parsifal*› nicht *gelobt* haben will!! – Welche plötzliche *décadence*! Und welcher Cagliostrizismus! –

Nice (France, rue des Ponchettes 29 au premier
[21. Januar 1887]

Zuletzt – neulich hörte ich zum ersten Male die Einleitung zum ‹*Parsifal*›** (nämlich in Monte-Carlo!). Wenn ich Sie wiedersehe, will ich Ihnen genau sagen, was ich da *verstand.* Abgesehn übrigens von allen unzugehö-

* *Die Bayreuther Uraufführung fand am 26. Juli statt.*

** *Das war, trotz der dreißigjährigen Schutzfrist möglich, da es sich um eine Konzertfassung des Vorspiels aus Wagners Hand zur freien Verfügung handelte.*

rigen Fragen (wozu solche Musik dienen *kann* oder etwa dienen *soll?*), sondern rein ästhetisch gefragt: hat Wagner je etwas *besser* gemacht? Die allerhöchste psychologische Bewußtheit und Bestimmtheit in bezug auf das, was hier gesagt, ausgedrückt, *mitgeteilt* werden soll, die kürzeste und direkteste Form dafür, jede Nuance des Gefühls bis aufs Epigrammatische gebracht; eine Deutlichkeit der Musik als deskriptiver Kunst, bei der man an einen Schild mit erhabener Arbeit denkt; und, zuletzt, ein sublimes und außerordentliches Gefühl, Erlebnis, Ereignis der Seele im Grunde der Musik, das Wagnern die höchste Ehre macht, eine Synthesis von Zuständen, die vielen Menschen, auch «höheren Menschen» als unvereinbar gelten werden, von richtender Strenge, von «Höhe» im erschreckenden Sinne des Wortes, von einem Mitwissen und Durchschauen, das eine Seele wie mit Messern durchschneidet – und von Mitleiden mit dem, was da geschaut und gerichtet wird. Dergleichen gibt es bei *Dante,* sonst nicht. Ob je ein Maler einen so schwermütigen Blick der Liebe gemalt hat, als W. mit den letzten Akzenten seines Vorspiels? –

Wagner als Apostel der Keuschheit (1888)

1

– Ist das noch deutsch?
Aus deutschem Herzen kam dies schwüle Kreischen?
Und deutschen Leibs ist dies Sich-selbst-Zerfleischen?
Deutsch ist dies Priester-Hände-Spreizen,
Dies weihrauchdüftelnde Sinne-Reizen?
Und deutsch dies Stürzen, Stocken, Taumeln,
Dies zuckersüße Bimbambaumeln?
Dies Nonnen-Äugeln, Ave-Glockenbimmeln,
Dies ganze falsch verzückte Himmel-Überhimmeln? ...

– Ist das noch deutsch?
Erwägt! Noch steht ihr an der Pforte ...
Denn was ihr hört, ist Rom – *Roms Glaube ohne Worte!*

2

Zwischen Sinnlichkeit und Keuschheit gibt es keinen notwendigen Gegensatz; jede gute Ehe, jede eigentliche Herzensliebschaft ist über diesen Gegensatz hinaus. Aber in jenem Falle, wo es wirklich diesen Gegensatz gibt, braucht es zum Glück noch lange kein tragischer Gegensatz zu sein.

Dies dürfte wenigstens für alle wohlgerateneren, wohlgemuteren Sterblichen gelten, welche ferne davon sind, ihr labiles Gleichgewicht zwischen Engel und *petite bête* ohne weiteres zu den Gegengründen des Daseins zu rechnen – die Feinsten, die Hellsten, gleich Hafis, gleich Goethe, haben darin sogar einen Reiz mehr gesehn ... Solche Widersprüche gerade verführen zum Dasein ... Andrerseits versteht es sich nur zu gut, daß, wenn einmal die verunglückten Tiere der Circe dazu gebracht werden, die Keuschheit anzubeten, sie in ihr nur ihren Gegensatz sehn und *anbeten* werden – o mit was für einem tragischen Gegrunz und Eifer! man kann es sich denken –, jenen peinlichen und vollkommen überflüssigen Gegensatz, den Richard Wagner unbestreitbar am Ende seines Lebens noch hat in Musik setzen und auf die Bühne bringen wollen. *Wozu doch?* wie man billig fragen darf.

3

Dabei ist freilich jene andre Frage nicht zu umgehn, was ihn eigentlich jene männliche (ach, so unmännliche) «Einfalt vom Lande» anging, jener arme Teufel und Naturbursch Parsifal, der von ihm mit so verfänglichen Mitteln schließlich katholisch gemacht wird – wie? war dieser *‹Parsifal›* überhaupt *ernst* gemeint? Denn daß man über ihn *gelacht* hat, möchte ich am wenigsten bestreiten, Gottfried Keller auch nicht ... Man möchte es nämlich wünschen, daß der Wagnersche *‹Parsifal›* heiter gemeint sei, gleichsam als Schlußstück und Satyrdrama, mit dem der Tragiker Wagner gerade auf eine ihm gebührende und würdige Weise von uns, auch von sich, vor allem *von der Tragödie* habe Abschied nehmen wollen, nämlich mit einem Exzeß höchster und mutwilligster Parodie auf das Tragische selbst, auf den ganzen schauerlichen Erden-Ernst und Erden-Jammer von ehedem, auf die endlich überwundene *dümmste Form* in der Widernatur des asketischen Ideals. Der *‹Parsifal›* ist ja ein Operetten-Stoff *par excellence* ... Ist der *‹Parsifal›* Wagners sein heimliches Überlegenheits-Lachen über sich selber, der Triumph seiner letzten höchsten Künstler-Freiheit, Künstler-Jenseitigkeit – Wagner, der über sich zu *lachen* weiß? ... Man möchte es, wie gesagt, wünschen: denn was würde der *ernstgemeinte ‹Parsifal›* sein? Hat man wirklich nötig, in ihm (wie man sich gegen mich ausgedrückt hat) «die Ausgeburt eines toll gewordnen Hasses auf Erkenntnis, Geist und Sinnlichkeit» zu sehn? einen Fluch auf Sinne und Geist in *einem* Haß und Atem? eine Apostasie und Umkehr zu christlich-krankhaften und obskurantistischen Idealen? Und zuletzt gar ein Sich-selbst-Verneinen, Sich-selbst-Durchstreichen von seiten eines Künstlers, der bis dahin mit aller Macht seines Willens auf das Umgekehrte, auf höchste Vergeistigung und Versinnlichung seiner Kunst ausgewesen war?

Und nicht nur seiner Kunst, auch seines Lebens? Man erinnere sich, wie begeistert seinerzeit Wagner in den Fußtapfen des Philosophen Feuerbach gegangen ist. Feuerbachs Wort von der «gesunden Sinnlichkeit» – das klang in den dreißiger und vierziger Jahren Wagner gleich vielen Deutschen – sie nannten sich die *jungen* Deutschen – wie das Wort der Erlösung. Hat er schließlich darüber *umgelernt*? Da es zum mindesten scheint, daß er zuletzt den Willen hatte, darüber *umzulehren*? ... Ist der *Haß auf das Leben* bei ihm Herr geworden, wie bei Flaubert? ... Denn der ‹*Parsifal*› ist ein Werk der Tücke, der Rachsucht, der heimlichen Giftmischerei gegen die Voraussetzungen des Lebens, ein *schlechtes* Werk. – Die Predigt der Keuschheit bleibt eine Aufreizung zur Widernatur: ich verachte jedermann, der den ‹*Parsifal*› nicht als Attentat auf die Sittlichkeit empfindet.

Aus: «Jenseits von Gut und Böse» (1886)

Wo nur auf Erden bisher die religiöse Neurose aufgetreten ist, finden wir sie verknüpft mit drei gefährlichen Diät-Verordnungen: Einsamkeit, Fasten und geschlechtlicher Enthaltsamkeit – doch ohne daß hier mit Sicherheit zu entscheiden wäre, was da Ursache, was Wirkung sei, und *ob* hier überhaupt ein Verhältnis von Ursache und Wirkung vorliege. Zum letzten Zweifel berechtigt, daß gerade zu ihren regelmäßigsten Symptomen, bei wilden wie bei zahmen Völkern, auch die plötzlichste ausschweifendste Wollüstigkeit gehört, welche dann, ebenso plötzlich, in Bußkrampf und Welt- und Willens-Verneinung umschlägt: beides vielleicht als maskierte Epilepsie deutbar? Aber nirgendswo sollte man sich der Deutungen mehr entschlagen: um keinen Typus herum ist bisher eine solche Fülle von Unsinn und Aberglauben aufgewachsen, keiner scheint bisher die Menschen, selbst die Philosophen, mehr interessiert zu haben – es wäre an der Zeit, hier gerade ein wenig kalt zu werden, Vorsicht zu lernen, besser noch: wegzusehn, *wegzugehn*. – Noch im Hintergrunde der letztgekommnen Philosophie, der Schopenhauerschen, steht, beinahe als das Problem an sich, dieses schauerliche Fragezeichen der religiösen Krisis und Erweckung. Wie ist Willensverneinung *möglich*? wie ist der Heilige möglich? – das scheint wirklich die Frage gewesen zu sein, bei der Schopenhauer zum Philosophen wurde und anfing. Und so war es eine echt Schopenhauersche Konsequenz, daß sein überzeugtester Anhänger (vielleicht auch sein letzter, was Deutschland betrifft –), nämlich Richard Wagner, das eigne Lebenswerk gerade hier zu Ende brachte und zuletzt noch jenen furchtbaren und ewigen Typus als Kundry auf der Bühne vorführte, *type vécu,* wie er leibt und lebt; zu gleicher Zeit, wo die Irrenärzte fast aller Länder Europas einen Anlaß hatten, ihn aus der Nähe zu studieren, überall, wo die religiöse Neurose – oder, wie ich es nenne, «das religiöse Wesen» – als «Heilsarmee» ihren letzten epidemischen Ausbruch und Aufzug gemacht hat. – Fragt man sich aber, was eigentlich am ganzen Phänomen des Heiligen den Menschen aller Art und Zeit, auch den Philosophen, so unbändig interessant gewesen ist: so ist es ohne allen Zweifel der ihm anhaftende Anschein des Wunders, nämlich der unmittelbaren *Aufeinanderfolge von Gegensätzen,* von moralisch entgegengesetzt gewerteten Zuständen der Seele: man glaubte hier mit Händen zu greifen, daß aus einem «schlechten Menschen» mit einem Male ein «Heiliger», ein guter Mensch werde. Die bisherige Psychologie litt an dieser Stelle Schiffbruch: sollte es nicht vornehmlich darum geschehen sein, weil sie sich unter die Herrschaft der Moral gestellt hatte, weil sie an die moralischen Wert-Gegensätze selbst *glaubte,* und diese Gegensätze in den Text *und* Tatbestand hineinsah, hineinlas, hinein*deutete*? – Wie? Das «Wunder» nur ein Fehler der Interpretation? Ein Mangel an Philologie? –

Aus der Nachschrift zu ‹Der Fall Wagner› (1888)

Die Anhängerschaft an Wagner zahlt sich teuer. Was macht sie aus dem Geist? *befreit Wagner den Geist?* – Ihm eignet jede Zweideutigkeit, jeder Doppelsinn, alles überhaupt, was die Ungewissen überredet, ohne ihnen zum Bewußtsein zu bringen, *wofür* sie überredet sind. Damit ist Wagner ein Verführer großen Stils. Es gibt nichts Müdes, nichts Abgelebtes, nichts Lebensgefährliches und Weltverleumderisches in Dingen des Geistes, das von seiner Kunst nicht heimlich in Schutz genommen würde – es ist der schwärzeste Obskurantismus, den er in die Lichthüllen des Ideals verbirgt. Er schmeichelt jedem nihilistischen (– buddhistischen) Instinkte und verkleidet ihn in Musik, er schmeichelt jeder Christlichkeit, jeder religiösen Ausdrucksform der *décadence.* Man mache seine Ohren auf: alles, was je auf dem Boden des *verarmten* Lebens aufgewachsen ist, die ganze Falschmünzerei der Transzendenz und des Jenseits, hat in Wagners Kunst ihren sublimsten Fürsprecher – *nicht* in Formeln: Wagner ist zu klug für Formeln – sondern in einer Überredung der Sinnlichkeit, die ihrerseits wieder den Geist mürbe und müde macht. Die Musik als Circe ... Sein letztes Werk ist hierin sein größtes Meisterstück. Der *‹Parsifal›* wird in der Kunst der Verführung ewig seinen Rang behalten, als *der Geniestreich* der Verführung ... Ich bewundere dies Werk, ich möchte es selbst gemacht haben; in Ermangelung davon *verstehe ich es* ... Wagner war nie besser inspiriert als am Ende. Das Raffinement im Bündnis von Schönheit und Krankheit geht hier so weit, daß es über Wagners frühere Kunst gleichsam Schatten legt – sie erscheint zu hell, zu gesund. Versteht ihr das? Die Gesundheit, die Helligkeit als Schatten wirkend? als *Einwand* beinahe? ... So weit sind wir schon *reine Toren* ... Niemals gab es einen größeren Meister in dumpfen hieratischen Wohlgerüchen – nie lebte ein gleicher Kenner alles *kleinen* Unendlichen, alles Zitternden und Überschwenglichen, aller Feminismen aus dem Idiotikon des Glücks! – Trinkt nur, meine Freunde, die Philtren dieser Kunst! Ihr findet nirgends eine angenehmere Art, euren Geist zu entnerven, eure Männlichkeit unter einem Rosengebüsche zu vergessen ... Ah dieser alte Zauberer! Dieser Klingsor aller Klingsore! Wie er *uns* damit den Krieg macht! uns, den freien Geistern! Wie er jeder Feigheit der modernen Seele mit Zaubermädchen-Tönen zu willen redet! – Es gab nie einen solchen *Todhaß* auf die Erkenntnis! – Man muß Zyniker sein, um hier nicht verführt zu werden, man muß beißen können, um hier nicht anzubeten. Wohlan, alter Verführer! Der Zyniker warnt dich – *cave canem* ...

Religion in der Musik

Wie viel uneingeständliche und selbst unverstandne Befriedigung aller religiösen Bedürfnisse ist noch in der Wagnerschen Musik! Wie viel Gebet, Tugend, Salbung, «Jungfräulichkeit», «Erlösung» redet da noch mit! ... Daß die Musik vom Worte, vom Begriffe absehen darf – o wie sie daraus ihren Vorteil zieht, diese arglistige Heilige, die zu allem zurückführt, *zurückverführt,* was einst geglaubt wurde! ... Unser intellektuelles Gewissen braucht sich nicht zu schämen – es bleibt außerhalb – wenn irgendein alter Instinkt mit zitternden Lippen aus verbotenen Bechern trinkt ... Das ist klug, gesund und, insofern es Scham vor der Befriedigung des religiösen Instinktes verrät, sogar ein gutes Zeichen ... Heimtückische Christlichkeit: Typus der Musik des «letzten Wagner».

(Aus dem Nachlaß der achtziger Jahre)

Karikatur anläßlich der illegalen New Yorker Aufführung des ‹Parsifal› im Jahre 1903, also während der gültigen Schutzfrist des Werkes von dreißig Jahren.

Der österreichische Komponist Alban Berg (1885–1935), Schüler Arnold Schönbergs (1874–1951), war zeitlebens, wie auch sein Lehrer, ein betonter Anhänger Wagners, was sich nicht zuletzt daran zeigt, daß er in seinen beiden Opern ‹Wozzeck› (1922) und ‹Lulu› (1935) ausdrücklich musikdramaturgische Verfahren Wagners (Leitmotivtechnik und eigenständige Bedeutung des Orchesters neben der Singstimme) aufgriff und weiterentwikkelte. Seine beiden Jugendbriefe aus Bayreuth greifen nicht etwa Wagners ‹Parsifal› an, sondern den Festspieltrubel, der um ihn schon damals gemacht wurde und der dem intendierten Reinigungscharakter des «Bühnenweihfestspiels» offen ins Gesicht schlägt.

Alban Berg

«Bayreuth, ein leerer Wahn –!» (1909)

(Zwei Briefe an seine Braut Helene Nakowski)

Bayreuth, Sonntag, 8. 8. 1909, ½11 Uhr nachts

Nun komme ich direkt vom ‹*Parsifal*›. Wärst Du wenigstens jetzt hier, wenn es uns schon nicht vergönnt war, zusammen das für einen allzu überwältigende Wunder zu erleben. Du könntest an den Tränen, die mir allaugenblicklich in die Augen schießen, am ganz Weltverträumten meiner Gedanken erkennen, wie hoch und tief ich bewegt bin. So sagen Dir Worte nicht halb das, was ich fühle, nicht annähernd, welch ungeheuren belebenden und zerschmetternden Eindruck das Werk auf mich gemacht hat. Welch eitles Beginnen wäre es auch, Musik zu beschreiben, solche Musik beschreiben zu wollen. Ich kann immer nur sagen, so nötig, wie ich Dich jetzt brauchte, das größte – größte Gefühl mir tragen zu helfen, bedurfte ich Deiner noch nie; und wär's, daß ich stumm neben Dir säße, stumm an Deiner Seite schlaf- und wunschlos läge, nur daß ich Deine Hand in der meinen halten könnte – –! Nur?! O wie viel wäre das!! So bin ich weit von Dir, hilflos, haltlos, und kann das Glück nicht fassen, das diesen Nachmittag über mich gekommen ist – weil Du nicht bei mir bist.

So kriech' ich halt jetzt in mein Zimmer hinauf, nehme die ‹*Parsifal*›-Partitur mit ins Bett und werde eine kleine Nachfeier haben. Morgen geht's dann, nachdem ich mir hier einiges angeschaut habe – oder auch nicht angeschaut habe, nach Nürnberg, wo ich leider noch eine Nacht von zu Hause weg zubringen muß ... Übermorgen früh 8 Uhr nach Villach, wo ich 10 Uhr abends ankomme. Auch eine angenehme (14stündige) Fahrt bei der drückenden Hitze! Ich mach' unwillkürlich so viel Wesens daraus, weil ich körperlich schon wieder ganz herunter bin und mich vor der Reise geradezu fürchte. Ach was! Solange nur die Seele intakt ist und gedeiht! Ich bin sicher: Wenn auch vielleicht von den Zuschauern heute in ‹*Parsifal*› nicht einer so krank ist wie ich, an die Gesundheit meiner Seele reicht kein einziger heran – kein einziger!

Gute Nacht, Teure,
Alban

Berghof nach Trahütten, Donnerstag, den 12. 8. 1909

Überhaupt Bayreuth, ein leerer Wahn –! Wenn es nicht um den unvergeßlichen ‹*Parsifal*› wäre, nach dem meine Sehnsucht ungeheuer ist, sähe mich wohl Bayreuth nie wieder, und ich bin sicher, wenn sich Wagner nicht schon längst in seinem Grab umgedreht hätte, angeekelt vom Treiben um und in Wahnfried, er stiege heute noch heraus und flüchtete aus diesem Ort und erkennte, daß der Frieden seiner Seele, den er hier zu finden wähnte, doch nur ein Wahn – – ein Wahnfriede ist! Denk nur: Rechts und links vom Festspielhaus stehen zwei Baracken, ein Festbierhaus und ein Festspeisehaus; als ich in andachtsvoller Stimmung hinauf zum Theater kam, fand ich schon eine Art Jour des gesamten Publikums, das sich in den Gasthäusern vergnügte, an der Spitze Siegfried Wagner mit seiner Gesellschaft. So vorbereitet strömt das Publikum, das meistenteils aus Amerikanern und Bayern besteht, ins Theater. Nach dem ersten Akt, wo ich vor höchstem Schmerz heulen hätte können und einsam in die Auen floh, die rund ums Theater sind, beginnt das alte Manöver. Man promeniert lachend und schwatzend vorm Theater, geht unbedingt auf einen Happen Bier oder irgendein anderes Getränk, bestellt für die zweite Pause ein Nachtmahl. Wieder obenan Siegfried Wagner, der nun infolge der Hitze des Dirigierens einen neuen Riesenstehkragen gewechselt hat; er hielt sich überall auf, wo man Autogramme von ihm verlangen kann, und ist überhaupt voll der Weihe.

Der zweite Akt ruft ins Theater: Hinter mir sitzen ein paar Münchner, so recht aus dem Simplicissimus entsprungen ... Nun zeigt sich Cosima im Theater, alles dreht sich um und betrachtet neugierig die talentierte Geschäftsleiterin von Bayreuth.

Nach dem zweiten Akt Wiederholung der ersten Pause, nur mit obligater Fresserei; die Bayern trinken Bier dazu, die Amerikaner Champagner. Siegfried, der nun statt im schneeweißen Tennisanzug, wie in den ersten zwei Akten, in einem Drapéanzug erscheint, hat vor Autogrammschreiben kaum Zeit, sein Filet à la Parsifal mit Reis und Kompott zu verzehren; denn schon ruft die Weihe des dritten Aktes. So angepampft, läßt sich dann leicht noch bis 10 Uhr aushalten. Und wie die «Aufbahrung» selbst ist der ganze Ort eine Ausbeutung – des «Wagnergedankens»! Es ist eine tief, tief betrübende Schmach, die hier das «deutsche Volk» seinem größten Deutschen bereitet!

Auch die Aufführung, die sicher zu Wagners Zeiten auf damalig höchster Höhe stand, hat mit den Errungenschaften nicht standgehalten, sie rangiert etwa gleich mit einer glänzenden Opernaufführung in Wien vor Mahler, besonders, was Dekorationen und Kostüme anbelangt. Immer noch mitten im Wald und der spiegelglatte Bretterboden der Bühne, diese hingelegten Felsstücke und Rasenhügel, zum Sitzen einladend, die körperlichen Kulissen usw. – kurz und gut: billig und unkünstlerisch! Was ist da Roller dagegen!!

Ebensowenig stehen das Orchester und schon gar nicht seine musikalische Leitung auf letzter Höhe. Besonders die Chöre! Am besten wohl noch die Solisten, die wenigstens durchwegs sehr gute Sänger waren! Aber ich glaube, daß mit Weidemann, Mayr, Schmedes und – der Mildenburg größere, einzigere Wirkungen zu erzielen wären, freilich unter anderer Leitung als Siegfrieds. Aber von alledem läßt sich besser reden als schreiben, gar wenn die Hand geschwollen ist, und andererseits will ich mir die Freude an dem einzigen Wunderwerk ‹*Parsifal*› nicht mit dem Gedanken an die Bayreuther Sauwirtschaft allzuviel verderben, letztere womöglich zugunsten der ersteren zu vergessen suchen.

Aber ich hab' nun meiner Hand zuviel zugetraut und schließe diese Schmiererei. Leb wohl, Liebste, und denk recht viel und oft und lieb an mich, an

Deinen Alban

Igor Strawinsky (1882–1971) schildert in seiner Autobiographie eine Bayreuther Aufführung des ‹Parsifal› im Jahre 1912. Es ist ein Dokument der Wagner-Gegnerschaft Strawinskys, die aus ästhetischen Überlegungen heraus entstanden ist. So wie auch Strawinskys eigene Musik das Moment des ungezügelten, pathetischen Ausdrucks oder gar der Phantasmagorie völlig fehlt, genauso lehnt Strawinsky eine Musik ab, die, wie diejenige Wagners, die ästhetische Distanz aufhebt und damit die Urteilsfähigkeit des Zuhörers (bzw. Zuschauers). Nach Strawinskys Überzeugung ist die im ‹Parsifal› geforderte Haltung des Zuhörers, sich blind zu unterwerfen, und zwar einem Bühnenvollzug, der eine vom kirchlichen Ritual abgezogene Ersatzreligion ist, kunstfremd und daher zu verwerfen.

Igor Strawinsky

‹Parsifal› (1912)

Von Paris fuhr ich nach Ustilug, um dort wie gewöhnlich den Sommer zu verbringen. Ich arbeitete hier in Ruhe am ‹*Sacre*›, als ich plötzlich aufgestört wurde durch einen Brief Diaghilews, der mich einlud, ihn in Bayreuth zu treffen, um mit ihm zusammen an diesem geheiligten Ort den ‹*Parsifal*› zu hören. Ich hatte dieses Werk noch nie auf der Bühne gesehen, und so gefiel mir der Vorschlag. Voller Freude machte ich mich auf die Reise ... Die Aufführung, der ich beiwohnte, würde mich heute nicht locken, selbst wenn man mir ein Zimmer umsonst anböte. Zunächst kamen mir die ganze Stimmung im Saal, die Aufmachung und der Rahmen unheimlich düster vor. Es war wie ein Krematorium (und zudem noch ein sehr veraltetes), in dem man sich darauf gefaßt machen mußte, den schwarzgekleideten Herrn auftreten zu sehen, der die feierliche Rede zur Verherrlichung des Dahingegangenen zu halten hat. Eine Fanfare erteilte das Zeichen zur Andacht, und die Zeremonie nahm ihren Anfang. Ich kroch ganz zusammen und rührte mich nicht. Nach einer Viertelstunde hielt ich es nicht mehr aus; meine Gliedmaßen waren mir eingeschlafen, ich mußte eine andere Stellung einnehmen. Krach – schon geht's los! Mein Stuhl macht ein Geräusch, das mir hundert wütende Blicke einbringt. Ich krieche noch einmal ganz in mich zusammen, denke aber dabei nur noch an eines, nämlich an das Ende des Aktes, das meinen Qualen Einhalt gebieten wird. Schließlich kommt die Pause, und ich werde durch ein paar Würstchen und ein Bier belohnt. Kaum habe ich mir eine Zigarette angezündet, da ruft mich die Fanfare schon wieder zur Andacht auf.

Nach dem Erlöschen der ‹Parsifal›-Schutzfrist (1914) bemächtigten sich sofort mehrere Bühnen des «Bühnenweihfestspiels», so auch die Münchner Oper, aus deren Erstaufführung das obenstehende Kostümfoto der Blumenmädchen stammt.

Noch ein Akt, den man über sich ergehen lassen muß! Und ich denke beharrlich an meine Zigarette, von der ich einen einzigen Zug zu rauchen vermochte! Auch diesen Akt erdulde ich. Dann sind wieder die Würstchen an der Reihe, wieder ein Bier, wieder die Fanfare, wieder die Andacht, wieder ein Akt – der letzte. Fertig!

Ich will hier nicht von der Musik des ‹*Parsifal*› sprechen, überhaupt nicht von Wagners Musik, dazu liegt sie mir heute zu fern. Was mich an diesem ganzen Unternehmen abstößt, ist der Geist, aus dem es geschaffen ist; ich habe meine Bedenken, wenn man eine Theateraufführung auf die gleiche Ebene stellt mit der heiligen, symbolischen Handlung des Gottesdienstes. Denn ist die ganze Bayreuther Aufmachung nicht wirklich eine unbewußte Nachahmung des kirchlichen Ritus?

Man wird mir vielleicht die Mysterienspiele des Mittelalters entgegenhalten. Aber die entstanden aus dem Glauben, ihre Grundlage wäre die Religion; sie entfernten sich dem Geist nach nicht aus dem Schoß der Kirche, und diese beschützte sie. Es waren religiöse Zeremonien, die im

Schatten der kanonischen Gebräuche gediehen, und wenn sie daneben auch ästhetische Qualitäten hatten, so spielten diese doch nur eine äußerliche Rolle und hatten mit dem Gehalt nichts zu tun. Die Mysterienspiele entstanden aus dem gebieterischen Wunsch der Gläubigen, den Gegenstand ihrer Anbetung verständlich dargestellt zu sehen; es war das gleiche Bedürfnis, dem die Kirchen ihren Statuenschmuck und ihre Altarbilder verdanken. Es wäre entschieden an der Zeit, mit der unzulänglichen und frevelhaften Auffassung der Kunst als Religion und des Theaters als Tempel ein für allemal aufzuräumen. Das Widersinnige dieser erbärmlichen Ästhetik läßt sich leicht mit dem folgenden Argument darlegen:

Es ist unmöglich, sich einen Gläubigen vorzustellen, der sich dem Gottesdienst gegenüber kritisch verhält. Das wäre Contradictio in adjecto, der Gläubige wäre nicht mehr gläubig. Die Haltung des Zuschauers aber ist dem völlig entgegengesetzt, denn sie wird eben nicht durch Glauben oder blinde Unterwerfung bestimmt. Ein Schauspieler begeistert oder stößt ab, und das erfordert zunächst, daß man urteilt. Auch unbewußt nimmt man nichts ohne Urteil auf, und die Rolle, die der kritische Sinn dabei spielt, ist sehr wesentlich. Wer diese Dinge miteinander verwechselt, beweist nur, daß er nicht die geringste Unterscheidungsgabe und untrüglich einen schlechten Geschmack besitzt. Aber wie soll man sich über eine solche Verwechslung in unserer Zeit wundern, da die siegreich fortschreitende Verweltlichung, indem sie die geistigen Werte herabwürdigt und den menschlichen Geist erniedrigt, uns unweigerlich zum völligen Stumpfsinn führt? Allem Anschein nach wird man sich indes doch des Ungeheuers bewußt, das die Welt da bald gebären soll, und mit Unwillen stellt man fest, daß der Mensch ohne einen Kult nicht zu leben vermag. Dann bemüht man sich, einige Kulte aus der alten revolutionären Rüstkammer aufzufrischen, und glaubt gar, mit derlei gegen die Kirche aufzukommen!

Arnold Schönberg

‹Parsifal› und Urheberrecht (1912)

Für mich, für mein Gefühl und für meine Einsicht steht es außer jedem Zweifel, daß man in Bayreuth nichts anderes wünschen konnte, als man wünschte: die Verlängerung der Schutzfrist für *‹Parsifal›*.* Ein Sohn darf nicht über den letzten Willen seines Vaters hinweggehen und der Sohn dieses Vaters schon gar nicht. Für mich ist es klar, daß die Forderung Bayreuths wirklich nichts anderes bezweckt als den Wunsch Wagners, der dort heiliggehalten werden muß, zu erfüllen; ihn durchzusetzen ohne jeden Nebengedanken, und das sogar dort, wo ein solcher Nebengedanke geradezu eine künstliche Notwendigkeit wäre. Siegfried Wagner will rein nur das Vermächtnis Richard Wagners erfüllen; prinzipienstarr, selbst auf Kosten der Kunst. Der Sohn dieses Vaters, der übrigens als Künstler zweifellos das Opfer einer pedantischen Theorie ist, der nicht nach seinem Eigenwert geschätzt, sondern nach einem vermeintlichen Naturgesetz, demzufolge ein bedeutender Mann keinen bedeutenden Sohn haben darf, obwohl Johann Sebastian Bach zwei sehr bedeutende Söhne hatte und obwohl Siegfried Wagner ein tieferer und originellerer Künstler ist als viele, die heute sehr berühmt sind; der Sohn dieses Vaters kann nicht anders handeln, trotzdem – und das muß gesagt sein – sein Vater anders gehandelt hätte.

Bayreuth setzt sich mithin bloß für ein moralisches Prinzip ein, und ausschließlich für ein solches – nicht etwa für ein künstlerisches. Wohl entsprang Wagners Idee sowohl moralischen wie künstlerischen Absichten. Aber da die Entwicklung uns gelehrt hat, über beides anders zu denken, da beispielsweise Wagners Geschmack im Szenischen, im Malerischen von uns mit Recht nicht mehr geteilt wird, da seine moralische Absicht nicht ihren Zweck, sondern das gerade Gegenteil erreicht hat, fühlen wir uns an seinen Wunsch nur durch das Gefühl der Pietät gebunden. Und dazu kann man sich auf zwei Arten stellen. Einmal so wie der Sohn; dann aber so wie der Vater, der große Revolutionär, der die höchste Pietät gegen die Meister darin erblickte, das wirkliche Wesen ihrer Werke von dem zu befreien, was sterblich daran ist, um ihr Unsterbliches zu

* *Entgegen Wagners Verfügung (vgl. den Brief an König Ludwig II. vom 28. September 1880, Dokumentation S. 112) hatten zwei «Raub-Aufführungen» in New York am 24. Dezember 1903 – übrigens mit Bayreuther Spitzenkräften – und in Amsterdam (20. Juni 1905) stattgefunden. Das drohende Ende der Schutzfrist (31. Dezember 1913) rief eine regelrechte «Parsifal-Schutz-Bewegung» hervor. Dennoch erlosch die Schutzfrist zum Jahr 1914.*

desto reinerer Wirkung zu bringen. Der es mit der Pietät nicht nur für vereinbar hielt, an den Willensäußerungen des Autors Änderungen vorzunehmen, sondern sogar für geboten: er war ja sicher der erste, der Instrumentationsänderungen in Beethovens Partituren vorschlug, der dort verbesserte, wo Beethoven fehlen mußte, «weil unsere Weisheit Einfalt ist».

Wagner hätte eine Idee, die, so schön und moralisch sie ursprünglich war, einmal von der Zeit überholt und zum Teil ad absurdum geführt wurde, als einen der großen Irrtümer großer Menschen erkannt; hätte ihn als solchen mit all der Zärtlichkeit geliebt, mit der Große an Großen auch den Mangel lieben, aber er hätte seine üblen Folgen zu beseitigen getrachtet!

Diese Idee hat sich ad absurdum geführt. Ihre Absicht, den geistig Höchststehenden einmal im Jahr einige Stunden der Weihe zu geben, verwirklicht sich heute deshalb nicht, weil zum größtenteil nicht dieses höchststehende Publikum nach Bayreuth kommt, sondern fast nur der Kunstsnob aller Nationen und die in der Entwicklung zurückgebliebenen, mit ihrer Zeit verfeindeten alten Wagnerianer. Beides Typen, die gewiß nicht der Zuhörer sind, der Wagner vorgeschwebt hat, sind die Mehrzahl in Bayreuth, wie sie es überall sind; und von jenen Höchststehenden kommen nur jene, die reich und unabhängig genug sind, einen Modeort besuchen zu können. Aber die Künstler und die wirklichen Kunstfreunde, die kein Geld haben, müssen zu Hause bleiben, und ich kenne einen namhaften Musiker, der nicht mehr jung ist und den *‹Parsifal›* noch immer nicht gehört hat, weil er nicht reich genug dazu ist. Abgesehen von den vielen Künstlern, Malern, Dichtern und Studenten, die in jede Wagner-Vorstellung gehen, aber den *‹Parsifal›* nicht kennen.

Das kann Wagner unmöglich gewollt haben! Denn selbst wenn es mehr Stipendien zum Besuch Bayreuths gäbe, erzielten die doch nur im Einzelfall eine Lösung, aber nicht prinzipiell.

Künstlerisch steht es noch schlimmer. Zunächst, was das Technische anbelangt. An der Bewältigung der musikalischen, instrumentalen, gesanglichen, szenischen, malerischen und sonstigen Probleme, die ein Werk wie *‹Parsifal›* enthält, muß man in der ganzen Welt gleichzeitig arbeiten. Wir wissen es ja, wie groß die Fortschritte im Orchestertechnischen seit Wagner sind, welche neuen Möglichkeiten durch die Arbeit bedeutender Musiker geschaffen wurden. Wer jemals Proben von Werken mitgemacht hat, die an die Ausführenden große Ansprüche stellen, weiß, woran es liegt, daß der Wille eines Autors beispielsweise klanglich nicht durchzusetzen ist: solange das Technische Schwierigkeiten macht, gelangt kein Instrumentalist dazu, die Stellung seiner Stimme im Klangkörper haarscharf zu erfassen. Jeder spielt mit ungenügendem oder falschem Ausdruck, materiell meist zu stark, manchmal auch zu wenig voll. Erst wenn alle Schwierigkeiten ohne Mühe überwunden werden, *und das geschieht bei Wagner erst heute,* erst dann vermag ein Klang, ein Ausdruck zu entstehen, der den übrigen Formwerten homogen ist. Erst dann entsteht eine Einheit. Ich möchte zwei Zahlen sprechen lassen: Spielt man in Bayreuth den ‹*Parsifal*› fünfmal im Jahr, so würde man ihn in Berlin oder Wien zehnmal spielen, die Musiker hätten also doppelt soviel Gelegenheit, ihre Fertigkeit zu vergrößern. Ich überschätze gewiß nicht die Technik. Aber «das Materielle ist ein Teufel», den man erst durch die Technik austreiben muß, wenn man in die höhere Sphäre des Geistigen eintreten will. Und dazu ist der ernste Wetteifer ernster Künstler unerläßlich, der Vorbilder aufstellt und umstößt.

Bayreuth ist wahrscheinlich in vielem auf jener Höhe, die man für Wagners Werke wünscht. Aber sein Prinzip, das den ‹*Parsifal*› den bedeutendsten Dirigenten vorenthält, führte beispielsweise dazu, daß der größte Musiker unserer Zeit, daß Gustav Mahler, der in Wien Wagner-Aufführungen von unerhörter Schönheit gegeben hat, der es verstanden hat, alles, was Musiker und Sänger heute können, dem einzigen, reingeistigen Zweck so unterzuordnen, daß man die Existenz des Materials und der Materie vergessen konnte, daß dieser Musiker nicht dazu kam, den ‹*Parsifal*› aufzuführen, [dies] kann Wagner auch nicht gewollt haben.

Aber das prinzipiell Wichtigste, was gegen das Bayreuther Aufführungsmonopol spricht, erscheint mir, daß ein Stil nicht entstehen kann, wenn man das Objekt, an dem er sich entwickeln soll, der Einwirkung des Lebendigen entzieht. Denn Stil ist nicht das, was man sich gewöhnlich darunter vorstellt, ist nicht ein Treubewahrtes, lediglich nach innen sich Ausbauendes, außen sich nicht mehr Entwickelndes, sondern das Gegenteil davon: ein sich stetig nach innen und außen Veränderndes. Jenes Lustgefühl des Gleichgewichtes, der Ausgeglichenheit, das wir Stil nennen – wie soll es entstehen, wenn der eine von beiden, in denen es lebt, sich gleichbleibt, während der andere sich verändert? Wie soll es da sein, wenn das Kunstwerk sich benimmt, wie man sich 1890 benahm, während der Hörer empfindet, wie man 1912 empfindet. Und daß da ein Unterschied vorliegt, wird auch der nicht bestreiten können, der über diesen Unterschied jammert.

Das Bayreuther Monopol ist wenig geeignet, einen Stil zu erzeugen, denn es hütet die Tradition. Und die Tradition ist das Gegenteil vom Stil, obwohl man beide oft miteinander verwechselt.

Ich muß mich aus diesen Gründen gegen das Bayreuther Aufführungsmonopol entscheiden. Aber ich finde, man könnte Wagners Willen in seinem Geist erfüllen, wenn man die Aufführung des ‹*Parsifal*› nur an

Dreimal der Gralstempel und immer wieder scheint das Vorbild – der Dom zu Siena – durch

München 1914

Bayreuth 1937/39 (Wieland Wagner)

Bayreuth 1951 (Wieland Wagner)

Wagners Kompositionsentwurf zum Vorspiel des ersten Aufzugs, datiert mit 25. September 1877 in Bayreuth. Die Skizzierung des ersten Aufzugs dauerte bis zum 31. Januar des folgenden Jahres, der zweite Aufzug, begonnen am 7. Februar 1878, wurde am 13. Oktober 1878 im Kompositionsentwurf fertig, und der Abschluß der gesamten Skizzierung des «Bühnenweihfestspiels» ist mit dem 26. April 1879 erreicht. Mit der Reinschrift der Partitur, also mit der eigentlichen Arbeit an der Instrumentation, beginnt Wagner am 23. November 1880 und vollendet die Partitur am 13. Januar 1882 in Palermo.

Festtagen gestattete, wie es beispielsweise mit Liszts ‹*Heiliger Elisabeth*› geschieht. Jedoch mindestens jede zweite Aufführung sollte ausschließlich für junge Künstler gegeben werden, die unentgeltlichen Eintritt hätten. Das könnte man wohl von den vielen Theaterdirektoren, die jetzt an Wagner reich werden, verlangen. Und das ist die eine Idee, die ich hiermit der Öffentlichkeit zur Diskussion übergebe.

Ernst Blochs (1885–1977) frühe ‹Parsifal›-Interpretation aus seinem ersten großen philosophischen Werk ‹Geist der Utopie› (1918/23) ist bis heute seltsamerweise, oder vielleicht bezeichnenderweise, in der Wagner-Literatur unbeachtet geblieben und vor allem nicht weiterentwickelt worden. Es ist ein zwar jugendlicher, aber emphatischer Versuch, die Eigenart der Wagnerschen Mythologisierung ins Auge zu fassen, Interpretationsbilder zu entwerfen, und es ist zugleich eine kritische Würdigung der ‹Parsifal›-Musik unter dem Aspekt, ob die bloße Klangsphäre, die Wagner hier bietet, am Ende wirklich hält, was sie verspricht.

Ernst Bloch

Das metaphysische Adagio

Zu ‹Parsifal›

Aber es gibt noch einen anderen Helden und seinen Zug.* Es gibt noch eine andere Sonne, nicht gegen, sondern hinter der Nacht zu finden. Zu ihr hin sind die vier Menschen im *‹Parsifal›* voll anderer Sehnsucht unterwegs. Noch jetzt lebt Kundry märchenhaft als die verschlagen gutmütige Frau des Menschenfressers oder auch Elternmutter des Teufels weiter. Noch jetzt hat uns das Märchen *‹Tischlein deck dich›* den ganzen Gralsmythus bewahrt, den diebischen Wirt, den Knüppel aus dem Sack oder die heilige Lanze, den Esel Bricklebrit oder den Mondgral und das Tischlein deck dich, den eigentlichen, höchsten Sonnengral selber. Man weiß auch, daß Klingsor und Amfortas ursprünglich eine einzige Person, nämlich der Wolkendämon waren, der das Licht verbirgt. Nicht ganz so deutlich ist Parsifal zu entwirren, der zuerst befruchtende und dann völlig entsagende Held. Er tritt schon früh an die Stelle Thors, des Gewittergotts, der den Göttern immer wieder den Sonnenkessel aus der Gewalt des Riesen Hymir entwenden muß, als welcher im Osten der Urgewässer wohnt. So ist auch Parsifal in den indischen und mittelalterlichen Sagen, die, worauf Schröder zuerst und mit Glück aufmerksam machte, allesamt auf diese uralten Astralmotive zurückgehen, wesentlich der kesselraubende, gralsuchende, sonnenerobernde Held, der Meister des Regens

* *Im vorhergehenden Absatz interpretiert Ernst Bloch die Handlung von Wagners ‹Tristan und Isolde› (vgl. Richard Wagner, Tristan und Isolde. Texte, Materialien, Kommentare (rororo opernbuch 7770), Reinbek 1983, S. 196–201).*

und vor allem des Lichtzaubers geblieben. Nur das völlig Reine, die Unschuld des Herzens ist als christlicher Zug hinzugekommen, aber sonst schimmert der ursprüngliche Astralmythos immer noch so weit durch, daß Parsifal die Lanze entweder erst suchen muß, oder aber sogleich mit der Lanze als dem Gewitterinstrument den Wolkenriesen tötet, um den Mondtau als den Trank Soma oder das Nektar, vor allem aber den Lichtkrug, das Ambrosia, das heißt eben den Gral mit der Sonnenspeise, die spätere Schale, in der Josef von Arimathia das Sonnenblut, das Heilandsblut aufgefangen hat, zu gewinnen. Hier hat Wagner in allem verstärkt und vertieft, die Einweihung durch Liebe hinzubringend. Kundry, sündig, verworren, doppellebig, vom Guten zum Schlechten durch einen totenähnlichen Schlaf getrennt, der Schoß der Wollust und endlosen Geburt, ewig verlachend, ewig ungläubig, aber auch die heilende, kräutersuchende, demutvollste Dienerin. Klingsor, der Dieb, der Zauberer des falschen Tags, Amfortas, der Unterliegende, krank an seinem grenzenlos begehrlichen Herzen, ein ins Undenkliche gesteigerter sterbenwollender Tristan, in seiner Weise Dieb, aber voll heiliger Begierde nach dem Verheißenen, nach dem orphischen Erneuerer des Heiltums; Parsifal, arm, unerfahren, der reine Tor, durch Mitleid wissend der reine Tor, welthellsichtig, in dem das ungeheure Leid die Augen aufschlägt, der den Drachen überwindet, dieses Symbol des Weibes und der Wiedergeburt, und nun, ein anderer höherer Siegfried, nicht so sehr die Sprache der Vögel als das, was keine Sprache hat, das ängstliche Harren der Kreatur nach der Offenbarung der Kinder Gottes versteht. Bei ihm ist das Keusche und Reine absolut geworden: Parsifal also ist nicht mehr der sich überschwänglich ergießende Jüngling des Astralmythos, der die Wolken zerspaltet und rein naturhafte Fruchtbarkeit bringt, sondern umgekehrt, er verwandelt den Zaubergarten in eine Einöde, und das Brachland im Gralsgebiet wird mit einer durchaus anderen als der Tagessonne und einem durchaus tieferen Lichtanbruch als dem des bloß naturhaften Weltensommers gesegnet. Jedoch immerhin: es geht von neuem der Sonne entgegen, der geheime Fußpfad ist deutlich da, auf dem sie die Berge ihres Aufgangs wiederfindet. Was der Liebesnacht nicht gelang, ist der heiligen Nacht gelungen: auf dem Grund ihres Brunnens die schöne Wiese, das rätselvolle Licht des Karfreitagmorgens zu gewinnen. Schon die äußere Helle verläßt den Tag: «Wie die Sonne froh sich scheidet aus des Tages leerem Schein», dichtet Wagners Freundin im dritten der fünf Gedichte mit sonderbarer Dialektik, zugleich nachtmystisch sein zu können und doch das Tagesgestirn zu retten; und die Musik des ‹*Parsifal*›, wenigstens dort, wo sie nicht bloße Handlung ist, also der Irrnis und des Leidens Pfade dramatisch durchmißt, sondern still wird und dem himmlischen Morgenglühen seine unbe-

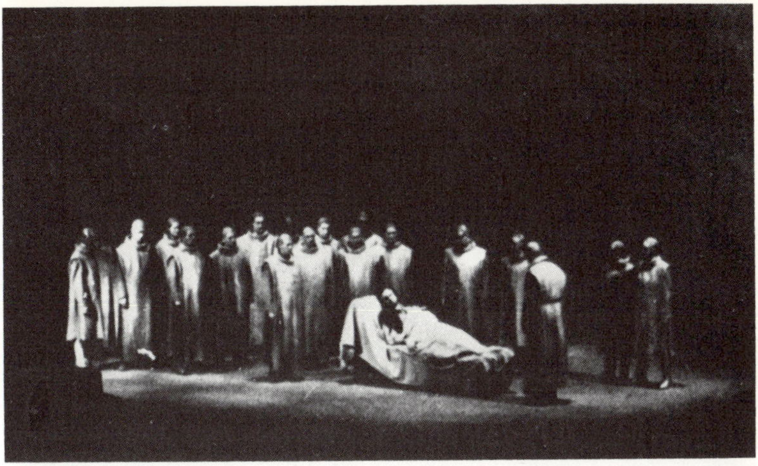

Der Beginn des ersten Aufzugs (Amfortas in der «Waldesmorgenpracht») in der ersten Bayreuther Nachkriegs-Inszenierung Wieland Wagners (1951).

wegte, metadramatische, ontologische Deutung zu schulden sich bemüht: beim letzten Mittag, bei den Exequien, bei der zunehmenden Dämmerung in der Tiefe und dem wachsenden Lichtschein aus der Höhe, bei der frommen, rätselhaften Blasphemie des: «Erlösung dem Erlöser», – diese ontologische Musik des ‹*Parsifal*› will nichts als in jenen innersten Tag in das Wort «Seele» hineinführen, das nicht mehr von dieser und kaum noch von jener Welt ist, kaum noch dem äonenhaften Lichtprunk der alten Throne, Herrschaften und Mächte zugetan. Das ist ein Licht, von neuem über alle verhallenden Worte hinaus oder nur noch jenem einen Wort entgegen, das die Riegel sprengt, dem nichts so nahe kommen kann als das neue sich Vernehmen und Eingedenken der Musik, das Hebbel in den unvergeßlichen Versen ahnte vom Tauben und vom Stummen, und Gott hat ihm ein Wort vertraut –

«das kann er nicht ergründen,
Nur einem darf er's verkünden,
Den er noch nie geschaut.

Dann wird der Stumme reden,
Der Taube vernimmt das Wort,

Er wird sie gleich entziffern,
Die dunklen göttlichen Chiffren,
Dann ziehn sie gen Morgen fort.

Daß sich die Beiden finden,
Ihr Menschen betet viel.
Wenn, die jetzt einsam wandern,
Treffen, Einer den Andern,
Ist alle Welt am Ziel.»

Freilich auch nur den fernsten Schein dieses Tages zu geben, mag vorläufig noch weniger gelingen als die Musik der Nacht*. Wenn auch der Ton im ‹*Parsifal*› durchaus nach oben weist, also das Allgemeine nicht so sehr in die breite, meerestiefe Mystik herabzieht wie im ‹*Tristan*›, so konnte er doch nicht sonnensichtig werden, so vermag hier doch die Musik noch weniger zu «sprechen» oder gar deutliche, nicht nur stimmungsmäßige, formal mythische, sondern inhaltliche, konstitutiv mythische Berührungen mit der oberen Welt zu geben. Und daß sie dieses nicht vermag, daß sie nicht ausspricht, sondern bestenfalls nur aufschließt, das das metaphysische Adagio immer noch bloße, undeutlich feierliche Musik*sphäre* bleibt ohne alle Kategorien, erweist von neuem, in dieser aufsteigenden Polemik aus Bewunderung, aus dem Maß des Absoluten, wie weit Wagnersche Musik doch von dem letzten heiligen Stand, von der Erfüllung der Musik als Verkündigung, als über alle Worte hinaus beginnender Lösung unserer geheimen Natur, noch geschieden ist, die sie als erste nach Beethoven so tief betreten hat.

* *Gemeint ist Wagners ‹Tristan und Isolde›.*

Thomas Mann über ‹Parsifal› (1933)*

Wenn Nietzsche es so darstellt, als sei Wagner gegen sein Ende plötzlich, ein Überwundener, vor dem christlichen Kreuz niedergebrochen**, so übersieht er oder will übersehen lassen, daß schon die Gefühlswelt des *‹Tannhäuser›* diejenige des *‹Parsifal›* vorwegnimmt und daß dieser aus einem im tiefsten romantisch-christlichen Lebenswerk die Summe zieht und es mit großartiger Konsequenz zu Ende führt. Das letzte Werk Wagners ist auch sein theatralischstes, und nicht leicht war eine Künstlerlaufbahn logischer als seine. Eine Kunst der Sinnlichkeit und des symbolischen Formelwesens (denn das Leitmotiv ist eine Formel – mehr noch, es ist eine Monstranz, es nimmt eine fast schon religiöse Autorität in Anspruch) führt mit Notwendigkeit ins zelebrierend Kirchliche zurück, ja, ich glaube, daß die heimliche Sehnsucht, der letzte Ehrgeiz alles Theaters der Ritus ist, aus dem es bei Heiden und Christen hervorgegangen. Theaterkunst, das ist in sich selbst schon Barock, Katholizismus, Kirche; und ein Künstler, der, wie Wagner, gewohnt war, mit Symbolen zu hantieren und Monstranzen emporzuheben, mußte sich schließlich als Bruder des Priesters, ja selbst als Priester fühlen. –

Oft habe ich den Beziehungen nachgehangen, die Wagner und Ibsen verbinden, und fand es schwer, zwischen der epochalen Verwandschaft und einer intimeren noch zu unterscheiden, als Zeitgenossenschaft sie hervorbringt. Es war mir unmöglich, in dem Dialog von Ibsens bürgerlichem Schauspiel nicht Mittel, Wirkungen, Bestrickungen, tiefste Reize wiederzuerkennen, die mir aus Wagners Klangwelt vertraut waren, nicht eine Brüderlichkeit festzustellen, die wohl zum Teil einfach in ihrer Größe, aber so vielfach auch in ihrer Art, groß zu sein, bestand. Wieviel Gemeinsames in der ungeheuren Geschlossenheit, Sphärenrundheit, Restlosigkeit ihrer gewaltigen, jugendlichen sozialrevolutionären und alternd ins Mystisch-Zeremonielle verbleichenden Lebenswerke! «Wenn wir Toten erwachen», die schaurig gehauchte Beichte des Werkmenschen, der bereut, die späte, zu späte Liebeserklärung an das «Leben» –

* *Aus dem Vortrag ‹Leiden und Größe Richard Wagners›, der seinerzeit Stürme der Entrüstung hervorrief.*

** *Die Stelle aus ‹Nietzsche contra Wagner› (1888) lautet wörtlich: «Richard Wagner, scheinbar der Siegreichste, in Wahrheit ein morsch gewordener verzweifelnder* décadent, *sank plötzlich, hilflos und zerbrochen, vor dem christlichen Kreuze nieder … Hat denn kein Deutscher für dies schauerliche Schauspiel damals Augen im Kopfe, Mitgefühl in seinem Gewissen gehabt? War ich der einzige, der an ihm – litt? – Genug, mir selbst gab das unerwartete Ereignis wie ein Blitz Klarheit über den Ort, den ich verlassen hatte …» (Nietzsche hat sich bereits 1876, während der ersten Bayreuther Festspiele, innerlich von Wagner getrennt.)*

und ‹*Parsifal*›, das Oratorium der Erlösung –, wie bin ich gewohnt, sie in eins zu sehen, in eins zu empfinden, die beiden Abschiedsweihespiele und letzten Worte vor ewigem Schweigen, die zelesten Greisenwerke in ihrer majestätisch-sklerotischen Müdigkeit, dem Schon-mechanisch-geworden-Sein all ihrer Mittel, dem Spätgepräge von Resümee, Rückschau, Selbstzitat, Auflösung.

War nicht, was man Fin de siècle nannte, ein recht klägliches Satyrspiel der kleinen Zeit zu dem eigentlichen und verehrungswürdigen Ausklang des Jahrhunderts, der sich in den Alterswerken der beiden Magier vollzog? Denn nordische Magier, schlimm verschmitzte alte Hexenmeister waren sie beide, tief bewandert in allen Einflüsterungskünsten einer so sinnigen wie ausgepichten Teufelsartistik, groß in der Organisation der Wirkung, im Kultus des Kleinsten, in aller Doppelbodigkeit und Symbolbildung, in diesem Zelebrieren des Einfalls, diesem Poetisieren des Intellektes – Musiker dabei, wie es sich für Nordmenschen von selbst versteht: nicht nur der eine, der die Musik, bewußt und weil er sie als Eroberer brauchte, erlernt hatte, sondern auch der andere, auch Ibsen, obschon nur heimlicher-, geistigerweise und hinter dem Wort.

Was sie aber gar zum Verwechseln einander ähnlich macht, ist der von niemandem als möglich geahnte Sublimierungsprozeß, den unter den Händen des einen wie des anderen eine vorgefundene, und zwar in geistig bescheidenem Zustande vorgefundene Kunstform erfuhr. Diese Kunstform war in Wagners Fall die Oper, im Falle Ibsens das Gesellschaftsstück. Goethe sagt: «Alles Vollkommene in seiner Art muß über seine Art hinausgehen, es muß etwas anderes, Unvergleichbares werden. In manchen Tönen ist die Nachtigall noch Vogel; dann steigt sie über ihre Klasse hinüber und scheint jedem Gefiederten andeuten zu wollen, was eigentlich Singen heiße.» Ganz so haben Wagner und Ibsen die Oper, das zivile Schauspiel vollkommen gemacht: sie machten etwas anderes, Unvergleichbares daraus. Und selbst jener Rest und Rückschlag im Beispiel von Goethes Nachtigall findet sich bei ihnen wieder: zuweilen, und zwar bis hoch hinauf, bis in den ‹*Parsifal*› hinein, gibt es bei Wagner noch Oper; zuweilen noch klappert bei Ibsen die Technik des Dumas-Dramas. Aber beide sind sie schöpferisch in dem perfektionierend-übersteigernden Sinn, daß sie aus dem Gegebenen das Neue und Ungeahnte entwickeln. [...]

«Die düstre Glut», sagt der Holländer in dem schönen Duett mit Senta im zweiten Akt –

Die düstre Glut, die hier ich fühle brennen,
Sollt' ich Unseliger sie Liebe nennen?

Szene im Gralstempel (erster Aufzug) in der Bayreuther Inszenierung Wieland Wagners, aufgenommen im Jahre 1956.

Ach nein! Die Sehnsucht ist es nach dem Heil:
Würd' es durch solchen Engel mir zuteil!

Das sind sangbare Verse, aber nie war etwas so kompliziert Gedachtes, seelisch so Verschlungenes vordem gesungen oder für den Gesang bestimmt worden. Der Verdammte liebt dieses Mädchen auf den ersten Blick, aber er sagt sich, daß seine Liebe eigentlich nicht ihr gilt, sondern dem Heil, der Erlösung. Sie nun aber wieder steht ihm als die Verkörperung der Heilsmöglichkeit gegenüber, so daß er zwischen der Sehnsucht nach geistlicher Rettung und der Sehnsucht nach ihr nicht zu unterscheiden vermag und nicht unterscheiden will. Denn seine Hoffnung hat ihre Gestalt angenommen, und er kann nicht mehr wollen, daß sie eine andere habe, das heißt, er liebt in der Erlösung dies Mädchen. Welche Verschränkung eines Doppelten, welcher Blick in die schwierigen Tiefen eines Gefühls! Es ist Analyse – und dies Wort drängt sich in einem noch moderneren, noch kühneren Sinn auf, wenn man das frühlingshaft keimende und hervorsprießende Liebesleben des Knaben Siegfried betrachtet, wie Wagner es im Wort und mit Hilfe der deutend untermalenden Musik lebendig macht. Da ist ein ahnungsvoller und aus dem Unterbewußten heraufschimmernder Komplex von Mutterbindung, geschlechtlichem Verlangen und *Angst* – ich meine jene Märchenfurcht, die Siegfried erlernen möchte –, ein Komplex also, der den Psychologen Wagner in merkwürdigster, intuitiver Übereinstimmung zeigt mit einem anderen typischen Sohn des 19. Jahrhunderts, mit Sigmund Freud, dem Psychoanalytiker. Wie in Siegfrieds Träumerei unter der Linde der Muttergedanke ins Erotische verfließt, wie in der Szene, wo Mime den Zögling über die Frucht zu belehren sucht, im Orchester das Motiv der im Feuer schlafenden Brünnhilde auf eine dunkel entstellte Weise sein Wesen treibt, – das ist Freud, das ist Analyse, nichts anderes; und wir wollen uns erinnern, daß auch bei Freud, dessen seelische Radikalforschung und Tiefenkunde bei Nietzsche in großem Stil vorweggenommen ist, das Interesse fürs Mythische, Menschlich-Urtümliche und Vorkulturelle mit dem psychologischen Interesse aufs engste zusammenhängt.

«Die Liebe in vollster Wirklichkeit», sagt Wagner, «ist bloß innerhalb des Geschlechtes möglich: nur als Mann und Weib können die Menschen am wirklichsten lieben, während alle andere Liebe nur eine von dieser abgeleitete, von ihr herrührende, auf sie sich beziehende oder ihr künstlich nachgebildete ist. Irrig ist es, diese Liebe» (die sexuelle nämlich) «nur für *eine* Offenbarung der Liebe überhaupt zu halten, während *neben* ihr andere und wohl gar höhere Offenbarungen anzunehmen wären.» – Diese Zurückführung aller «Liebe» aufs Sexuelle hat unverkennbar analytischen Charakter. Derselbe psychologische Naturalismus spricht aus ihr, der sich in Schopenhauers metaphysischer Formel vom «Brennpunkt des Willens» und in Freuds Kultur- und Sublimierungstheorien bekundet. Sie ist echt 19. Jahrhundert.

Übrigens findet der erotische Mutterkomplex sich auch im ‹*Parsifal*› wieder, in der Verführungszene des zweiten Aktes, – und damit sind wir bei der Figur der Kundry, der stärksten, dichterisch kühnsten, die Wagner je konzipiert hat: er selbst hat wohl gefühlt, welche außerordentliche Bewandtnis es mit ihr hatte. Sein Sinnen ging nicht zuerst von ihr aus, sondern von Karfreitagsgefühlen, aber bald sammelt sich das ideelle und formende Interesse mehr und mehr um sie, und die Eingebung, daß die wilde Gralsbotin ein und dasselbe Wesen sein solle mit dem verführenden Weib, der Gedanke der seelischen Doppelexistenz also, ist die entscheidende Erleuchtung und Verlockung, sie erzeugt die heimlichste Lust zu dem wundersamen Unternehmen. «Seitdem mir dies aufgegangen», schreibt er, «ist mir fast alles an diesem Stoff klar geworden.» Und ein anderes Mal: «Namentlich geht mir eine eigentümliche Schöpfung, ein wunderbar weltdämonisches Weib [die Gralsbotin] immer lebendiger und fesselnder auf. Wenn ich diese Dichtung noch einmal zustande bringe, müßte ich damit etwas sehr Originelles leisten.» – Originell, das ist ein rührend stilles, bescheidenes Wort für das, was tatsächlich zustande kam. Die Heldinnen Wagners kennzeichnet überhaupt ein Zug von Edelhysterie, etwas Somnambules, Verzücktes und Seherisches, das ihre romantische Heroik mit eigentümlicher und bedenklicher Modernität durchsetzt. Aber die Figur Kundrys, der Höllenrose, ist geradezu ein Stück mythischer Pathologie; in ihrer qualvollen Zweiheit und Zerrissenheit, als instrumentum diaboli und heilssüchtige Büßerin, ist sie mit einer klinischen Drastik und Wahrheit, einer naturalistischen Kühnheit im Erkunden und Darstellen schauerlich krankhaften Seelenlebens gemalt, die mir immer als etwas Äußerstes an Wissen und Meisterschaft erschienen ist. Und nicht sie allein unter den Gestalten des *‹Parsifal›* hat diesen seelisch extremen Charakter. Wenn es im Entwurf zu diesem letzten und äußersten Werk von Klingsor heißt, er sei der Dämon der verborgenen Sünde, das Wüten der Ohnmacht gegen die Sünde, so fühlen wir uns in eine Welt christlichen Wissens um entlegene und höllische Seelenzustände versetzt, in die Welt Dostojewskis. [...]

Das Romantische – im Bunde mit der Musik nun gar, nach der es von Grund aus trachtet und ohne die es sich nicht zu erfüllen vermochte – kennt keine Exklusivität, kein «Pathos der Distanz», es bedeutet niemanden: «Das ist nichts für dich»; mit einer Seite seines Wesens ist es auch für den Letzten, und man sage nicht, daß das bei aller großen Kunst so sei. Das Kindliche mit dem Erhabenen zu vereinigen, mag großer Kunst auch sonst wohl gelungen sein; die Vereinigung aber des Märchentreuherzigen mit dem Ausgepichten, der Kunstgriff, das Höchstgeistige als Orgie des Sinnenrausches zu verwirklichen und «populär» zu machen, die Fähigkeit, das Tiefgroteske in Abendmahlsweihe und klingelnden Wandlungszauber zu kleiden, Kunst und Religion in einer Geschlechtsoper von größter Gewagtheit zu verkoppeln und derlei heilige Künstlerunheiligkeit mitten in Europa als Theater-Lourdes und Wundergrotte für die Glaubenlüsternheit einer mürben Spätwelt aufzutun, – dies alles ist *nur* romantisch, es ist in der klassisch-humanen, der eigentlich vornehmen Kunstsphäre durchaus undenkbar. Der Personenzettel des *‹Parsifal›* – was für eine Gesellschaft im Grunde! Welche Häufung extremer und anstößiger Ausgefallenheit! Ein von eigener Hand entmannter Zauberer; ein desperates Doppelwesen aus Verderberin und büßender Magdalena mit kataleptischen Übergangszuständen zwischen den beiden Existenzformen; ein liebesiecher Oberpriester, der auf die Erlösung durch einen keuschen Knaben harrt; dieser reine Tor und Erlöserknabe selbst, so anders geartet als der aufgeweckte Erwecker Brünnhildes und in seiner Art ebenfalls ein Fall entlegener Sonderbarkeit –: sie erinnern an das Sammelsurium von Unheimlichkeiten, zusammengepackt in Achim von Arnims berühmter Kutsche: die zweideutige Zigeunerhexe, den toten Bärenhäuter, den Golem in Weibergestalt und den Feldmarschall Cornelius Nepos, der eine unterm Galgen gewachsene Alraunwurzel ist. Der Vergleich mutet blasphemisch an, und doch stammen die feierlichen Charaktere des *‹Parsifal›* aus derselben Geschmackssphäre eines romantischen Extremismus wie Arnims skurrile Personnagen; ihre novellistische Einkleidung würde das leichter erkennbar machen; nur die mythisierenden und heiligenden Kräfte der Musik verhüllen die Verwandschaft, und ihr pathetischer Geist ist es, aus dem das Ganze sich nicht wie bei dem Literaturromantiker als schaurig-scherzhafter Unfug, sondern als hochreligiöses Weihespiel gebiert.

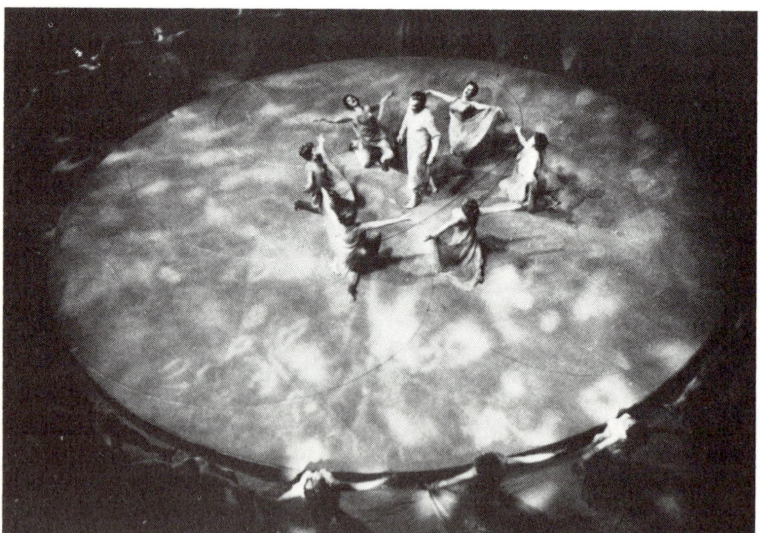

Der Versuch der Blumenmädchen Klingsors, Parsifal zu verführen. Szenenbild aus Wieland Wagners Inszenierung (Bayreuth 1962).

Die überaus harte (und gewiß nicht unberechtigte) Kritik, die Theodor W. Adorno (1903–69) in seinem zwar berühmten, aber eher doch berüchtigten als wirklich rezipierten ‹Versuch über Wagner› (erstmalig im Jahre 1952 erschienen) an dem mehr als zweifelhaften Sozialcharakter Wagners, an seiner brüchigen Kompositionstechnik und an seiner pessimistischen Privat-Ideologie übte, weicht in der folgenden Studie zur musikalischen Eigenart der letzten Partitur Wagners einer erstaunlich versöhnlichen Haltung, die indessen aber doch Eindrücke festhält, auf die eingefleischte Wagnerianer nicht gekommen sind. Auffällig ist allerdings, daß Adorno die seinerzeit im ‹Versuch über Wagner› mit durchweg äußerst polemischem Tonfall vorgetragenen scharfen Angriffe gegen die Technologie der magischen Wirkung jetzt ohne Bedenken zurücknimmt, indem er sie so interpretiert: Dem «Parsifal-Idiom» insgesamt wird «etwas Gebrochenes, Uneigentliches» unterstellt, um es damit zu rechtfertigen, eine Art dialektischer Winkelzug also, der denn doch sehr fragwürdig ist. Mit vagen Kategorien wie «Tugend eines Altersstils» oder «statische Partitur» kommt man der vertrackten Musiksprache des späten Wagner (vgl. dazu den Aufsatz von Carl Dahlhaus, Dokumentation S. 221f) nicht bei. Andererseits nimmt Adorno eine weitaus differenziertere Stellung zum Problem der Wagnerschen Motivtechnik ein, als es die Kategorie der Aneinanderreihung «musikalischer Bildchen» im ‹Versuch über Wagner› war, der ja auch teilweise bereits in den dreißiger Jahren geschrieben wurde. Diese neue Sichtweise präzisiert er noch in seinem letzten Wagner-Aufsatz (‹Aktualität Wagners›, 1964).

Theodor W. Adorno

Zur Partitur des ‹Parsifal›

(1956/57)

Von aller Wagnerischen Musik ist die des *‹Parsifal›* am wenigsten ins öffentliche Bewußtsein eingegangen, und über ihr Eigentümliches ist denn auch, sieht man allenfalls von den Formanalysen von Alfred Lorenz ab, wenig Eindringendes gesagt worden. Die lex Parsifal, die dem Bühnenweihfestspiel eine Schutzfrist über die damals geltenden dreißig Jahre hinaus verschaffen sollte, kam nicht zustande*; dafür aber umgibt es eine

* *Ab 1914 war der ‹Parsifal› allen Bühnen offen.*

Art Schutzschicht, an der die Ehrfurcht vorm kultischen Element und die Furcht vor der Langeweile gleichen Anteil haben mögen. Diese Furcht jedenfalls ist grundlos. Gerade in der Schwerfälligkeit, die den arglosen Opernbesucher schreckt, verbirgt sich das stets noch befremdend Neue. Ein Moment des Umständlichen war Wagner von je eigen; es hängt zusammen mit seiner suggestiven Gestik, der Neigung, den Hörer totzureden. Die ‹*Götterdämmerung*› mahnt zuweilen, in ihrem breiten Musikstrom, an jenen Schwimmer des Uhlandschen Gedichts, den der eigene Panzer niederzwingt; die Armatur der Leitmotive der gesamten Tetralogie, die deren Schlußstück mit sich schleppt, lähmt die Entwicklung. Im ‹*Parsifal*› steigert sich das und schlägt um: der Meister des Übergangs schreibt am Ende eine *statische* Partitur. Die Kunst des Hörens aber, die verlangt wird und die lernen muß, wer das Werk begreifen will, ist, wie schon an gewissen Stellen der ‹*Götterdämmerung*›, eine des Nachhörens: des Lauschens. Der versteht den ‹*Parsifal*›, der das Zuviel daran, das Extravagante, versteht, Eigenheit und Manier, wie schon im Beginn des Vorspiels jene melodielos schwebenden Holzbläserakkorde, in denen die erste Strophe des Abendmahlthemas vier Takte nach dessen eigentlichem Abschluß verhallt. Es ist, als suchte der ‹*Parsifal*›-Stil nicht bloß die musikalischen Gedanken darzustellen, sondern deren Aura mitzukomponieren, wie sie nicht im Augenblick des Vollzugs, sondern dem des Verklingens sich bildet. Nur der kann der Intention folgen, der mehr noch dem Echo der Musik sich überläßt als dieser selbst.

Das statische Wesen des ‹*Parsifal*›, erzeugt aus der Idee eines sich gleichbleibenden, wiederholbaren Rituals im ersten und dritten Akt, heißt kompositorisch: über weite Strecken, mit der großen Ausnahme der Kundry-Szene des zweiten Aktes, Verzicht auf fließenden Verlauf und treibende Dynamik. Die Zahl der Motive ist geringer als in den anderen Werken der reifen Zeit. Der Tendenz nach sind die meisten Zaubersprüche, Sigel nach Art des «Nie sollst du mich befragen» aus dem ‹*Lohengrin*›, auf den die Verfahrungsweise des ‹*Parsifal*› überhaupt, dem Stoff zuliebe, in manchem zurückgreift. Diese Motive sind durch ihren allegorischen Gehalt gleichsam von innen her aufgezehrt, asketisch abgemagert, entsinnlicht; sie alle haben, wie das ‹*Parsifal*›-Idiom insgesamt, etwas Gebrochenes, Uneigentliches; die Musik trägt ein schwarzes Visier. Aus dem Nachlassen primärer Erfindungskraft schafft Wagners Gewalt die Tugend eines Altersstils, der nach dem Goetheschen Satz zurücktritt von der Erscheinung. Dem Vergleich des umdüsterten, gleichsam abgeblendeten Fanfarenmotivs des ‹*Parsifal*› mit dem ‹*Siegfried*›-Motiv wird jener Charakter offenbar: als wäre jenes Motiv bereits Zitat aus der Erinnerung. Zugleich jedoch sind die fragmenthaften Motive viel nackter da als etwa im

‹*Tristan*›, viel weniger ineinander verwoben, weniger in den Gang der Komposition hineingezogen, weniger auch variiert. Oft werden sie, absichtsvoll-unbekümmert, bloß wie Bildchen aneinandergereiht. Die Wendestelle des Ganzen freilich, Kundrys Ruf «Parsifal», löst aus dem Klang der Blumenmädchenensembles, bei zwei festgehaltenen Mittelstimmen, sich heraus und enthüllt gerade in der Identität mit dem Vorausgehenden sich als nichtidentisch. Meist aber verzichtet die Musik auf jenen Moment des in Schwung Kommens, der sonst die Wagnerische Form definiert.

Dem bloßen Aneinanderrücken der Motive, dem entsagungsvollen Verzicht auf musikalische Zusammenfassung und freien Abgesang entspricht allerorten ein Hang zur Vereinfachung. Wenn gegen Ende des zweiten Aktes der Speer überm Haupt des Helden schweben bleibt, so wird das Wunder musikalisch nicht durch Glanz und Reichtum der Faktur, sondern durch eine äußerste Reduktion der Mittel gespiegelt. Das Glaubensmotiv in Trompeten und Posaunen, ein Harfenglissando, ein Oktavtremolo der Geigen, das ist alles. Durchweg kehrt die Orchesterbehandlung von Melodieteilung, solistischer Aufspaltung, vom Ideal der kleinsten Differenz sich ab. Sie ist weit chorischer als in dem Musikdramen zuvor; Brucknerischer, könnte man sagen. Tuttistellen wechseln mit rezitativähnlichen, nur andeutend begleiteten. Aber das Raffinement dieser Simplizität ist beispiellos; die Finessen sind ausgespart, nicht vergessen. Das chorische Verfahren beruht auf Verdopplung. Sie erlaubt kaum einem Instrument, kaum einer Klanggruppe mehr, als solche kenntlich zu werden. Ein Mischklang wie der am Anfang, wo das Abendmahlmotiv begleitet wiederkehrt, von Geigen, Oboen und einer «sehr zarten», also nicht solistisch hervortretenden Trompete vorgetragen, ist einzigartig. Die Kunst der Bläsermischungen, die im ‹*Lohengrin*› sich auf das Holz beschränkte, wird nun auch dem Blech zuteil: Trompeten sowohl wie Posaunen werden gern durch die bis zum äußersten ausgenutzten Hörner verdoppelt. Das mildert die helle Schärfe des Klangs; er wird voller zugleich und dunkler, so wie das Gesamtkolorit des ‹*Parsifal*›: solcher abgeblendete Orchesterklang des gedämpften Forte hat, über den späten Mahler bis zu Schönberg hin, die äußerste Tragweite für die neue Musik gewonnen.

Im Kompositionsmaterial ward die Vereinfachungstendenz zum Archaisieren: Kirchentonarten klingen an. Wagners reifste Kompositionserfahrung sucht den alten Widerspruch seines *œuvres*, den von fanfarenhafter Diatonik und süchtiger Chromatik, zu beschwichtigen, indem diese in die Hölle verbannt wird – der ‹*Tristan*›-Akkord, in tiefer Holzbläserlage, symbolisiert nun die Klingsor-Welt –, während die Diatonik verfremdet, verdunkelt ist durch modale Akkordverbindungen, auffällige

Nebenstufen in Moll. Sie zeitigen die vielbemerkte Anähnelung des *‹Parsifal›*-Stils an Brahms, die im übrigen am äußerlichsten des harmonischen Vorrats haftet und die innere Zusammensetzung der Komposition kaum betrifft. Diese kennt, außer bei ein paar Themenkombinationen, kaum Polyphonie, auch keine «durchbrochene Arbeit». Dafür zeigt die Harmonik ein selbst der *‹Götterdämmerung›* gegenüber höchst avanciertes Element: die unaufgelöste Dissonanz. Das Vorspiel schließt mit einem Dominant-Septim-Akkord in As-Dur. Nach den Regeln der Harmonielehre mag man das darauf folgende fes der Posaunen, mit dem der erste Akt beginnt, als Trugfortschreitung deuten – aufgefaßt wird, in der Zäsur des aufgehenden Vorhangs, jener Septim-Akkord als absolut, ins Unendliche fragend. – Und der schon im *‹Ring›* verwandte verminderte Septim-Akkord mit der darüber liegenden kleinen None des Grundtons, der bei dem großen Ausbruch des Parsifal im zweiten Akt, «Amfortas! Die Wunde!» ertönt, wird überhaupt nicht harmonisch fortgesetzt, sondern das Kundry-Motiv, das der Akkord begleitet, stürzt einstimmig ab. Der großartige Zersetzungsprozeß der musikalischen Sprache, die – analog Kundrys expressionistischem Stammeln – sich in unverbundene Ausdrucksmomente dissoziert, bedroht das traditionelle harmonische Gefüge. Der *‹Parsifal›* markiert die historische Stelle, wo erstmals der in sich vielschichtige, gebrochene Klang sich emanzipiert, für sich selbst einsteht.

Wohl war die unmittelbare Wirkung des *‹Parsifal›* auf die Komponisten weit geringer als die von *‹Tristan›*, *‹Meistersingern›* und *‹Ring›*. Er paßt am wenigsten in die neudeutsche Schule; *élan vital* und bejahende Gebärde fehlen so sehr, daß man die Rettung am Ende so wenig glaubt wie manchmal im Märchen. Gerade im dritten Akt herrscht ein gepreßter Ton, dem gegenüber Parsifals Erlösungstat etwas Scheinhaftes und Ohnmächtiges hat; am Ende hielt Wagner seinem Schopenhauer doch besser die Treue, als die es wollen, die ihm zum Apostel von Erneuerung degradieren. Eben darum aber war die unterirdische Wirkung des *‹Parsifal›* um so nachhaltiger. Was immer dem falschen Glanz absagte, hat an ihm sich gebildet: die sakrale Oper ist eine Vorform von Sachlichkeit. Schon an einer klagenden Stelle des Glockenchors aus Mahlers *‹Dritter Symphonie›* steht eine offene Reminiszenz an die Trauermusik für Titurel; und Mahlers *‹Neunte›* ist ohne den dritten Akt, zumal das fahle Licht des Karfreitagszaubers nicht zu denken. Am stärksten aber war der Einfluß auf Debussys *‹Pelléas et Mélisande›*; die Oper des französischen Antiwagnerianers ist musikalisch wie der traumhafte Schatten des Musikdramas. Der karge Umriß, das statische Nebeneinander der Klänge, das verhängte Kolorit, das Ineinander von Archaik und Moderne – Mittelalter als Vorwelt –, all das kommt dorther, und der Rhythmus des *‹Parsifal›*-

Motivs geistert durch das Gebilde, das am Anfang der neuen westlichen Musik steht und eigentlich schon dem des Neoklassizismus. Durch den *‹Parsifal›* hindurch drang Wagners Kraft ein in die Generation, die ihm abschwur. Seine Schule ist mit dem *‹Parsifal›* über sie selbst hinausgegangen.

Was aber *‹Parsifal›* mit dem *‹Pelléas›* gemein hat, ist das Element des *Jugendstils,* den Wagner in Deutschland inaugurierte, längst ehe es den Namen gab.* Die Aura des reinen Toren selber gleicht der des Wortes Jugend um 1900, die «flüchtig hingemachten» Blumenmädchen den ersten Jugendstilornamenten; ein solches Ornament ward als Mélisande zur Heldin. Die Idee des Bühnenweihfestspiels ist genau eine von Kunstreligion – das Wort ist übrigens noch weit älter, von Hegel – wie im Jugendstil. Das ästhetische Gebilde soll durch die wählerische Konsequenz seines Stils einen metaphysischen Sinn beschwören, dessen Substanz der entzauberten Welt mangle. Auf die Erzeugung solcher «Weihe» ist der *‹Parsifal›* angelegt; ihr gilt die Aura der Gestalten wie der nachhallenden Musik. Dem künstlerischen Ausdruck dessen, was nach dem Schopenhauerschen Dogma das Wesen der Welt ist, des blinden Willens, und der Verherrlichung des Quietivs, der Verneinung des Willens durch Mitleid, wird von dem Werke schimärisch die Kraft der Erlösung zugetraut. In der Vergeblichkeit dieser Hoffnung aber, der Unwahrheit des *‹Parsifal›*, entspringt seine Wahrheit, die Unmöglichkeit, aus bloßem Geist den entsunkenen Sinn zu beschwören. Der Kunsterlöser bedarf der Erlösung als ein heimlicher Klingsor. Was am *‹Parsifal›* überdauert, ist der Ausdruck der Hinfälligkeit von Beschwörung selber.

* *Vgl. dazu den Aufsatz ‹Parsifal und der musikalische Jugendstil› von Gösta Neuwirth, in: Richard Wagner – Werk und Wirkung. Hg. von Carl Dahlhaus, Regensburg 1971.*

Ernst Bloch (1885–1977) war das Gegenteil eines Wagner-Anhängers aus blindem Enthusiasmus. Bereits in seinem frühen Aufsatz ‹Rettung Wagners durch Karl May›, der erstmalig im Jahre 1929 in der Musikzeitschrift «Anbruch» erschien, forderte er die «Übertragung der genialsten Fragwürdigkeit auf die Ebene einer heutigen Frage» und gibt selbst im Bayreuther Programmheft zu den ‹Meistersingern› 1960 mit seinem Beitrag ‹Paradoxa und Pastorale bei Wagner› (so der Titel in der Fassung der ‹Literarischen Aufsätze› von 1965) eine ebenso fundierte wie verblüffende Antwort. Er versucht nichts Geringeres, als auf bisher unentdeckte, aber dem Werk Wagners inhärente Widersprüche in einer Weise aufmerksam zu machen, daß der Blick frei wird für die objektiv im Werk – selbst gegen die Absicht Wagners – waltenden Kräfte, die der Interpretation bedürfen, um ihre unverminderte Aktualität erweisen zu können. Blochs Beobachtungen sind unerläßlich für eine kritische Wagner-Forschung, die sich jetzt erst abzuzeichnen beginnt.

Ernst Bloch

Paradoxa in Wagners ‹Parsifal›

Bei zwei Opern Wagners, die keine sind, läuft von vornherein alles befremdend, sozusagen. Im ‹*Tristan*› ist es sogar leichter, das Ungemeine zu hören als das Geziemende. Träger des Ungemeinen ist hier die Nacht, auch die Nacht am Tag, die gegen ihn ist. Die Nacht, der Schoß der Liebe, ist selber das ganz Umgekehrte, ja das zum Gesetz des Tags Disparate: ohne Sitte und Ehre, ohne Steuer und Anker treibt Tristans Schiff in diesem Sturm. Der ‹*Parsifal*›, der dualistische, epatiert zwar nicht so, aber er hat als Ort den aus allen Gewohnt-Gemischten herausgetriebenen Berg Monsalvat, den zu zwei heftigen Alternativen geteilten. Mit Klingsors Zaubergarten (einer verteufelten Tristan-Welt) auf der arabischen Seite, mit dem celesten Gralstempel, verdunkelt, dann entsühnt, auf der gotischen. Trotz reichlicher Verwendung verabredeter Zuordnungen (neuer Hörselberg hier, neuer Lohengrin dort, azuren in Askese) ist auch der ‹*Parsifal*› das Entlegene, allein schon durch die nahe Radikalität seines südlichen, seines nördlichen Berghangs und besonders durch die Gestalt der Kundry, die zu beiden gehört. [...]

Wagnersche Musik findet kein Nirwana ohne Glut. Und so wird das Sehnen des ‹*Tristan*›-Akkords, mit freilich ganz umgekehrter Wertung, sogar noch einmal dramatis persona im ‹*Parsifal*›, der jedoch, weil er keinen Fortgang ins Unaufhörliche zuläßt, auch in Form endet, eine Ende findet. Insofern ist der *‹Parsifal›*, praeter opinionem, gerade ein weit weltlicheres Musiktheater als *‹Tristan›*, auch als der *‹Ring›*; er ist insofern, mit einer plastischen Festwiese höchster Ordnung am Ende gerade das welthafteste der großen Wagner-Werke, neben den *‹Meistersingern›*. All das freilich eingebettet in jene Weihe der Eklektik, welche einen katholischen Freimaurertempel bringen will und «Erlösung dem Erlöser» mit üppigstem Puritanertum. Der Musiker ersetzt den Priester, die Bühne wird zum Altar einer christbuddhistisch-rosenkreuzerischen Kunstreligion oder Religionskunst, Venus-Erda-Brühnhilde werden getauft und Siegfried zum Mönch.

Näher hin zu dieser letzten Oper, so ist sie nicht die beste, doch abgekehrteste aller. Auch hier beginnt das Vorspiel mit Sehnen, Suchen durchaus, einstimmig in gebunden synkopischer Bewegung. Nach Erreichung der Oktave kehrt sie schmerzlich um, mit neuem Aufstieg zum doppelt angeschlagenen Schlußton. Wie bedeutsam aber, daß das gleiche Thema, ein schlechthin unseliges, später schlechthin gewährend wird, als das des Abendmahls. Das Vorspiel selber, trotz des still und sehr kräftig entfalteten Glaubensmotivs in seiner Mitte, schließt fragend, mit ungelöster Dominante; die lösende Tonika kommt erst später, bei schon offenem Vorhang. Völlig zu anderem hin als dem bloßen *zeitlichen* Tönen der Tonika soll aber dann die Verwandlungsmusik im ersten Akt hinführen. Sie beginnt, während Gurnemanz dem tumben Toren Parsifal den Tempel weisen will, ist erst unmerklich gleitend, wird wachsend diatonisch, ja homophon geschichtet. Und nun die Worte: «Ich schreite weit», ruft Parsifal, und Petrus Gurnemanz antwortet: «Du siehst, mein Sohn, zum Raum wird hier die Zeit.» Dieser höchst seltsame Satz – über Klagelinien (es geht zum siechen Herrn des Gral, Amfortas), unaufhörlichen Schrittklängen, einsetzenden Glocken, Gralsharmonien und dem Weckruf – hat außer der eigenen noch Bedeutung für das ganze Musik-Szene-Verhältnis in den beiden Außenakten des *‹Parsifal›*. Die eigene Bedeutung des Satzes liegt darin, daß räumlich Ruhendes, vorab als Gelungenes, über den zeitlichen Schritt gesetzt wird, ja ihn beschleunigen will, indem sie ihn findend verlangsamt. Der Zeit kommt im Gralstempel selbst ihre Zeit, sie weicht zu einem geschichteten Nebeneinander, also Übereinander, bis zu einem sich kaum mehr bewegenden Anwesendsein im Zugleich, eben dem gelungenen Tempelraum. So vertauscht sich, auf dem Weg zum Abendmahl, Liebesmahl, nicht nur der Schritt Parsifals, erst recht der Knappen, Ritter, dienenden Brüder rasch ins Anwesende, auch der Wald des bloßen Vordergrundraums schwindet, ein Torweg in Felswänden öffnet sich, Posaunen auf dem Theater nehmen das Suchensmotiv gekürzt und verwandelt, ohne die schmerzliche Umkehr, in sich auf die Säulenhalle der Gralsburg erscheint in einer Kuppelwölbung aus lauter archaisch, gregorianisch bauendem Gesang. Das eröffnet nicht minder die zweite Bedeutung des seltsamen Satzes, nämlich diejenige, welche sich nicht auf Tausch von *Zeit* in *Raum,* sondern auf Tausch von *Musik* in *Szene* bezieht. Die Instrumente und Stimmen in den Außenakten des ‹*Parsifal*› werden nicht mehr klangmischend, sondern wesentlich schichtend behandelt, mit linienhafter Kontur der Themen, mit oft terrassenförmigen chorischem Aufbau. Diese Stufung will die *dynamische* Zeitkunst par excellence, die die Wagnerische trotz Archaisierendem, auch Altersstil von Haus aus ist, in hieratische Raumbildung überwechseln lassen, in die besonders bewegungsfreie eines byzantinischen Zentralbaus mit Kuppel. Der Klang soll sich also nicht nur mit dem Theatron, als der Schaukunst, verbinden (das war das dreiviertel dilettantische Anliegen eines sogenannten Gesamtkunstwerks), er soll darüber hinaus, indem der dynamische Rhythmus vor einem choralnäheren, auch dem des langsamen Marsches zurücktritt, vor allem jedoch durch die geschichteten Stimmgruppen sich in lauter Raum-Symmetrien umtauschen lassen. Amphion taucht mythisch auf, der Theben gemäß den Harmonien seines Gesangs aufbaute, und neben dieser Sage die physikalische Realität der Chladnischen Klangfiguren, aus Staub auf einem angestrichenen Glas sich bildend, die in der romantischen Musikphilosophie, mindestens in der Schellingschen, die Tonverhältnisse so sonderbar zu kosmisieren, mindestens zu figurieren schien (noch Schlegels Satz von der Architektur als geronnener Musik gehört hierher). Wie dem auch sei: Musik im Raum aus Gralsarchitektur führt die zweite Bedeutung des erstaunlichen Zeit-Raum-Satzes aus. Das unterscheidet der Absicht nach die Geburt der Szene aus behaupteter Verwandlungsmusik-Magie völlig von der gewohnten Wandelgalerie, etwa in Webers ‹*Oberon*›, selbst im ‹*Rheingold*›: beim gehört-geschauten Abstieg Wotans und Loges zu Alberich. Nun aber zerreißt im zweiten Akt, der eben vom *Tempelbau* auf die arabische, auf die *Haremsseite* des Monsalvat, in Klingsors Zaubergarten zu versetzen hat, der akkordische Harmoniebau jäh. Nach wilder Einleitung der Schrei, die chromatischen Drohmotive Klingsors, das alles dann falsch gesänftigt und durchglüht im Zaubergarten, in der hinreißend tönenden Zartheit der Blumenmädchen, im Venus-Gesang Kundrys. Bis gerade hier der Schlag aus gänzlich Überraschendem kommt, wieder eine Einheit aus Entgegengesetztem: im Liebeskuß Kundrys spürt Parsifal die Wunde des Amfortas, – ein gellend niederfahrendes Chroma. In dieser jähen Einweihung soll er bei Wagner nicht nur den Bann über dem Gral, sondern das Unheil des venerischen Weltknotens insgesamt entdecken. Kundry selber, die seelenwanderisch durch alles Weibstum gejagte,

Die Begegnung zwischen Gurnemanz (stehend), Parsifal und Kundry am Karfreitagsmorgen. Szenenbild des dritten Aufzugs aus Wieland Wagners Bayreuther Inszenierung (1962).

lachend-verzweifelte, ist zwar auch als Musikgestalt unerschöpflicher als Parsifal, doch dieser hat am betäubendsten Augenblick den Blitzschlag von dessen Umkehr. Selten trat ein Ganz-Anderes so grell wie hier aus so wohligem Ablauf, freilich – zum Unterschied vom *‹Tristan›* – in den bekannten Maßen schopenhauerisch-buddhistischer Verneinung. Und wie Parsifal ein umgekehrter Tristan, ja Anti-Tristan ist, auch ein Siegfried als Mönch, so nimmt das letzte Wagner-Werk, im Verhältnis Kundry–Parsifal, auch das früheste seiner tonangebenden Verhältnisse, dasjenige zwischen Senta und dem Holländer zurück. Nicht der friedlose Mann wird hier durch ein ihm verfallen-treues Weib erlöst, sondern Frau Lilith in jedem Weibe soll durch einen heiligmäßigen Mann bekehrt werden und getauft, – nur *‹Lohengrin›* kennt noch in so weithin effiminierter Musik so viel Patriarchat. Gleich dem Weib bricht auch die Gewalt großer Wunschgüter und in ihnen, wie der *‹Ring›* sie zeigte: der Nibelungenhort und Walhall. Der Fluch des Horts ist aufgehoben im golden glühenden Gral, gar nicht mehr als Rheingold in einer heidnischen Stromtiefe unten leuchtend, sondern in Lebechören von hoch herab. Und der Gralstempel soll sozusagen effektuieren gleich einem entsühnten Walhall, mit Wotan-Amfortas als gerettet und in Ordnung; hier erst grüßen Helden, wie die Wunschmaid Brünhilde sang, «mit hochheiligem Gruß». Nicht buddhistisch, wohl aber katholisch bekannt, dann wieder protestantisch-reformatorisch, so in der schließlichen «Erlösung dem Erlöser», nämlich der Reinigung Christi vom Kirchentheater vermittelst eines – Bühnenweihfestspiels. Groß aber stehen die echten Paradoxa im *‹Parsifal›*, vor allem diejenigen Kundrys, wie sie zwischen Schrei und Winseln, Venusgesang und Karfreitagszauber um diese Musikgestalt versammelt sind. Auch der «Karfreitagszauber» selber, dies Seltene und Seltsame einer christlichen Naturmusik, ist lauter Wagner des Imprévu, als der Andersheit.

Eine ‹Parsifal›-Skizze zum Gesang der Blumenmädchen im zweiten Aufzug, datiert mit dem 9. Februar 1876. Sie enthält eine Anspielung Wagners auf seinen im Januar und Februar 1876 entstandenen ‹Amerikanischen Festmarsch›: «Amerikanisch sein wollend!»

In seinem Buch über Richard Wagners Musikdramen, das im Jahre 1971 veröffentlicht wurde, greift Carl Dahlhaus (geb. 1928), Professor für Musikwissenschaft an der Technischen Universität Berlin, entscheidend in die Wagner-Forschung ein. Seine Untersuchungen und Interpretationen heben sich von der älteren Wagner-Literatur dadurch ab, daß sie wirklich einmal konsequente Werkbetrachtungen auf der Basis der Partitur-Analyse sind, nicht, wie sonst, Bestätigung der Ideologie des «Meisters». In den einzelnen Abschnitten des ‹Parsifal›-Kapitels geht es nicht nur um die Stoffgrundlage und die Entstehungsgeschichte, sondern um den zweideutigen Charakter der letzten Musik Wagners. Dahlhaus geht dabei über Adornos Kategorie der «Gebrochenheit», kompositorisch-konkret betrachtet, hinaus.

Carl Dahlhaus

‹Parsifal›

1

Am 28. September 1880, anderthalb Jahre vor der Vollendung der ‹*Parsifal*›-Partitur, schrieb Wagner an Ludwig II.: «Ich habe nun alle meine noch so ideal konzipierten Werke an unsere, von mir als tief unsittlich erkannte Theater- und Publikumspraxis –» Wagner meinte das Nebeneinander von Werken, die sich ausschließen und von denen das eine das Daseinsrecht des anderen durchkreuzt – «ausliefern müssen, daß ich mich nun wohl ernstlich fragen mußte, ob ich nicht wenigstens dieses letzte und heiligste meiner Werke vor dem gleichen Schicksale einer gemeinen Opernkarriere bewahren sollte» – eingefügt zwischen Opern würde das «Bühnenweihfestspiel» selbst zur Oper –. «Eine entscheidende Nötigung hierfür habe ich endlich in dem reinen Gegenstande, in dem Sujet meines ‹*Parsifal*› nicht mehr verkennen dürfen.» Es scheint demnach, als unterscheide Wagner das «heiligste seiner Werke» von den früheren zwar graduell, aber nicht prinzipiell, als sei also ‹*Tannhäuser*›, in manchen Zügen eine Vorform zu ‹*Parsifal*›, gleichfalls ein «heiliges Werk», wenn auch in schwächerer Ausprägung. Oder ist ‹*Parsifal*› das «Bühnenweihfestspiel», das Wagner für Bayreuth retten wollte (nicht zum Schutze Bayreuths, sondern zu dem des Werkes), religiöses Theater in einem Sinne, in welchem ‹*Tristan*› – in dessen Text der Name Gottes nicht vorkommt – es nicht ist?

Nietzsches Anklage, Wagner, der Dichter des ‹*Ring*›, des antitheologischen Mythos vom Untergang der Götter, sei in ‹*Parsifal*› «vor dem Kreuz zusammengebrochen», ist ebenso verquer und kunstfremd wie der entgegengesetzte Vorwurf, Wagner habe, als hemmungsloser Theatromane, christliche Mythen und Symbole als Bühneneffekte verschleudert – ein Vorwurf, der einen dogmatisch-positiven Begriff vom Christentum und einen geringschätzigen vom Theater voraussetzt, während Wagner das Christentum philosophisch und das Theater antikisierend verstand. Die Dialektik von «Engagement» und «Kunstcharakter», um es anachronistisch auszudrücken, ist zu verwickelt, als daß sie in einfache Formeln auflösbar wäre – die Meinung, daß die Absicht, die hinter einem Werk steht, im Kunstgebilde restlos aufgehoben und aufgezehrt sei, ist ebenso dogmatisch wie die Überzeugung, daß gerade umgekehrt der Kunstcharakter ein bloßes Vehikel der Tendenz sei oder sein könne. Andererseits wechselt die Dialektik von Epoche zu Epoche ihre Voraussetzungen und Implikationen. (Ist – um an Wagners Antipoden zu exemplifizieren – Brechts Marxismus, wie Max Frisch einmal argwöhnte, ein Mittel zum Zweck des Stückeschreibens, und zwar ein offenkundig brauchbares, oder ist umgekehrt das Stückeschreiben ein – sei es taugliches oder untaugliches – Vehikel zur marxistischen Veränderung der Wirklichkeit? Die Alternative ist erzwungen; sie reißt auseinander, was zusammengehört.)

Wagners Glaube war ein philosophischer Glaube, eine Mitleids- und Entsagungsmetaphysik, deren entscheidende Motive aus Schopenhauers ‹*Welt als Wille und Vorstellung*› und – durch Schopenhauers Vermittlung – aus dem Buddhismus stammten und deren Grundzüge Wagner im Christentum wiedererkannte: Insofern war er Christ. Die tradierte Religion aber verstand er – in Übereinstimmung mit dem herrschenden Geist des 19. Jahrhunderts, das der positiven Religion entfremdet war – geschichtsphilosophisch: als sich entwickelnde Wahrheit in wechselnden historischen Gestalten. Was einmal geglaubter, beim Wort genommener Mythos war, ist zur Metapher einer metaphysischen Einsicht geworden; und der Ritus früherer Zeiten, als solcher ausgehöhlt und substanzlos geworden, geht in Kunst über, um als Sinnbild eine Bedeutung und Triftigkeit zu retten, die er als magischer Vollzug eingebüßt hat. «Man könnte sagen», schrieb Wagner 1880 in der Abhandlung ‹*Religion und Kunst*›, dem philosophischen Kommentar zu ‹*Parsifal*›, «daß da, wo die Religion künstlich wird –» wo sie, um mit Hegel zu reden, aufhört, substanziell zu sein – «der Kunst es vorbehalten sei, den Kern der Religion zu retten, indem sie die mythischen Symbole, welche die erstere –» die Religion auf der Stufe des Mythos – «im eigentlichen Sinne als wahr geglaubt wissen will, ihrem sinnbildlichen Werte nach erfaßt, um durch ideale Darstellung derselben die in ihnen verborgene tiefe Wahrheit erkennen zu lassen.» ‹*Parsifal*› ist also unleugbar ein Dokument der «Kunstreligion» des 19. Jahrhunderts. Der Begriff besagt jedoch weniger, daß Kunst als Religion – unter dem Gesichtspunkt des positiven Christentums: als Pseudoreligion – und das Kunstwerk als religiöses Requisit verehrt werde, sondern daß Religion – oder deren Wahrheit – aus der Form des Mythos in die der Kunst übergegangen sei. Und der Inbegriff der Kunst, deren geschichtsphilosophische Stunde geschlagen hat, war für Wagner das Drama.

2

‹*Parsifal*› ist ein Werk der Zusammenfassung, des sammelnden und verknüpfenden Rückgriffs. Um den Stoff kreisten Wagners Gedanken bereits um 1845, in der Zeit, in welcher ‹*Tannhäuser*› abgeschlossen und ‹*Lohengrin*› konzipiert wurde; und der innere Konnex mit beiden Werken ist offenkundig. (In dem Gesamtwerk Wagners, wie er selbst es verstand, steckt eine Tendenz zum mythologischen System, zu einer dichterischen Leitmotivtechnik, die über das einzelne Drama hinausgreift.) Kundry, die «Höllenrose», ist eine zweite Venus, Klingsors Zaubergarten erinnert an den Hörselberg; und die Sphäre der Gralsburg Montsalvat ist in Lohengrins Erzählung, auch musikalisch, vorgeformt.

Andererseits ist Parsifal, der «reine Tor», der in der Wildnis aufgewachsen und zum Retter einer Welt berufen ist, die er nicht kennt, ein zweiter Siegfried. «Schächer und Riesen traf seine Kraft: den freislichen Knaben fürchten sie alle», sagt Kundry von ihm. Doch ist der «Wille», der zu Taten drängt, in Parsifal gebrochen, und zwar durch Mitleid; nicht die «freieste Tat», sondern Entsagung ist das Ziel. Schmiedet Siegfried das Schwert, um den Drachen zu töten, so zerbricht Parsifal den Bogen, als er die Tötung des Schwans als Sünde erkennt. Brünnhilde erwacht durch Siegfrieds Kuß zu einem «leuchtenden Tag»; Kundrys Kuß macht Parsifal «welthellsichtig» für das Nächtige, für den «Wahn», dem einzig die Entsagende entrinnt, der sich vom «Willen», dem blinden Trieb und Drang, losreißt.

Am engsten ist zweifellos der Zusammenhang des ‹*Parsifal*› mit ‹*Tristan*›. 1854 skizzierte Wagner eine Szene, in der Parsifal als irrender, den Gral suchender Ritter mit dem todkranken Tristan zusammentrifft. Am 30. Mai 1859 schrieb er an Mathilde Wesendonck: «Es ging mir kürzlich nämlich wieder auf, daß dies (Parsifal) wieder eine grundböse Arbeit werden müsse. Genau betrachtet ist Amfortas der Mittelpunkt und Hauptgegenstand. Das ist denn nun aber keine üble Geschichte das. Denken Sie um des Himmels willen, was da los ist! Mir wurde das plötzlich schrecklich klar: es ist mein Tristan des dritten Aktes mit einer undenklichen Steigerung. Die Speerwunde und wohl noch eine andere – im Herzen, kennt der Arme in seinen fürchterlichen Schmerzen keine andere Sehnsucht, als die zu sterben; dies höchste Labsal zu gewinnen, verlangt es ihn immer wieder nach dem Anblick des Grals, ob der ihm wenigstens die Wunde schlösse, denn alles andere ist ja unvermögend, nicht – nichts vermag zu helfen: – aber der Gral gibt ihm immer nur das eine wieder, eben daß er nicht sterben kann.» An der tragischen Dialektik, daß der Weg, auf dem Rettung gesucht wird, ins Verderben führt, entzündete sich, nicht anders als bei der Konzeption des ‹*Nibelungen*›-Dramas, Wagners Interesse am Stoff. Und in einen analogen Widerspruch verstrickt sich Kundry: Um erlöst zu werden, ersehnt sie Parsifals Umarmung, durch die sie aber, würde Parsifal ihr – wie Amfortas – verfallen, nur um so tiefer in die Verdammnis geriete, aus der sie herausstrebt.

«O, Elend! Aller Rettung Flucht!
O, Weltenwahns Umnachten:
in höchsten Heiles heißer Sucht
nach der Verdammnis Quell zu schmachten!»

Mit dem Entwurf zu einem ‹*Jesus von Nazareth*›-Drama, der aus der Dresdener Zeit stammt, ist ‹*Parsifal*› sinnfällig verbunden durch die Szene im dritten Akt, in der Kundry als büßende Magdalena, Parsifal als Christus und Gurnemanz als Johannes der Täufer erscheint. Zu erinnern wäre auch an das buddhistische Drama ‹*Die Sieger*›, skizziert 1856, in dem das Motiv der Wiedergeburt und schließlichen Erlösung Kundrys präformiert ist.

So verwickelt demnach die Beziehungen sind, durch die ‹*Parsifal*› mit früheren Werken und Entwürfen zusammenhängt, so einfach ist der Umriß des Dramas selbst, dessen Text 1877 und dessen Komposition 1882 abgeschlossen wurde. Eingefügt in eine äußere Form, deren strenge Symmetrie – der dritte Akt entspricht dem ersten, der zweite bildet einen Kontrast – an Architektur erinnert, vollzieht sich eine innere Handlung, die einem Stufenschema folgt und deren Grundzug von Wagner in Worte gefaßt wurde, die halb als Devise, halb als Rätselspruch und Orakel erscheinen: «Durch Mitleid wissend, der reine Tor.»

Im ersten Akt, in dem «heiligen Bezirk» am Fuße der Gralsburg, fühlt Parsifal, als er den Schwan getötet hat, eine erste Regung des Mitleids. (Die Szene mit dem Schwan, für die äußere Handlung peripher, ist für die innere zentral.) Beim Anblick von Amfortas' Qual, während der Abendmahlsfeier in der Gralsburg, krampft sich Parsifal das Herz zusammen; dennoch wagt er nicht, die «erlösende Frage» zu stellen: das Mitleid, das er fühlt, ist noch dumpf und sprachlos. (Es scheint, als verwirrten sich die Handlungsmotive: Bedeutet bereits die von Parsifal versäumte Frage nach dem Grund des Leidens Erlösung von der Qual, oder ist der Speer entscheidend, den Amfortas an den Zauberer Klingsor verlor, als er Kundry verfiel? «Die Wunde schließt der Speer nur, der sie schlug.» Der Widerspruch löst sich, wenn man die Verschränkung von pragmatischen und symbolischen Momenten als das dramatische Konstruktionsprinzip des *‹Parsifal›* erkennt und den Speer, der die Wunde heilt, als Symbol des Mitleids, der «Umkehrung des Willens» im Sinne Schopenhauers, versteht: des Mitleids nicht als dumpfer Regung, sondern als Einsicht in die Qual der Welt, deren einziger Trost die Erkenntnis der Trostlosigkeit, die Resignation, ist.) Im zweiten Akt wird Parsifal, der «reine Tor», durch Kundrys Kuß «welt-hellsichtig»: Er fühlt in sich selbst Versuchung, Sehnsucht und Leiden, denen Amfortas ausgesetzt war, und durchschaut die Welt als Schuldzusammenhang und Kreislauf des Elends, den einzig Mitleid und Entsagung, Abkehr vom «Willen», dem blinden Trieb und Drang, zu durchbrechen vermögen. Der dritte Akt, die Taufe Kundrys, die Heilung des Amfortas und die Rettung des Grals «aus schuldbefleckten Händen» – denen des Amfortas, der aber eine Welt von Verstrickung repräsentiert –, ist nichts als Vollzug dessen, was am Ende des zweiten, als Parsifal den Speer zurückgewonnen hat, vorgezeichnet war. (Parsifals Irrfahrt, die Suche nach dem Gral, die das instrumentale Vorspiel zum dritten Akt schildert, ist ein retardierendes Moment der Handlung, das aber in deren Verlauf nicht motivierend eingreift.) Der Vollzug, «ereignislos» nach gewöhnlichen Begriffen vom Drama, ist jedoch kein Ritual, keine bloße Darstellung und symbolische Vergegenwärtigung von längst Feststehendem, sondern bezeichnet eine dritte Stufe der inneren Handlung. Das Mitleid, im ersten Akt dumpfes, sprachloses Gefühl, im zweiten Erkenntnis und «Welt-Hellsicht», wendet sich im dritten als «erlösende Tat» nach außen. Parsifal ist Gralskönig, nicht Anachoret, der sich vor der Welt verschließt. (Ob Wagners «Regenerationslehre», Ergänzung und partieller Widerruf der Schopenhauerschen Willens- und Entsagungsmetaphysik, die dramatische Konstruktion des *‹Parsifal›* begründet oder umgekehrt in ihr begründet ist, ob also die Philosophie in der Dramturgie wurzelt oder die Dramaturgie in der Philosophie, ist ungewiß.)

3

Parsifal, weniger eine Sagen- als eine Legendengestalt, ist ein passiver Held: Die entscheidende Tat, die als Peripetie des Dramas erscheint, ist eine Verweigerung. Und die Handlung, in deren Zentrum er unversehens gerät, ist nichts als der Anlaß und die Außenseite eines Erkenntnisweges. *‹Parsifal›* repräsentiert nahezu das Paradox eines Heiligendramas.

Aus der Passivität des Helden erwachsen dramaturgische Konsequenzen, durch die sich das «Bühnenweihfestspiel» von einem Drama unterscheidet. Da Parsifal nicht handelt, nicht auf ein Ziel gerichtet ist (außer bei seiner Irrfahrt, die aber durch Gnade ein Ende findet), da er nicht im Entschluß, sondern erst in der Reaktion zu sich selbst kommt, muß die Vorgeschichte des Dramas episch ausgebreitet werden, statt daß sie als wirkendes, motivierendes Moment in die Handlung, in das Geflecht der Aktionen, integriert würde. Und so fällt dem Erzähler Gurnemanz, der dramaturgisch eine bloße Hilfsfigur ist, die längste Rolle des Werkes zu. Ein Gegenexempel oder eine Ausnahme bildet allerdings Kundrys Erzählung von Herzeleide, Parsifals Mutter, im zweiten Akt: Scheinbar eine Episode, ist die Erzählung in Wahrheit bewegendes Moment der Verführungsszene, einer Szene, deren Sinn erst durch psychoanalytische Deutung erschlossen worden ist. (Umgekehrt ist es nicht undenkbar, daß der zweite Akt des ‹*Parsifal*› und der dritte des ‹*Siegfried*› insgeheim von Einfluß auf die Entwicklung der psychoanalytischen Theorie gewesen sind.)

Die Erzählung des Gurnemanz, Expositionsszene und Hauptstück des ersten Aktes, ist jedoch zugleich ein Tableau. Das Epische ist mit Szenisch-Anschaulichem – das dramaturgisch eher illustrativ als konstitutiv ist – verschränkt. Und der «Zusatz» an Szenischem ist – mindestens partiell – musikalisch, in den Bedingungen einer sinnfälligen und nachdrücklichen Exposition von Leitmotiven, begründet. Wagner, dem Theatromanen, der stets nach Deutlichkeit und restloser Verständlichkeit trachtete, genügte es im allgemeinen nicht, musikalische Motive bei deren Exposition ausschließlich textlich, durch ein Stück Erzählung, zu kommentieren; er suchte, wenn irgend möglich, nach szenischer Vergegenwärtigung des musikalischen Sinns. Und die sichtbare Darstellung muß nicht Handlung, sondern kann auch Tableau sein.

Das Grals- und das Glaubensmotiv erscheinen nicht auf ein «Stichwort» hin, sondern in der Funktion eines «Morgenweckrufs», als musikalischer Bestandteil einer Gebetsszene, durch welche die Gralssphäre sinnfällig gemacht werden soll.

Die Kundry-Motive, das Rittmotiv und die niederstürzende, gleichsam in sich zusammenbrechende Figur, sind gestisch-szenische Musik zu Kundrys Auftritt.

Der kranke Amfortas wird – statt nur Gegenstand einer Erzählung zu sein, was zur Folge hätte, daß das Amfortas-Motiv ausschließlich textlich begründet wäre – auf seinem Siechbett vorübergetragen, obwohl sich nichts anderes ereignet, als daß er von Kundry ein Heilkraut erhält, das nicht hilft.

Das Torenmotiv («Durch Mitleid wissend, der reine Tor») wird von Amfortas als Orakelspruch und Verheißung zitiert; und das Zitieren ist – als Herausheben aus dem Kontext – eine Geste, ein szenisches Moment.

Daß das Amfortas- und das Torenmotiv schon vor der Amfortas-Szene in Gurnemanz' Erzählung antizipiert werden, besagt wenig: Die Motive haben in der Erzählung, obwohl der Text ihren Sinn ausspricht, noch halb den Charakter von «Ahnungen», wie Wagner es in *‹Oper und Drama›* nannte. Die eigentliche Exposition, die demnach nicht mit dem frühesten Erscheinen eines Motivs zusammenzufallen braucht, ist erst die musikalisch-szenische Vergegenwärtigung.

Nicht daß nicht manche musikalischen Motive bei ihrer Exposition ausschließlich durch Worte und nicht durch einen Vorgang begründet und verdeutlicht würden. Das Zaubermotiv – dessen Akkordfolge, als Ausdruck von Trug, an das Tarnhelm-Motiv aus dem *‹Ring›* erinnert – und das Klingsor-Motiv – dessen dritter Takt den ersten des Zaubermotivs in Oktavbrechung reproduziert – sind im ersten Akt, in der Gurnemanz-Erzählung vom Zaubergarten, dessen Verlockungen Amfortas zum Opfer gefallen ist, nicht szenische, sondern lediglich epische Motive.

Entscheidend ist jedoch nicht, daß Ausnahmen von der Regel der musikalisch-szenischen Exposition vorkommen, sondern daß sie nicht die Regel bilden: Denn «eigentlich» ist die Exposition in *‹Parsifal›* nichts als eine Erzählung; und der partielle Tableaucharakter der Szene ist um so bezeichnender für Wagners musikalisch-dramaturgische Tendenzen, als er einen illustrativen Zusatz darstellt, statt zwingend aus den Voraussetzungen der Handlung hervorzugehen.

Der Tableaucharakter aber ist wiederum einem musikalischen Drama adäquat, das zum «Bühnenweihfestspiel» geworden ist. In dem zitierten Brief an Mathilde Wesendonck vom 23. Mai 1859 meinte Wagner zu Anfang: «Genau betrachtet ist Amfortas der Mittelpunkt und Hauptgegenstand.» Später – nach einem Exkurs über die Mängel der Wolframschen Dichtung, der die Mängel von Wagners Gefühl für die Gattungsprinzipien des Epos verrät – heißt es jedoch: «Und noch dazu hat's mit dem Parsifal eine Schwierigkeit mehr. Er ist unerläßlich nötig als der ersehnte Erlöser des Amfortas: soll Amfortas aber in das wahre, ihm gebührende Licht gestellt werden, so wird er von so ungeheuer tragischem Interesse, daß es fast mehr als schwer wird, ein zweites Hauptinteresse gegen ihn aufkommen zu lassen, und doch müßte dieses Hauptinteresse sich dem Parsifal zuwenden, wenn er nicht als kaltlassender Deus ex machina eben nur schließlich hinzutreten soll. Somit ist Parsifals Entwicklung, seine erhabenste Läuterung, wenn auch prädestiniert durch sein ganzes sinniges, tief mitleidsvolles Naturell, wieder in den Vordergrund zu stellen.» Ist Amfortas ein zweiter Tristan, also zum tragischen Helden eines Musikdramas kat'exochen vorbestimmt, so bedeutet der Übergang von Amfortas zu Parsifal als «Mittelpunkt und Hauptgegenstand» der Handlung dramaturgisch die Wandlung des Musikdramas zum «Bühnenweihfestspiel.»

4

Ist die Handlung des «Bühnenweihfestspiels» demnach durch die Nähe und Affinität zum Ritual und zum Tableau charakterisiert, so tendiert die Sprache zur Erzählung und zum Spruch. Die Gralschöre, deren Modell – auch musikalisch – die Liturgie ist, stellen ein szenisch-sprachliches Zeremoniell dar. Die Kulmination des Schlußaktes bildet ein magischer Spruch, durch den eine Verheißung erfüllt wird: «Die Wunde schließt der Speer nur, der sie schlug.» (Das Orakel ist, anders als im *‹Ring›*, keine Falle, sondern ein Gnadenzeichen.) Und sogar die Amfortas-Klagen im ersten und dritten Akt erscheinen, obwohl sie einerseits, als Schmerzensausbrüche, einen äußersten Gegensatz zur Gravität der Gralschöre bilden, andererseits als Teile des Rituals: als wiederkehrender Vollzug, nicht als unwiederholbare Situation. Amfortas leidet als einzelner und zugleich stellvertretend.

Mit dem Zug der Sprache zum Epischen und zum Zeremoniellen scheint die Verdrängung des Stabreims, der Alliteration, durch den Endreim zusammenzuhängen. (Der Stabreim ist zwar nicht, wie manchmal behauptet wurde, verschwunden, bildet aber eine Ausnahme von der Regel des Endreims.) Nach der Theorie, die Wagner in *‹Oper und Drama›* entwarf, ist der Stabreim sprachlicher Ausdruck von Emphase und zusammengedrängtem Gefühl, weil er dazu zwingt, Wörter und Silben, die einen Bedeutungsakzent tragen, in dichter Folge aneinanderzureihen. Dagegen wirke der Endreim distanzierend und formalisierend.

Die Rückwendung zum Endreim bedeutete jedoch nicht, daß die regelmäßige Periodik restauriert worden wäre. Die Länge der Zeilen – die Anzahl der Hebungen – ist vielmehr irregulär, und zwar mit fühlbarer Tendenz zum ständigen Wechsel, so daß die äußere Sprachform, nicht anders als im ‹*Ring*›, die Entstehung einer schematischen musikalischen Syntax durchkreuzt, statt sie zu unterstützen. Die «Quadratur der Tonsatz-Konstruktion» ist in «musikalische Prosa» aufgelöst. Und das Rückgrat der musikalischen Form bildet demnach nicht die Syntax, sondern der Motivzusammenhang, der sich als dichtes Netz über das ganze Drama erstreckt.

Die musikalische Motivik ist im ‹*Parsifal*›, um grob zu vereinfachen, durch den Gegensatz zwischen Chromatik und Diatonik bestimmt und geprägt: zwischen einer Chromatik, die sowohl den Trug der Klingsor-Sphäre als auch die Schmerzensakzente des Amfortas ausdrückt, und einer Diatonik, die von der naiven Simplizität des Parsifal-Motivs bis zur Erhabenheit der Gralsthemen reicht. Chromatik und Diatonik haben, als musikalisch-technische Kategorien, zugleich expressiv-allegorische Bedeutung: Daß zwei Motive chromatisch sind – ein scheinbar nichtssagendes, weil zu allgemeines Merkmal –, wird zum Zeichen eines Zusammenhangs. Der Konnex zwischen Trug und Schmerz – zwischen Zaubergarten und Amfortas-Klage – ist ebenso unverkennbar, wie andererseits die Naivität des «reinen Toren» die erste Stufe eines Erkenntnisweges bezeichnet, an dessen Ende das Gralskönigtum steht. Darin aber, daß er den Differenzierungen und Verzweigungen der dramatischen Dialektik, die zur Qual des Exegeten werden, einen einfachen, sinnfälligen Gegensatz zugrunde legt, und zwar sowohl musikalisch als auch szenisch, bewährt sich Wagner als Genie des Theaters.

Die Extreme stehen jedoch nicht schroff und unvermittelt nebeneinander. Während der Entstehungszeit des ‹*Parsifal*› sprach Wagner, wie Glasenapp berichtet, «wiederholt davon, wie ungern er grelle Effekte habe, wie er immer zu vermitteln suche, um sie verständlich zu machen, sie nicht als Schroffheiten wirken zu lassen». Verständlich war für Wagner ausschließlich das Motivierte und Begründete, das also, was aus Früherem nachvollziehbar hervorgeht, statt von außen hereinzubrechen. Auch ‹*Parsifal*› ist, nicht anders als ‹*Tristan*›, durch die Wagnersche «Kunst des Übergangs» bestimmt, die allerdings nicht die Kunst wäre, die sie ist, wenn sie sich nicht gegen den Widerstand durchzusetzen hätte, den die extremen Kontraste in der Charakteristik der Themen und Motive bedeuten.

Die Klage, in der sich im zweiten Akt Parsifals «Welt-Hellsicht» nach Kundrys Kuß ausdrückt, ist formal in drei Perioden gegliedert. Die erste (Amfortas) und die zweite («Nein! Nein! Nicht die Wunde ist es») sind durch chromatische Motive, das Klage- und das Zaubermotiv, bestimmt und charakterisiert, die dritte («Es starrt der Blick») durch Zitate von Gralsmotiven, die jedoch nicht einen schroffen, sondern einen vermittelnden Kontrast bilden. Die diatonischen Gralsmotive werden nämlich, ähnlich wie in der Amfortas-Klage des ersten Aktes, in die musikalische

Gegensphäre, die Chromatik, hineingezogen: Sie erscheinen zunächst in chromatischer Verzerrung, getrübt durch die Harmonik des Amfortas- oder des Zauber- und des Klingsor-Motivs, dann in der Mollvariante, also in geringerem, schwächerem Maße modifiziert. (Moll wirkt, wenn ein Thema oder Motiv von Dur in das Moll der gleichen Stufe versetzt wird, als chromatische Trübung des Dur, so daß in der Parsifal-Klage das Moll des Abendmahlthemas in den Bereich der Chromatik gehört.)

5

«Sagte ich Ihnen schon einmal», schrieb Wagner Anfang August 1860 an Mathilde Wesendonck, «daß die fabelhaft wilde Gralsbotin ein und dasselbe Wesen mit dem verführerischen Weibe des zweiten Aktes sein soll? Seitdem mir dies aufgegangen, ist mir fast alles an diesem Stoffe klar geworden.» Kundry, Dienerin des Grals, «Höllenrose» und büßende Magdalena, ist die kompliziertestе und widerspruchvollste Gestalt in Wagners Dramen, eine Gestalt, die zu psychoanalytischer Deutung herausfordert. Sie ist die Orgeluse des Wolframschen Epos, aber auch die Herodias der christlichen Legende, die Versucherin Johannes des Täufers, und sie gleicht Ahasver, der den leidenden Christus verhöhnt und dazu verurteilt ist, auf der Suche nach Verzeihung endlos umherzuirren. Dem Bereich der Oper, des einfachen Affektausdrucks, ist Kundry weit entrückt; und Wagner entschloß sich, wie der Brief an Mathilde Wesendonck verrät, zur Komposition des *‹Parsifal›* nicht ohne Zögern: «Auch möchte ich's einmal bei der Dichtung allein bewenden lassen.»

Musik ist, nach Schopenhauer, der damit die communis opinio von Jahrhunderten aussprach, eine Kunst der Darstellung ungebrochener, ungemischter Gefühle, der Affekte in abstracto, losgelöst von der Verflechtung in der Realität, der sie ihre Differenzierung verdanken. Negation und Dialektik, Ambiguität und Paradoxie sind ihr, solange es sich um Musik für sich und nicht im Verhältnis zu einem Text oder einer Szene handelt, fremd. Und es ist begreiflich, daß Wagner – dem der Brechtsche Gedanke, Musik als Kontrast zu Text und Szene, als Einspruch oder Denunziation, zu verwenden, ein Greuel gewesen wäre – vor der Komposition der Kundry-Szenen, deren charakteristischer Zug das sublime Paradox ist, zurückscheute, bis er erkannte, daß die Leitmotivtechnik ein Mittel ist, um der Musik einen Bereich zu erschließen, der ihr sonst unzugänglich bleibt. Leitmotive sind, sobald sie deutlich genug exponiert wurden, musikalische Metaphern, die dadurch, daß sie ineinander übergehen, sich verschränken oder aufeinander anspielen, den Ausdruck von Zerspaltenheit oder Ambiguität möglich machen, der sonst der Musik verschlossen ist.

Die Dialektik, mit der sich Kundry, als Parsifal sie zurückstößt, als Versucherin im Geiste präsentiert, ist so schwer zu entwirren, daß es kaum vorstellbar ist, wie sich die Musik auf sie einzulassen vermag, statt mit kantablen Phrasen über sie hinwegzugehen. Kundry sucht Erlösung, aber in der Umarmung Parsifals, durch die sie sich von der Erlösung gerade ausschlösse; sie erinnert an den Fluch, der sie wie Ahasver umhertreibt, um ein Mitleid zu erregen, das ein Mittel der Versuchung ist; sie ersehnt die Verzeihung Christi, dessen Qual sie verlachte, doch trübt und verzerrt sich ihr das Bild der Versöhnung, das sie vor sich sieht, zur schwarzen Messe.

Wagners Kunst, Zwiespältiges auszudrücken, das sich der Musik zu entziehen scheint, fällt zusammen mit der Kunst, in einer «unendlichen Melodie», die für flüchtige Hörer ins Amorphe zerfließt, Form – also Gliederung und Konnex – herzustellen. Und die Analyse der Form ist von der des expressiven oder allegorischen Gehalts nicht zu trennen. – Kundrys Antwort auf Parsifals Weigerung («Grausamer») ist in sieben Perioden gegliedert. Die ersten vier umfassenden 17 + 13 + 20 + 22 Takte. Die Perioden heben sich einerseits durch sprachlich-syntaktische und musikalisch-formale Zäsuren sowie durch charakteristische, unterscheidende Orchestermotive voneinander ab. Andererseits sind sie durch ein wiederkehrendes, übergreifendes Motiv, das Kundry-Motiv, miteinander verklammert; und zwar bildet das Kundry-Motiv den Übergang zwischen erster und zweiter sowie zwischen zweiter und dritter Periode und erscheint in der vierten Periode als Nebenmotiv. Die Verklammerung ist jedoch nicht das einzige Mittel, um die Perioden – als Teile einer musikalisch-rhetorischen Form – miteinander zu verbinden. Sind einerseits, wie erwähnt, die Perioden durch Motivwechsel – genauer: durch einen Wechsel des Hauptmotivs – voneinander unterschieden, so sind andererseits die Periodenmotive, ohne daß die Differenzen aufgehoben oder verwischt würden, aufeinander bezogen. Das Sehnsucht-Motiv der ersten Periode («Bist du Erlöser»), eine (in der Harmonik modifizierte) Wiederkehr des ‹*Tristan*›-Anfangs, ist nichts anderes als eine Inversion des Leidensmotivs der zweiten Periode («des Heilands»), und die Umkehrung bedeutet formal zugleich Ableitung und Kontrast, Verknüpfung und Unterscheidung.

Die Erkennbarkeit der Inversion ist in der Erwartung einer motivi-

schen Verknüpfung begründet (also in einem Formgefühl, das sich dem Strom der «unendlichen Melodie» nicht reflexionslos überläßt) und umgekehrt die motivische Verknüpfung – der formale Zusammenhang zwischen den Perioden – in der Sinnfälligkeit der Inversion. Andererseits ist der formale Konnex ein Mittel, um den expressiv-allegorischen Gehalt der Motive zu verdeutlichen oder aus der Latenz herauszutreiben. Als Umkehrung des Leidensmotivs, das die Qual Christi und die des Amfortas in abgründig paradoxer musikalischer Metaphorik ineins faßt (der Zusammenhang ist in Parsifals Klage nach Kundrys Kuß deutlich geworden), ist Kundrys Sehnsuchtsmotiv – in analoger Zwiespältigkeit – Ausdruck eines Erlösungsverlangens, das sich in den Gegensatz seiner selbst verstrickt.

Das Motiv der dritten Periode, eine hybride Motivmischung, erfüllt formal die Funktion, zu vermitteln zwischen dem Leidens- und Sehnsuchtsmotiv einerseits und dem Abendmahlsthema als Hauptmotiv der vierten Periode andererseits.

Das Motiv («durch Tod und Leben»), Ausdruck von Kundrys Unruhe, Erlösungssehnsucht und Verstrickung zugleich, stellt in der Verschränkung von Heterogenem ein Extrem dar – um pedantisch zu analysieren: die Töne 1–5 sind ein Fragment des Zaubermotivs, 3–8 des Rittmotivs und 3–6 des Sehnsuchtsmotivs. Außerdem gehen in der vierten Periode (nach «sein Blick») das Zauber- und das Abendmahlsmotiv ineinander über.

Die Harmonik stammt aus dem Zauber-, die Rhythmik aus dem Abendmahlsmotiv, und die Melodik vermittelt zwischen den beiden Motiven, die entgegengesetzte musikalisch-dramatische Sphären repräsentieren.

Wagner, der sich in einem Brief an Mathilde Wesendonck der «Kunst des Übergangs» als seiner «feinsten und tiefsten Kunst» rühmte, hätte dasselbe von der Kunst der Ambiguität und der paradoxen Verschränkung sagen können, die er für die Musik entdeckte.

IV. Auseinandersetzungen um die Ideologie des ‹Parsifal›

Die Besonderheit der «letzten Karte», wie Wagner die ‹Parsifal›-Partitur selbst nannte, erfordert in noch höherem Maße, als das ohnehin schon bei diesem nach wie vor umstrittenen Komponisten der Fall ist (und wohl sein muß), eine dezidierte Stellungnahme zu der in ihr verborgenen Ideologie. (Kunst ist für Wagner nicht Selbstzweck, sondern, ganz im Gegenteil, massive Propaganda seiner Ideen von Welterlösung und -untergang). Durch den Germanisten Hartmut Zelinsky (Universität München) wurde, just im ‹Parsifal›-Gedenkjahr 1982, die ideologiekritische Beruhigung der Sekundärliteratur über Wagners Werk mit einem Ruck aufgestört und eine Diskussion entfacht – und zwar nicht nur im «Spiegel» oder im Band 25 der «Musik-Konzepte», sondern auch in der «Süddeutschen Zeitung» –, die einen äußerst gereizten Ton annahm. Ganz so neu und sensationell waren Zelinskys Thesen aber nicht. Adornos vielzitierter, aber kaum richtig gelesener ‹Versuch über Wagner› weiß auch lange vor Zelinsky Bescheid über die Regenerationslehre Wagners, entfaltet «als eine der Herrenkaste im Parsifal». Ja, Adorno schreckte nicht davor zurück, den Finger auf die ideologische Wunde des ‹Parsifal› zu legen: «So ist [...] die glorifizierte Blutsgemeinschaft des ‹Parsifal› das Modell der späteren ‹verschworenen› der Geheimbünde und Führerorden, mit denen der Kreis von Wahnfried selber so viel gemein hat; eine vom trüben Eros und der Tyrannenfurcht zusammengehaltene Clique, terroristisch gereizt gegen alle, die nicht dazu gehören.» In den sechziger Jahren dann schrieb der amerikanische Musikschriftsteller Robert Gutman seine auch in deutscher Sprache (1970) erschienene Wagner-Biographie, die hierzulande kaum zur Kenntnis genommen wurde. Sie ist nichtsdestoweniger sehr wichtig, weil sie distanziert-kritisch auch über den «moralischen Zusammenbruch» des alten Wagner deutlich genug belehrt. Gutman, wie übrigens auch Zelinsky, stützt sich dabei auf die merkwürdigen sogenannten «Regenerationsschriften» Wagners, Nebenprodukte oder vielmehr Begleitschriften – das meint jedenfalls

Zelinsky – zum ‹Parsifal›. Geschrieben wurden sie für Wagners ideologische Hauszeitschrift, die «Bayreuther Blätter», ein propagandistisches Kampfblatt des Mythologen und Ideologen Wagner, das während des Nazi-Terrors gleichsam zu sich selbst kam. Es handelt sich vor allem um die Aufsätze ‹Religion und Kunst› (1880) und ‹Heldentum und Christentum› (1881), aberwitzige Produkte der synthetischen Halbbildung Wagners in überaus geschwollener «philosophischer» Verbrämung. Die Grundthese von ‹Religion und Kunst› lautet, mit deutlicher Anspielung auf ‹Parsifal›, daß die toten Inhalte und Riten der christlichen Religion «aufgehoben» (im Sinne von Hegels «Aufbewahren») werden könnten im magischen Vollzug eines «Bühnenweihfestspiels», nämlich «daß da, wo die Religion künstlich wird, der Kunst es vorbehalten sei, den Kern der Religion zu retten, indem sie die mythischen Symbole [...] ihrem sinnbildlichen Werte nach erfaßt, um durch ideale Darstellung derselben die in ihnen verborgene tiefe Wahrheit erkennen zu lassen.» Und genau um diese geht es in den folgenden Beiträgen und in dem Streit um die Ideologie des ‹Parsifal›, zu der das letzte Wort noch keineswegs gesprochen worden ist.

Robert Gutman

Moralischer Zusammenbruch: ‹Heldentum› und ‹Parsifal›

1

Der Aufsatz *‹Heldentum›* basiert auf einem Artikel aus Wagners Dresdener Zeit, den *‹Wibelungen›*, der als Vorstudie zur Handlung des *‹Rings›* geschrieben war und auf bemerkenswerte Weise die spätere Entwicklung seiner Symbolik und seiner Rassentheorien vorwegnimmt. Immer wieder grübelte er über diese Ideen nach und arbeitete sie in ihrer endgültigen Form aus in *‹Parsifal›* und dem dazugehörigen, einführenden Essay *‹Heldentum›*.

In den *‹Wibelungen›* wird die alte Linie, aus der die fränkischen und hohenstaufischen Kaiser entsprossen waren, als das eine «bestimmte Geschlecht» herausgehoben, das rechtens Anspruch auf die Weltherrschaft hat. Wagner behauptet, eine solche Tradition habe sich auch im Volk erhalten, sogar in den Zeiten des Niedergangs. Durch ihre Abstammung von dem Gotthelden Siegfried waren die großen deutschen Kaiser in dem Rechte nachgefolgt, symbolisch nach dem Nibelungengold zu streben und nach seiner Macht, die die Herrschaft über die Welt verleiht. Die

Erben des Hortes hatten große Taten zu vollbringen, denn der Sieg des heldischen Gottes über den Drachen mußte ständig wiederholt werden, und Erwerb, Besitz und Bewahrung der Macht wurden zu einem Ritual für die königlichen Erben Siegfrieds, die sich der symbolischen Rückgewinnung des Symbols weihten.

Wagner führt in den ‹*Wibelungen*› aus, daß der Nibelungen-Schatz im Laufe der Geschichte sich aufsteigend verwandelt und die mystischere Gestalt des Heiligen Grals angenommen habe. In ähnlicher Weise betrachtete er auch Christus als einen Siegfried in geistig-geistlichem Gewande. In den alten Ritterzeiten hatten Kaiser wie Barbarossa – auch er ein außergewöhnliches Beispiel des wiedergeborenen Siegfried – nach dem verklärten Hort getrachtet, der als Gral bekannt war und damals um nichts weniger das «Wahrzeichen der Herrschaft» abgab wie bei seinem ersten Erscheinen als Gold des Zwergs. Der Hort-Gral blieb das ausschließliche Erbe von Siegfrieds Nachfahren, den deutschen Kaisern, die eine Herrenrasse bildeten und vom Schicksal dazu ausersehen waren, sich alle Welt untertan zu machen.

Wie eng die Sagen von den Nibelungen und vom Gral in Wagners Vorstellung miteinander verbunden waren, wird aus einer Notiz vom September 1865 zum ‹*Parsifal*›-Gedicht deutlich. Ursprünglich sollten nach seiner Absicht die Gralsritter das Drachen-Ritual vollziehen: «Bei der Übergabe des Grales ist den Rittern auch die Lanze verheißen: nur müsse die erst durch schwere Kämpfe gewonnen werden.» Die harten Prüfungen, denen sich Parsifal zwischen dem zweiten und dritten Akt unterzieht, sind ein Überbleibsel dieser Idee.

In ‹*Heldentum*› nahm er den Faden der ‹*Wibelungen*› wieder auf und spann ein pikantes Stück Wagnerscher ethnologisch-mythologischer Anthropologie, indem er die Arier, die großen germanischen Weltführer, zu Nachfahren der Götter erklärte, im Gegensatz zu allen Farbigen, denen er die recht niedrige Darwinsche Abstammung vom Affen überließ. Das war Wagner der Wissenschaftler; denn in den Jahren zwischen diesen beiden Aufsätzen war die Entwicklungstheorie entstanden. Für ihn als gläubigen Antisemiten war die biblische Erklärung der Entstehung des Menschen durch einen Willensakt des jüdischen Gottes unannehmbar. Schwungvoll erklärte er, Menschen- und Ariergeschichte seien eins; denn wenn sie sich nicht mit einer Beimischung göttlichen weißen Blutes stärkten, könnten die farbigen Rassen es zu nichts bringen. Auf diese Weise hatten die minderwertigen Völker durch die Jahrtausende den Ariern ihre eingeborene Reinheit ausgesaugt und sie um ihre sie allein auszeichnenden göttlichen Züge gebracht. Es war seine Absicht, in ‹*Heldentum*› und in dem künstlerischen Gegenstück ‹*Parsifal*› den Deutschen die

Das Schlußbild des dritten Aufzugs in der Inszenierung Wieland Wagners (Bayreuth 1962).

Ernsthaftigkeit ihrer rassischen Krise vor Augen zu führen – und ihnen Vollkommenheit, Niedergang und Hoffnung auf eine Erneuerung der heruntergekommenen Arier auszumalen.

Er hatte den «Fortschrittsglauben», das Vertrauen in den Spencerschen Optimismus, verloren. In der Schrift *‹Wollen wir hoffen?›* von 1879 hatte er den Menschen verurteilt, «der sich für die Beurteilung der Erscheinungen dieser Welt der so bequemen Führung durch den Glauben an einen steten Fortschritt der Menschen überläßt. Er möge tun und lassen, was er wollte, so ist er sicher, doch immer mit fortzuschreiten: sieht er großherzigen Bemühungen zu, welche ohne Erfolg bleiben, so sind sie in seinen Augen dem steten Fortschritte undienlich gewesen; gehen zum Beispiel die Leute lieber an ihren Geschäftsorten in die Theater, um den *‹Nibelungenring›* zu sehen, statt sich einmal zu dem etwas mühsamen Besuch von Bayreuth aufzumachen, um sorgfältig eingeleiteten Bühnenfestspielen beizuwohnen, so wird auch hierin ein Fortschritt der Zeit gesehen, da man nicht mehr zu etwas Außerordentlichem eine Pilgerfahrt anzutreten hat, sondern das Außerordentliche zu dem Gewöhnlichen umgeformt sich behaglich zu Hause vorführen läßt.» Der Fehlschlag der ersten Festspiele hatte Wagner vom Glauben an den unausweichlichen Fortschritt zu höheren Formen geheilt, eine Überzeugung, die er doch in *‹Oper und Drama›* so selbstsicher vorgetragen hatte. Seine alte Vorstellung vom Darwinismus hatte er abgelegt.

Die Betrachtung der Weltlage aus den Höhen von Montsalvat belehrte die Gralsgemeinschaft in *‹Parsifal›* auf beunruhigende Weise, daß das Prinzip der natürlichen Auslese ihrem Ariertum entgegenarbeitete. Auf ihre Kosten wurden andere immer geschickter und fähiger, und die Lieblinge der Götter schienen dem Untergang geweiht. Irgend etwas lief da ganz fürchterlich schief: die Evolutionsmaschine funktionierte nicht richtig und verwechselte die Tüchtigen mit den Untüchtigen. Anstatt zur unendlichen Verbesserung und arischen Vollkommenheit beizutragen, betrieb sie nur rassischen Verfall. Die Ritter sahen sich einem Feind ausgeliefert, der ihnen tagtäglich Boden abgewann. Das war die rassische Krise, die zu einem unerbittlichen Machtkampf führte. *‹Parsifals›* falsche Fassade christlicher Selbstverleugnung maskiert diesen fast irrwitzigen Widerstreit.

Der frühere Wagnersche romantische Rebell hatte eine Gesellschaft bekämpft, der er sich zeitweilig und wenigstens bis zu einem gewissen Grade anpassen konnte. Siegfried wurde ein Gibichungen-Häuptling und Walther ein biederer Bürger. Selbst Wotan und Alberich standen sich vor der Drachenhöhle in einem merkwürdigen, poetischen Waffenstillstand gegenüber und bekannten sich als Vorder- und Rückseite ein und derselben Münze, auch wenn sie deshalb nicht weniger entschlossen blieben, einander zu vernichten. Aber der letzte Akt der *‹Meistersinger›* hatte neue Zeiten verkündet; bald würde sogar ein Gespräch zwischen Gegnern nicht mehr möglich sein. In *‹Parsifal›* hatte Klingsors Währung keine Gültigkeit, die Aufschrift, ja sogar das Münzmetall waren falsch. Montsalvat war Wagners wahnwitzige Vorstellung einer kleinen, in sich abgeschlossenen elitären Gruppe, die allein die Wahrheit besaß, sich besessen zeigte von ihrer «Reinheit» und mit der Außenwelt, die als wertlos galt, in Kampf lag. Erlösung war den hartbedrängten Rittern verheißen, aber offensichtlich ließ sich der Wagnersche Erlöser nicht unter jüdischen Handwerkern und Aussätzigen finden. Nicht zufällig erkennt Gurnemanz beinahe augenblicklich Parsifals edle, hochgeborene Erscheinung. Er wußte die Zeichen zu lesen. Rassisches Erbe und strenge Zuchtwahl, nicht natürliche Auslese, waren der neue Heilsmechanismus. Die Wagnersche Eugenik entstand. In seinen letzten Schriften hatte der Kompo-

Kundrys Kuß in der Inszenierung Wieland Wagners (Bayreuth 1963).

nist die dunkleren Implikationen des Darwinismus übernommen. Gurnemanz, allem Anschein nach Abonnent der *Bayreuther Blätter,* hatte sein ‹*Heldentum*› gründlich studiert.

2

Hier feierte Wagner die Arier als der Welt edelste Rasse, und die «Beherrschung und Ausbeutung» niedrigerer Züchtungen wurde durch ihre ethnologische Überlegenheit und damit also durch das Naturgesetz gerechtfertigt. Aber zu seinem Kummer war das Goldene Zeitalter der Arier vorbei, ihre göttliche Reinheit war verdorben worden, weil sie an Stelle der natürlichen Pflanzenkost den Fleischgenuß gesetzt hatten (ein Übel, das die Juden aufgebracht hatten, «handelskundige Geschäftsführer unserer Gesellschaft ... ehemalige Menschenfresser»), aber auch, weil sich das von Natur aus edle Ariergeschlecht durch Rassenmischung geschwächt hatte. Gobineau hatte die Rassen handlich in *maîtres* und *esclaves* eingeteilt und seinen eigenen Stammbaum so angelegt, daß er seine unmittelbare göttliche Abstammung von Odin persönlich nachweisen konnte. Er wurde von den Nationalsozialisten als wissenschaftliche Autorität zitiert, um diese schmerzlich vertraute Rassentheorie zu bestätigen. In ‹*Mein Kampf*› sollte Hitler, ein Widerhall aus ‹*Heldentum*›, den materialistischen Instinkt des Juden gegen den Idealismus des arischen Herrschaftstriebes ausspielen.

Wagner räumte allen Rassen einen gemeinsamen Faktor ein: die Fähigkeit zum bewußten Leiden. Aber nur der Arier, ein instinktiver Schopenhauerianer, besaß den überwältigenden Intellekt, der es ihm erlaubte, seinen Willen zu beherrschen. Niedere Rassen dagegen bleiben Opfer ihrer Sinne, Knechte ihrer blinden Begierden. Und da nur der Arier allein seinen Willen bändigen kann, ist auch er allein in der Lage, Metaphysik zu treiben und sich zum Heldentum emporzuschwingen.

Wagner war bis zu einem gewissermaßen Schopenhauerschen Siegfried gediehen. Aber irgendwie mußte er jetzt ein Paradox in eine Parallele umbiegen, Siegfried in Parsifal, den Helden in den Helden-Heiligen. Bei der Betrachtung der Heiligen der frühen Christenheit entdeckte Wagner eine Ähnlichkeit zwischen ihrer Weltentsagung und Siegfrieds kühnem Tatendrang. Durch die Kraft seines arischen Intellekts überwand der Heilige das Ich, heldischer Stolz fand seinesgleichen in heiliger Demut. Wagner fragte sich ernstlich, ob der Heilige nicht letzten Endes dem weltlichen Helden in der Leidensfähigkeit gleichkäme. Falls dieser Übergang von Siegfried in Parsifal den Leser etwas wundernimmt, so muß ihn das Folgende höchlich überraschen; denn nach einigen boshaften Seitenhieben gegen die römische Kirche und Nietzsches Erörterung über Feigheit und Demut im achtunddreißigsten Aphorismus seiner ‹*Morgenröte*› wandte sich Wagner einem Problem zu, das selbst ihm bei seiner Begabung für undurchdringliche Wortnebel zu schaffen machte – der Frage nach der rassischen Eigenart von Christi Blut.

Für Wagner und seine Anhänger war diese Frage von ungeheurer Bedeutung. Er hatte ‹*Parsifal*› in den Rahmen einer mittelalterlichen Legende gesetzt, Christi Blut war die wirkende Kraft für die Erlösung verschiedener Gestalten. Umnachtete Historiker, denen Wagners Einsichten fehlten, hatten die Welt dazu verleitet, in Christus einen Juden zu sehen. ‹*Publikum und Popularität*›, eine Artikelserie, die 1878 in den *Bayreuther Blättern* erschien, hatte demgegenüber erklärt, die Gleichsetzung von Christi Gott mit dem Stammesgott der Juden sei «eine der schrecklichsten Verwirrungen der Weltgeschichte». Wie konnte das jüdische Blut, das Wagner als eine Pest verdammte, gleichzeitig die Quelle der menschlichen Erlösung sein? Es war dann eine kühnere Erklärung gefolgt, des Inhalts, daß es mehr als zweifelhaft bleibe, «ob Jesus selbst von jüdischem Stamme gewesen sei», eine seligmachende Zeitung für die Wagnersche Herde, die ihr 1880 in ‹*Religion und Kunst*› verkündet wurde, wo Wagner auch mitteilte, judäische Elemente seien in die christ-

Amfortas im Gralstempel. Aufnahme von der Inszenierung Wieland Wagners (Bayreuth 1964).

liche Lehre eingedrungen und hätten sie ruiniert. Und außerdem demaskierte ‹*Religion und Kunst*› ein für allemal den eifersüchtigen Judengott Jehova als die treibende Kraft hinter dem Widerstand gegen den vegetarischen Gedanken. Adam und Eva waren in Sünde gefallen, nicht etwa weil sie tierisches Fleisch genossen hätten – das wäre dem blutigen Jehova ja nur recht gewesen –, sondern weil sie Obst aßen. Und war Jehova Abels fettes Lamm nicht «schmackhafter» gewesen als Kains Opfergabe aus

Feldfrüchten? (In diesem Aufsatz verrät sich die Wende bei Wagner von Albernheit zu ernsthaften Verirrungen.) Aber obwohl Wagner nun einen gewaltigen Sturm entfachte gegen Jehova als den Klingsor der Schlachthöfe, der reine Arier mit Beefsteaks an Stelle von Blumenmädchen verführte, so blieb doch die Zuerkennung der arischen Bürgerrechte an Jesus durch einige Bedenken gehemmt. Die Gläubigen konnten nach *‹Religion und Kunst›* zwar wieder etwas aufatmen, aber offensichtlich nagten doch noch Zweifel am Meister. «Mehr als zweifelhaft», und der Konjunktiv konnte natürlich einen treuergebenen Wagnerianer noch nicht zufriedenstellen. In *‹Heldentum›* sollte diese Frage endlich geklärt werden und keinen Augenblick zu früh – denn in weniger als einem Jahr fand die Uraufführung von *‹Parsifal›* statt.

Im ersten Moment sah es so aus, als ob er das Problem ganz vernünftig anpacken wollte. Ohne auf seine Stellungnahme in *‹Religion und Kunst›* einzugehen, stellte Wagner in *‹Heldentum›* zunächst die Frage, ob überhaupt jemand so profanierend-frevlerisch sein könne, Nachforschungen über die rassische Zusammensetzung von Christi Blut in die Wege leiten zu wollen. Der Kunstgriff war das *reculer pour mieux sauter*, und einen höchst verwirrenden Kopfsprung vollführte Wagner dann auch gleich mit der neuen Offenbarung. In Christi Adern floß eine Art Überblut, das zwar über jeder einzelnen Rasse stünde, aber doch als archetypische Manifestation der arischen Blutgruppe anzusprechen sei. Als Inbegriff aller bewußten Leiden der Menschheit symbolisiert dieses Blut die höchste arische Willensunterwerfung – die völlige Aufhebung des Willens, die nur mehr den Willen zur Erlösung übrigläßt. Christi Blut war der Urquell des Mitleids, das durch die gesamte Menschheit fließt, eine göttliche Substanz, welche nicht nur die durch Mischung mit niedrigeren Rassen aus der Gnade gefallenen Arier wieder erheben konnte, sondern auch die schlechten Rassen aus ihrer naturgegebenen Erniedrigung zu erheben vermochte. Des Erlösers Blut war also zugleich ein Wundermittel gegen den Rassenverfall und ein Arkanum für die rassische Aufbesserung. Durch die Betrachtung dieses Bluts konnten sich Mischlinge erheben (obwohl es natürlich für ihre Erlösungsmöglichkeiten durchaus Grenzen gab) und gefallene Arier die Sünde der Rassenschändung tilgen. Wagner sah Christi Blut als Teil der «äußersten Anstrengungen», um die edelste Rasse der Welt vorm Verfall zu retten; die Kreuzigung war arrangiert, um eine Formel zur Heilsrettung der Arier zu finden.

Bloß die Juden bleiben ohne jede Aussicht auf Erlösung in Wagners Kosmologie. *‹Erkenne dich selbst›* nannte den Juden den «plastischen Dämon des Verfalls der Menschheit» und stellte fest, daß ihm «selbst die Vermischung nicht schadet». Der Jude stand außerhalb des Zyklus des rassischen Aufstiegs, und in demselben Artikel schrieb Wagner: «Er vermische sich männlich oder weiblich mit den ihm fremdartigen Rassen, immer kommt ein Jude wieder zutage.» Selbst Hitler war da liberaler. Trotz größter Anstrengungen konnte Klingsor niemals Mitglied der Gralsbruderschaft werden, und selbst die alleräußerste Geste der Selbstkastration blieb vergeblich; die Kriegslist war unverschämt, seine Vermessenheit wurde zurückgewiesen. Wotan sagt zu Alberich bei ihrer Begegnung vor Fafners Höhle: «Alles ist nach seiner Art; an ihr wirst du nichts ändern.» Und in *‹Heldentum›* heißt es: «Die Tugend des Stolzes ist zart und leidet keinen Kompromiß, wie durch Vermischung des Blutes.» Mehr als zehn Jahre zuvor hatte er im Schlußteil eines Offenen Briefes, der der Erklärung von *‹Judentum in der Musik›* diente, Überlegungen angestellt, ob die Juden ausgerottet werden sollten «durch eine gewaltsame Auswerfung» oder durch Assimilation. Als er an *‹Parsifal›* arbeitete, bedurfte er dieser Überlegungen nicht mehr – «keinen Kompromiß». Völlige Vernichtung allein würde genügen.

In den *‹Deutsch-Französischen Jahrbüchern›* von 1843 und 1844 veröffentlichte Karl Marx eine Reihe von Artikeln *‹Zur Judenfrage›*, in denen er erklärte, «die Judenemancipation in ihrer letzten Bedeutung ist die Emancipation der Menschheit vom Judentum». Für ihn sollte sich die Frage lösen durch die Zurückweisung des Judaismus und Kapitalismus durch die Juden selbst, eine Vorstellung, die sich in Wagners früheren Schriften ebenfalls findet. Wieviel Marx Wagner gelesen hat, ist nicht klar, aber sicherlich hat er durch Bakunin in Dresden einiges von ihm gehört. Der ordinäre, besessene, ätzende Antisemitismus von Marx, der väterlicher- und mütterlicherseits von Rabbinern abstammte, erwuchs aus demselben Verlangen, das Jüdische abzuleugnen, wie bei Wagner. Allerdings kam Marx die physische Vernichtung der Juden nie in den Sinn; man möchte gern dasselbe von Wagner glauben, aber seine letzten Artikel offenbaren einen totalen moralischen Zusammenbruch.

Die *‹Parsifal›*-Artikel in den *Bayreuther Blättern* und das Drama selbst lieferten die Umrisse, die die nächste Generation mit unaussprechlich grausigen Einzelheiten ausfüllte. Gewiß war Wagner nicht der einzige Proto-Nationalsozialist mit einem Programm für die rassische Erneuerung. Aber sein musikalisches Genie und die wachsende Popularität seiner Werke verlieh seinem Theoretisieren eine einmalige, verhängnisvolle Macht. *‹Lohengrin›* war die erste Oper, die der zwölfjährige Hitler sah, und er war hingerissen in einer Begeisterung ohne Grenzen, vermutlich nicht nur wegen des zarten romantischen Gefühls, das üblicherweise mit dem Schwanenritter in Verbindung gebracht wird, sondern auch wegen des wilden Nationalismus, der überall durchbricht – der leidenschaftliche

Aufruf des deutschen Königs, die «Not des Reiches» zu beenden durch einen Kreuzzug gegen die östlichen Feinde, die deutschen Boden bedrohen, und der wüste Ausbruch der Bewaffneten im letzten Akt (eine Stelle, die außerhalb Deutschlands oft gestrichen wird): «Für deutsches Land das deutsche Schwert! So sei des Reiches Kraft bewährt!» Ja, ehe er Abschied nimmt, wendet sich Lohengrin noch einmal zum König, um Deutschlands Sieg über «des Ostens Horden» zu prophezeien. Hitler griff dann zu den dicken Bänden Wagnerscher Prosa und erklärte dessen politische Schriften zu seiner Lieblingslektüre. Zeit seines Lebens kaute er deren Vorstellungen und Schlagworte wieder und übernahm selbst den gewundenen Ausdrucksstil seines Vorbilds. Er sagte, niemand könne das nationalsozialistische Deutschland begreifen, ohne Wagner zu kennen – eine seiner ganz wenigen wahren Feststellungen. Als Wagner in Venedig den Tod erwartete, nannte er sein letztes Werk eine «Erlösung weissagende Mahnung ihrer [der Welt] innerster Seele», das «wahrtraumhafte Abbild».

3

Als Wagner die Orchesterpartitur zum zweiten Akt von *‹Parsifal›* vollendet hatte und nach Sizilien abgereist war, hatte durch seine für die *Bayreuther Blätter* verfaßten berüchtigten Artikel die «religiöse» Symbolik seiner letzten Oper dargelegt und vor sich und seinen Anhängern gerechtfertigt. Auf ihrer düstersten Ebene – die vielen seiner Jünger besonders leicht zugänglich ist – ist *‹Parsifal›* die Allegorie von Fall und Erlösung des Ariers. Der anscheinend ruinierte Gralskönig Amfortas steht im Mittelpunkt des Dramas, der Text seiner Klage in der ersten Tempelszene kann zu einem guten Teil als dichterische Entsprechung zu den Gedankengängen in *‹Heldentum›* aufgefaßt werden. «Viel zu viel Blut (namentlich beim Abendmahl geht es mir zu vollblütig her)», war Nietzsches Kommentar zu neuen Wagnerschen Kommunion.

Bei Amfortas steht das göttliche Blut Christi in Gegensatz zu seinem eigenen sündigen Blut, das durch den Geschlechtsverkehr mit der rassisch unterlegenen Kundry geschändet ist; diese verbrecherische Rassenmischung ist der Inbegriff des arischen Dilemmas. Beide Blutsanteile streiten miteinander in seinem zugrunde gerichteten Körper. Der erste, arisch und göttlich, strömt ihm sanft ins Herz, wenn der Gral, aus dem er entstammt, entschleiert wird und aufleuchtet[1], und der zweite, sündige, ergießt sich zugleich wie wild aus seinem Körper durch die Wunde, die er

1 Der Gral kann – wie sein Vorgänger, das Rheingold – anfallsweise bei Bewußtsein sein oder schlummern und leuchtet auf, wenn er erhoben wird. Wagners Machtsymbole haben ausgeprägte sexuelle Charakteristika.

Szenenbild aus dem dritten Aufzug der Bayreuther Inszenierung Wieland Wagners (Aufnahme aus dem Jahre 1969) mit Franz Crass als Gurnemanz, James King als Parsifal und Gwyneth Jones als Kundry.

als Preis empfing dafür, daß er dieser erniedrigenden Verführung verfiel. Einen Augenblick lang hatte ihn der arische Verstand im Stich gelassen, er verlor die Beherrschung über seinen Willen und fiel ab vom Heldischen, ein höchst bedauerlicher Fehltritt für jemanden, den Wagner das «Haupt des Geschlechts» nannte.

Es bleibt augenscheinlich wenig Hoffnung für den Ärmsten, auch wenn er mit dem neuesten Badesalz der Mme. Gautier besprengt wird. Das schlechte Blut, das aus seiner Wunde fließt, wird ständig von der Begierde erneuert, das Verbrechen zu wiederholen: «Das heiße Sündenblut entquillt, ewig erneut aus des Sehnens Quelle, das, ach! keine Büßung je mir stillt!» Man könnte vielleicht dieses «Sehnens Quelle» deuten als das Verlangen nach Erlösung, wenn nicht Parsifal, dessen Aufgabe es ist, Amfortas' Weg zu folgen, dieselbe erotische Wallung erführe. Selbst nachdem er Kundry zurückgestoßen hat, ruft der junge Heilige aus: «Oh, Weltenwahns Umnachten: in höchstens Heiles heißer Sucht nach der Verdammnis Quelle zu schmachten!» (Bei dieser Stelle sieht Kundry eine Chance zum Gegenangriff und fragt zurück: «So war es mein Kuß, der welt-hellsichtig dich machte?») Parsifal war einen kurzen Augenblick lang dem zum Opfer gefallen, wovor Heinrich von Treitschke, einer der Väter der antisemitischen Geschichtsschreibung, gewarnt hatte: einer gewissen «Anmut des Lasters», in der er eine verlockende Besonderheit sah, die Juden und Franzosen gemeinsam haben.

Und tatsächlich zeigte sich Parsifal auch gefährlich geschwächt gegenüber Kundrys Reizen. Nachdem sie seine Sinnlichkeit geweckt hat durch die ausführliche Erwähnung Herzeleides, seiner Mutter, wickelt ihn die erfahrene Zauberin ein und verspricht ihm eine sexuelle Vereinigung, die ihn dieselben Freuden kosten lassen würde, die sein Vater einst erfuhr, als «Herzeleides Entbrennen ihn sengend überfloß». Ihr Kuß, so versichert sie den Jüngling, würde «des Muttersegens letzter Gruß» sein. Kundry versprach den Geschlechtsverkehr mit der eigenen Mutter. Und obwohl Parsifal einen Augenblick der Hexenkunst verfällt, reißt er sich doch los, anders als Amfortas, der von seinem schamlosen Koitus mit Kundry die furchtbare Wunde davongetragen hatte, die nie heilte.

Die Enthüllung des Grals im Tempel führt zu der sofortigen schmerzhaften symbolischen Vermischung des zweierlei Bluts in Amfortas' Adern, eine unerträgliche Qual, und verständlicherweise verlangt er im letzten Akt lieber nach dem Tod, als daß er sich noch einmal dem Sadismus der Gralszeremonie aussetzt. Die Syntax der ersten Amfortas-Arie ist vielleicht die gequälteste und gewundenste aller dichterischen Wagner-Texte, ein Charakteristikum, das sie mit einigen der Artikel in den *Blättern* teilt. Es klingt eine gewisse Verzweiflung aus dem Bemühen, die

Wagnersche Blutsymbolik überzeugend in Worte zu fassen. Die Musik jedoch gehört zum Schönsten, was er je schrieb, sie fließt mit einer eigenen, erhabenen Logik. Amfortas, einst unter dem Namen Tannhäuser bekannt, hungert nach nichtarischem Geschlechtsleben und zugleich nach arischer Erlösung und wird klugerweise unter strenger Bewachung der Bruderschaft gehalten, die sich ja schon empfindlich verringert hat durch die Schwachheit einiger Mitglieder, welche sich ganz ähnlich der Schmeichelei der Außenwelt ergeben haben.

Nach den Qualen mit dem ausströmenden Blut verschafft die archetypische Superflüssigkeit in dem Kelch dem König nur eine kurze Ruhepause. Offensichtlich fehlt da etwas – ein neuer Führer mit einer neuen Lösung, der Wagnersche Helden-Heilige. Das Mitleid-Motiv, das seine Ankunft verkündet («durch Mitleid wissend»), hat eine bemerkenswerte Ähnlichkeit mit dem Motiv im ersten Akt von *‹Siegfried›*, auf das der Wanderer seine Weissagung über den Helden singt: «Nur wer das Fürchten nie erfuhr, schmiedet Nothung neu.» Ein neuer Herr mit Siegfrieds stählerner Härte und einer wilden Art von Mitleid wird von der dahinschwindenden Ritterschar erwartet, die Wagner bezeichnenderweise «das zur Hut des Grals auserwählte Geschlecht» nennt. Der Gral, so hatten die *‹Wibelungen›* offenbart, ist in Wirklichkeit das Rheingold selbst, der göttliche Talisman der Herrenrasse, der jetzt von Klingsor, dem Schurken des Stückes, bedroht wird. Er hat sich schon ein anderes schicksalsträchtiges Symbol der arischen Überlegenheit angeeignet, Wotans Speer, hier zum heiligen Speer umgetauft, der einst Christi Fleisch durchbohrte und das Ausströmen des Superblutes verursachte. Gral und Speer, nach Westernhagen «alt-arische Symbole der Lebenserneuerung», sind die Fetische, die in *‹Parsifal›* verehrt werden und nichts zu tun haben mit dem jüdischen Zimmermannssohn aus Nazareth.

Klingsor, der so rüstig dabei ist, die altarischen Privilegien mit Beschlag zu belegen, ist eine interessante Mischung aus Ortrud, Alberich und Beckmesser. Weiter oben hatten wir darauf hingewiesen, daß Beckmesser, vor langer Zeit unbarmherzig aus dem Nürnberger Bannkreis vertrieben, als selbstverstümmelter Zauberer zurückkehren werde. In seinem «Gefiel er dir wohl» kann man tatsächlich eine charakteristische Tonfarbe des Nürnberger Stadtschreibers wiedererkennen. Er hatte, jedenfalls eine Zeitlang, sich die Tür zum Heil einen Spalt offen gehalten, und Wagner empfand gelegentlich sogar Mitleid mit Alberich, dem Fürsten der Dunkelheit. Aber Klingsor hatte nie zu den Auserwählten gehört und wird es nie können; er ist auch Wagners Mitleid nicht würdig. Er steht außerhalb der mystischen Verfahren der Wagnerschen Erlösung – der Jude, als den ihn der Komponist zum Schluß betrachtet, die Gestalt, die er als «das Eigentümliche, welches das Christenthum in die Welt gebracht» hat, beschrieb. «Er glaubt nicht an das Gute, ganz wie die Jesuiten.» Klingsor repräsentiert nicht nur den Juden, sondern, wie Wagners Cosima wissen ließ, den Jesuiten dazu.

Ironischerweise trieb ihn eine innere Kraft, in Klingsor eine außerordentlich mächtige Heldenfigur zu schaffen, ein herrliches Ungeheuer, das Debussy als die einzig menschliche und moralische Gestalt im ganzen Drama anerkannte. Es war Wagners Phantasievorstellung, daß die Juden und ihre Werke in ganz Europa zum Verschwinden gebracht würden mit einer Bewegung der arischen Lanze, so wie Klingsor und sein Zauberschloß und Garten in Trümmer sinken, sobald Parsifal mit dem wiedergewonnenen Speer das Zeichen des Kreuzes schlägt. Dieser magische Bereich sollte die jüdisch-jesuitischen Metropolen der Welt vorstellen, aus denen Wagner geflohen war, um sein Heiligtum im fränkischen Wald zu errichten. In dieser Szene erreichten seine Haßgesänge auf Mendelssohn und Meyerbeer schließlich die Bühne; ihre Werke waren künstliche Blüten ohne Wurzeln im arischen Boden, und der heilige Held, der die Kraft besaß, den semitischen Tücken zu widerstehen, konnte erkennen, daß der jüdische Garten der Kunst in Wirklichkeit eine Wüste war und daß er nur das Symbol der Kreuzigung beschwören mußte – in sich ein Symbol der arischen Rettung –, um den Betrug in vollem Licht erscheinen zu lassen.

Auf der anderen Seite teilte Wagner am 22. November 1881, nur einen Monat nach der Vollendung der Instrumentation der unerhört schönen Musik zu der Garten-Wüste, König Ludwig mit: «Die Juden haben eben – vom Bilder-Juwelen-Meuble-Handel her – einen Instinkt für das Ächte, dauernd zu Verwerthende, welcher den Deutschen ganz verloren gegangen ist, daß sie von den Juden sich das Unächte eintauschen.» Dieser Instinkt, belehrte er Ludwig, beherrschte auch das Interesse des Juden Neumann am Wagnerschen Drama. In dem ganzen steckt eine gewisse Logik. In der Welt der Spiegel kann das Leben ganz real aussehen, aber, wie Alice im Wunderland bemerkt, «die Bücher sind zwar ganz ähnlich wie unsere Bücher, nur laufen die Wörter in der verkehrten Richtung».

Parsifals plötzliches Durchschauen des Zaubergartens war die Erkenntnis, daß er durch die Hingabe an Kundry seine Reinrassigkeit verseuchen würde. ‹*Heldentum*› warnte ganz besonders davor, daß niedere Rassen zwar durch arische Beimischung gehoben werden könnten, daß die sich ergebende rassische Verbesserung jedoch dürftig wäre verglichen mit dem katastrophalen Niedergang, den die Beimischung ihres Blutes für die Herrenrasse bewirke. In dem fast verhängnisvollen Augenblick, wo die Lippen der Versucherin ihn berühren, wird der Knabe zum Wagnerschen Helden-Heiligen.

Szenenbild des ersten Aufzugs aus der Inszenierung Wieland Wagners (Bayreuth 1971).

Für Wagner bedeutete der erste Kuß das Ende der Individualität. Siegfried geriet in panischen Schrecken, ehe er sich der neuen Situation anpaßte, aber Parsifal war sofort das Gefühl verliehen, zu Amfortas zu gehören. Die Begierde wurde besiegt durch eine atavistische Vision des Blutes, die ihn mahnte, sich vorm Raub seiner sexuellen Kraft zu hüten, und die ihm die Stärke gab, seinen Willen zu bezwingen. Mit dem Ruf: «Amfortas? – – Die Wunde! – die Wunde! – die Wunde! –» erinnert sich Parsifal an das sündige vermischte Blut, das aus der Seite[2] des Gralskönigs fließt, und der Kreislauf des Knaben wallt auf in mitleidsvoller Bewegung. Durch dieses seelische Erlebnis gestärkt, konnte er die Avancen eines Geschöpfes zurückweisen, das um so bemitleidenswerter wirkt, als es selbst dem Judentum zum Opfer gefallen ist. Ferris, der frühere Gralsritter, und seine Gefährten, durch deren Reihen sich Parsifal in den Zaubergarten kämpft, hatten sich dem jüdischen Luxus verkauft. Entar-

2 In Wolframs von Eschenbach ‹*Parzival*› ist Anfortas ein lebenslustiger Gralskönig mit dem Schlachtruf «Amor». Auch er wird verwundet, und zwar durchbohrt ihm ein Speer die Hoden.

tete Arier, über alle Rettung hinaus geschwächt durch die Gewohnheit der sexuellen Ausschweifung mit Bastarden, können sie nur mehr fliehen vor der Klinge, die Parsifal Ferris entreißt. Aber zu guter Letzt vermag sogar Kundry noch aus ‹*Heldentum*› eine Lehre zu ziehen. Sie begreift, daß es Pflicht der Mischlinge ist, ihren Herren als Knechte zu dienen, und im letzten Akt der Oper kriecht sie denn nur unterwürfig umher und äußert lediglich die Worte: «Dienen ... dienen!»

Parsifal gewinnt den Speer zurück, das heilige arische Werkzeug, das sich die Juden schändlicherweise angeeignet hatten, und gibt das gestohlene Symbol der Macht dem Tempel wieder. Als er gerade den Altar-Thron besteigen will, erblickt er Jesu Blut, wie es an des Speeres Spitze erglüht und sich mit dem verwandten Blute in der Schale sehnlich vereinigen möchte. Die Worte, in denen er diese Erscheinung wiedergibt, verkünden triumphierend die letzte Lektion aus ‹*Heldentum*› – reines Blut vermischt sich auf natürliche Weise nur mit seinesgleichen. Arisch muß zu Arisch, Götter können nur bei Göttern liegen. Der wieder komplette Vorrat an Superblut gibt Amfortas die Gesundheit zurück und gewährt Kundry dann die höchste Gnade, die dem Heloten möglich ist: das Labsal des Todes. Die Frage, die der nichtaufgelöste Dominantseptakkord auf Es am Ende des Vorspiels stellt – *Sollen wir hoffen?* –, wird mit dem Schluß des Werkes in der Tonika As-dur positiv beantwortet. Die arische Welt ist wieder in bester diatonischer Ordnung, die Volksgemeinschaft erneut intakt. Wie ein böser Traum war der chromatische, unreine Klingsor in den Trümmern seines Phantasieschlosses verschwunden, sein Schicksal hatte sich in dem Garten vollzogen, als das Blutsymbol vor Parsifal erschien, durch welches «Bekenntnis» und «Erkenntnis» des Sexuellen, die Kundry in ihm zu erwecken hoffte, in eine Offenbarung rassischer Verpflichtung und Aufgabe sich verwandelt hatten.

Wagner beschloß die Schrift ‹*Erkenne dich selbst*› von 1881 mit einer mystisch formulierten Bemerkung; nur wenn seine Landsleute erwachten und dem Parteigezänk ein Ende setzten, würde es keine Juden mehr geben, eine «große Lösung» sah er als einmalig im Bereich der Deutschen, wenn sie «nach Überwindung aller falschen Scham die letzte Erkenntnis» nicht scheuen würden. ‹*Parsifal*› wies den Weg. Die erschütternde «Erkenntnis», die dem Helden im Zaubergarten kam, sollte Wagners letzte Offenbarung an seine Landsleute sein. «Deutschland erwache!» war das Schlagwort, mit dem Hitler die «große Lösung» dann verwirklichte.

Diese schmerzhafte Interpretation von ‹*Parsifal*› ist größtenteils mit den eigenen Worten seines Schöpfers vorgenommen worden. Und doch, selbst wenn ‹*Parsifal*›, mehr als der ‹*Ring*›, zur Bibel des Nationalismus wurde, so arbeitete Wagners Genie gleichwohl auf mehreren Ebenen, und, wie bereits festgestellt wurde, kann man das Werk auch sehr viel bequemer als seine letzte Beschäftigung mit den Themen der Einfühlung, der wachsenden Bewußtwerdung und des Liebestodes betrachten. Um das aber wirklich ganz bequem tun zu können, muß man die Tatsache übersehen, daß das Mitleid, das in *‹Parsifal›* so gefeiert wird, wie Hans Sachsens Wohlwollen, nur auf eine auserwählte kleine Schar beschränkt bleibt. Westernhagen nennt Wagners Mitleid «aristokratisch». Das Dritte Reich strömte über von dieser besonderen Art von Wohlwollen. *‹Parsifal›* ist nicht nur unchristlich, er ist antichristlich. Nietzsche, der an die Rassenmischung als Quelle großer Kulturen glaubte, hielt die Oper für «ein Werk der Tücke, der Rachsucht, der heimlichen Giftmischerei gegen die Voraussetzungen des Lebens, ein *schlechtes* Werk ... ich verachte jedermann, der den *‹Parsifal›* nicht als Attentat auf die Sittlichkeit empfindet.» Und dennoch erkannte er die scharfsinnige, kluge Anlage des Librettos und die unglaubliche Schönheit der Musik an.

Max Friedländer[3] stellte fest, daß Wagner gern Bühnensituationen schafft, die in ihrem Handlungsverlauf etwas ganz anderes besagen als was der Text erzählt. In diesen Augenblicken lehnt sich der Zuschauer befriedigt über das, was ihm eine herkömmliche Opernsituation erscheint, in seinem Stuhl zurück und genießt die herrlichen Klänge. Ein großer Teil des Publikums merkt zum Beispiel gar nicht, daß es bei der Liebestrankszene in *‹Tristan›* nicht um die symbolische Verwechslung von Zaubertränken geht, sondern eigentlich doch um einen ganz brutalen Plan zu einem Mord mit anschließendem Selbstmord; daß Bruder und Schwester, die Siegmund in seiner Kavatine «Winterstürme» im ersten Akt der *‹Walküre›* nennt, nicht etwa er selbst und Sieglinde sind, sondern daß es sich um einen poetischen Hinweis auf Frühling und Liebe handelt; und daß Sieglindes Raserei und Flucht im zweiten Akt derselben Oper nicht aus Gewissensbissen erfolgt wegen der Geschwisterliebe, sondern im Gegenteil aus hysterischem Bedauern, sie nicht früher genossen zu haben. Wagner liebte den Trick, Schein und Wirklichkeit nebeneinanderzustellen. In *‹Parsifal›* wird mit Glockengetön und Anklängen an Messe und Passion eine Religion der Rasse unter dem Deckmantel einer christlichen Legende vorgetragen. In Wirklichkeit bringt *‹Parsifal›* Not, Kampf und Erlösungshoffnung der Arier auf die Bühne, ein Drama, das nicht nur charakterisiert wird durch die ihm angeborene dunkle und rätselhafte dichterische Sprache des Komponisten, sondern auch durch die nicht

3 Friedländers Referat *‹A Psychoanalytical Approach to Wagner's Ring›* wurde in *Connotation* (Zeitschrift der Fairleigh Dickinson University, Vol. 2, part 1, Frühjahr 1963) veröffentlicht. Leider sind seine anderen in Bayreuth gehaltenen Vorträge ungedruckt.

minder angeborenen allegorischen Umschreibungen, die berechneten Irrealitäten der Symbolik und besonders den schwülen Verwesungshauch des Niedergangs. Die Tempelszenen sind in gewissem Sinne Schwarze Messen, die die Symbole der Eucharistie pervertieren und einer finsteren Gottheit darbringen. Und die Schwarze Messe, die die Décadents des Fin de siècle so magisch anzog, war bloß eine ihrer Besessenheiten, die ihren Bann um den alternden Wagner und seinen ‹*Parsifal*› wob.

4

[...] Baudelaire bemerkte, *«faire l'amour, c'est le mal»*. Das Sexuelle war auch in Wagners Vorstellung stets mit dem Bösen verknüpft gewesen, und Baudelaires Anschauung, das Schuldgefühl gebe einen zusätzlichen Reiz bei der Liebe, trug ohne Zweifel dazu bei, ihm und seinen Nachfolgern die satanische Geschichte von ‹*Tannhäuser*› anziehend erscheinen zu lassen und zum Schluß Wagner in die dekadente und symbolistische Bewegung Frankreichs miteinzubeziehen. In ‹*Parsifal*› war die Geschlechtsliebe eine Verirrung geworden, auf jeden Fall etwas, vor dem man Angst haben mußte, und Enhaltsamkeit galt als der Normalzustand der Geretteten, eine Bedingung, die gefördert und behütet wurde durch ein Leben in mönchischer Abgeschiedenheit. In Wolframs von Eschenbach ‹*Parzival*› darf nur der König eine Frau nehmen; alle anderen, die sich dem Gralsdienst weihen, müssen auf Frauenliebe verzichten. Demzutrotz wurde diese Regel, nach der Erzählung von Trevrizent (Buch IX) jedenfalls, wohl mehr durch die Ausnahme bestätigt, und zwar durch offizielle Erlaubnis oder persönliche Laune. Im Tempel wohnten fünfundzwanzig strahlend-schöne Jungfrauen, die für den Gral zu sorgen hatten und überdies zur Beschaffung von zukünftigem Personal des öfteren die Herren der Gralsgesellschaft anregten, auszureiten und Nachwuchs zu zeugen. («Gott kann es sie lehren, so zu tun», fügt Wolfram charmant hinzu.) Bestenfalls also kämpften die Ritter – und wohl recht vergeblich – darum, sich «vor losem Sinn zu bewahren». Der Wagner des ‹*Parsifal*› kann solcherart geschlechtliche Nonchalance kaum gebilligt haben, ebensowenig wie die Küche des Grals, wo es alles gab, «was an Wild unter dem Himmel lebt, ob es fliegt oder läuft oder schwimmt». Ohne allen Zweifel wurde in Wagners Montsalvat reizfreie Pflanzenkost serviert, wo er doch mit aller Deutlichkeit seiner Truppe strenge sexuelle Fasten auferlegt hatte, die nicht nach Laune, sondern nur bei ganz unbefleckt reinrassischen Umständen einmal gebrochen werden durften.

In einem Deutschland, wo Bismarck jedermann gleiche Bürgerrechte gewährte ohne Ansehen der Religion, war es vielleicht sicherer für einen Herrn, Zurückhaltung zu üben, ehe er sich über die Papiere der Dame vergewissert hatte. In seinem antisemitischen Pamphlet *‹Modern›* (1878) hatte sich Wagner über die Juden mokiert, die ihre Namen änderten; aber trotz seines vorgeblichen Amüsements über diese Entwicklung spürt man doch seine echte Beunruhigung über die «deliziösen Namen, unter denen uns jetzt unsere neuen jüdischen Mitbürger ebenso überraschend als entzückend entgegentreten». Das bedeutete eine neue Bedrohung der arischen Reinheit.

Wirkt Keuschheit Wunder? fragte sich Nietzsche, als er die erstaunliche Tatsache überdachte, daß Parsifal Lohengrins Vater war. Aber irgendwo mußte Parsifal wohl eine Dame mit unanfechtbarer Ahnenreihe gefunden haben, die seiner arischen Aufmerksamkeiten würdig war. Liebe zwischen Mann und Weib hatte ihre Zweckhaftigkeit, und nach dem Wagner der *‹Parsifal›*-Zeit lag diese allein in der Vervollkommnung der Rasse; *‹Parsifal›* wußte, was seine Pflicht war. Aber Pflicht und Neigung müssen nicht notwendig übereinstimmen; ein Hauch von Homosexualität hängt schwer über Montsalvat. Die einzige echte, natürliche Gefühlsregung, die in einem Werk zutage tritt, das hauptsächlich geschlechtlich-rassischen Problemen gewidmet ist, ist die des Schwans, der auf der Suche nach einem Weibchen über dem See kreist, ehe Parsifals Pfeil ihn trifft. Nietzsche protestierte. «Die Predigt der Keuschheit bleibt eine Aufreizung zur Widernatur.» Das Adjektiv, das Huneker so scharfsinnig aus *‹Parsifal›* ableitete, hieß «parsiphallisch», und wie Stanislaus Przybyszewski bemerkte, werden die Mysterien der Schwarzen Messe Satan-Satyr, Satan-Pan und Satan-Phallus dargebracht. Nach Nietzsches *‹Der Fall Wagner›* war Wagner «in alten Tagen durchaus *feminini generis.*» Die adverbiale Bestimmung ist vielleicht allzu einschränkend, aber im übrigen sollte diese Feststellung nicht einfach als bloße Böswilligkeit abgetan werden.

In demselben Buch schreibt Nietzsche: «Fast keiner hat Charakter genug, um nicht verdorben – ‹erlöst› zu werden, wenn er sich als Gott behandelt fühlt – er kondeszendiert alsbald zum Weibe. – Der Mann ist feige vor allem Ewig-Weiblichen: das wissen die Weiblein.» Diese Anspielung bezieht sich offensichtlich auf das Verhältnis zwischen Richard und Cosima. Gewiß übernahm Wagner in seiner letzten Oper den leidenschaftlichen Weiberhaß Schopenhauers, des großen Frauenfeindes. Das Weib ist dämonisch, zerstörerisch, es ist eine Gefahr. Für Wagner war sie etwas geworden, das Przybyszewski «dulce malum et vitiosa propago» nannte (ein süßes Übel und ein lasterhafter Sproß). Aber während der Deutsch-Pole Kraft zog aus den Reben, die ihn umrankten, wollte sich der alternde Wagner von ihren Umklammerungen befreien. Vieles war hart, beinahe erstickend – strindbergisch – an Cosima, die einen durch ihr absurdes

Betragen so oft an Wilhelm Buschs ‹*Fromme Helene*› erinnert. Die Höhen der Teufelei und die Tiefen der Bußfertigkeit, zwischen denen Kundry hin- und hergerissen wird, sind vielleicht ein Widerhall von Wagners häufigen und leidenschaftlichen Ausbrüchen gegen seine Frau.

Wagners anscheinend neue Einstellung zur Frau ist übrigens seinen früheren Werken nicht vollständig fremd, trotz seines Ruhmes als Lobpreiser des weiblichen Geschlechts. In seinem Buch ‹*Zur Genealogie der Moral*› fragt Nietzsche: «Was bedeutet es zum Beispiel, wenn ein Künstler wie Richard Wagner in seinen alten Tagen der Keuschheit eine Huldigung darbringt? In einem gewissen Sinne freilich hat er dies immer gesagt; aber erst zuallerletzt in einem asketischen Sinne.» Das war allerdings nicht ganz richtig. Eine abweisende Haltung gegenüber weiblichen sexuellen Gunstbeweisen läßt sich paradoxerweise in den Werken des jüngeren Wagner sehr wohl verfolgen, und in seinen letzten Lebensjahren versuchte der alternde Meister seine latente Angst vor dem Geschlechtlichen zum Vorteil seiner Rassenlehre zu wenden.

Lohengrin läßt seine Frau zugunsten des Klosters sitzen, mit der kläglichen Erklärung: «Mir zürnt der Gral, wenn ich noch bleib'!» Tannhäuser, diese Figur im Wendepunkt von Wagners Schaffen und einer der frühesten Satanisten in der deutschen Literatur, war kaum ein Muster der Enthaltsamkeit; und doch befriedigte ihn weder die erotische Venus noch die heiligmäßige Elisabeth, und zum Schluß suchte er das Geschlechtliche durch wilde Selbsterniedrigung abzutöten. Er gab seine Unsicherheit, Schwäche, Morbidität, seinen Masochismus und überhaupt seine allgemeine Nervosität an seinen Erben Tristan weiter. Amfortas, ein zweiter Tristan, prägte diese selben Neurosen unwissenschaftlich Parsifals unbeschriebenem Gemüt ein.

Seit der Zeit der politischen Zeitung in München hatte Wagner seinen heiligen Helden Parsifal immer als Ludwig vor sich gesehen – der junge homosexuelle Fürst, der bezaubernde «Weibjüngling» mit politischer Macht. Höflich, aber doch zurückhaltend den Frauen gegenüber (eine Haltung, die auch Hitler einnahm), würde er ein verderbtes Königreich durch rassische Säuberung erlösen und so sein Schicksal als Drachentöter erfüllen, der Erbe Siegfrieds und der ruhmreichen, vom Schicksal auserwählten kaiserlichen Linie. Das war das Grundthema in einer beinahe unbeschränkten Vielfalt von Verkleidungen, das Wagner schonungslos anschlug in seinem Briefwechsel mit Ludwig, der diese Botschaft geduldig überhörte. Die Absicht war ihm schmerzlich klar.

In einem Achilles-Drama, das Wagner gegen Ende seiner Dresdener Zeit plante, bietet Thetis ihrem Sohn Unsterblichkeit dafür, wenn er der Rache für den Tod seines geliebten Patroklus entsagt. Aber Achilles weist

Der Gralstempel im ersten Aufzug aus der Bayreuther Neuinszenierung Wolfgang Wagners (1975).

das Angebot verächtlich zurück; er erfüllt seine Aufgabe und erlangt dadurch eine höhere Göttlichkeit. In *‹Parsifal›* kehrt dieses faszinierende Spiel zwischen Mutterliebe und homosexueller Neigung wieder, wenn Mutter Thetis-Kundry vor dem Helden steht und ihm die gleiche Belohnung verspricht, wenn er Amfortas vergißt: «Mein volles Liebesumfangen läßt dich dann Gottheit erlangen!» Parsifal weist die Verlockung von sich, und Kundry beugt sich schließlich, wie Thetis, um die erhabenere Pflicht anzuerkennen. Wagner empfand diese enge Beziehung zwischen *‹Archilles›* und *‹Parsifal›*, und bald nach der Vollendung des Prosa-Entwurfs für die Oper schrieb er am 16. September 1865 an Ludwig, er hoffe, das damals aufgegebene Stück fertigzuschreiben.

Aber der König war vom ersten Tag an, als er zu Beginn desselben Monats den Entwurf zum Textbuch empfing, nicht ganz glücklich mit *‹Parsifal›*. Nachdem er Wagner wie erwartet geantwortet hatte: «Ja diese Kunst ist heilig, ist reinste, erhabenste Religion», verrät er doch im weiteren Verlauf seines Briefes, daß er argwöhnte, sie sei in Wirklichkeit nichts dergleichen. «Nur eine Frage erlaube ich mir an meinen geliebten Freund bezüglich des *‹Parcival›* zu richten. – Warum wird unser Held erst durch

Cundry's Kuß bekehrt, warum wird ihm *dadurch* seine göttliche Sendung klar? erst von diesem Augenblicke an kann er sich in die Seele des Amfortas versetzen, kann er sein namenloses Elend begreifen, mit ihm fühlen!» Und Wagner entgegnete: «Das ist ein furchtbares Geheimnis, mein Geliebter!» Er entwickelte eine absurde Parallele zwischen Adam, Eva und Christus auf der einen Seite und Amfortas, Kundry und Parsifal auf der anderen und verrät dann Ludwig: «Mit Blitzesschnelle sagte er sich gleichsam: ‹ach! das ist das Gift, an welchem Jener siecht, dessen Jammer ich bisher nicht verstand!›»

Das «furchtbare Geheimnis» war dem König deutlich genug. Parsifals unberührte Gleichgültigkeit gegenüber Frauen sollte doch zur Erlösungskraft gewendet werden. Das Schicksal hatte ihn über alle Versuchungen der Rassenschändung erhoben, dieses «Gift» auf Kundrys Lippen (der Meister selbst fand, wie Amfortas, letzten Endes Lippen mit zweifelhafter Erbmasse beladen verwirrend interessant), und dadurch besaß der junge Mann die Chance, frei und entschieden auf die völkische Reinhaltung hinzuarbeiten. Wagner wollte in Ludwig einen göttlich unbarmherzigen Despoten von unübertrefflicher Anmut und Schönheit sehen, der mit gebieterischer Gebärde alle Hindernisse aus dem Wege räumt; das wahre Abbild von Heliogabal, mit dem Stefan George den tragischen König in Verbindung bringen sollte – ein eleganter Tyrann, der die Falten seiner purpurnen Schleppe rafft und über eine Leiche auf den marmornen Stufen hinwegschreitet.

Nicht zufällig gab Wagner Ludwig den Beinamen «Parsifal»; und es erscheint kaum glaubwürdig, daß eine zufällige Unpäßlichkeit oder ein Anfall von Menschenscheu den König wirklich davon abgehalten haben soll, der Uraufführung des Gralsdramas in Bayreuth beizuwohnen. Bei Privataufführungen in München konnte er das Werk als eine romantische Oper genießen und mußte es nicht als eine Darlegung von Rassentheorien verstehen. Er hatte zwar ein Gesicht wie Dorian Gray, aber sein Porträt verfiel nicht. Mit seiner gewöhnlichen Scharfsichtigkeit erklärte Hanslick von der Zeit der ersten Aufführung an, man müsse die «falschen, religiös-philosophischen Prätentionen» der Oper ignorieren, um «Momente bedeutender künstlerischer Anregung und blendendster Wirkung darin [zu] erleben». Er fuhr fort: «Wer, naiv genugsamen Sinnes, den Wagner'schen ‹*Parsifal*› als eine höhere Zauber-Oper auffassen mag und kann, als ein freies Spiel einer im Wunderbaren schwelgenden Phantasie, der hat ihm die beste Seite abgewonnen und sich den möglichst ungetrübten Genuß gerettet.» Auf dieser Ebene wollte Ludwig ‹*Parsifal*› erleben. In seinem Briefwechsel mit Wagner zeigt sich, wie bemüht er das rassische Anliegen übersah und wie er sich, wenn er gedrängt wurde, dagegen verwahrte. Die Bayreuther Atmosphäre konnte er nicht leicht atmen. Er wollte in *‹Parsifal›* nur das herrliche musikalisch-dramatische Gegenstück sehen zu den Prunkszenen mittelalterlicher Ritterfrömmigkeit, mit denen er die Wände seines Traumschlosses Neuschwanstein ausschmücken ließ.

5

Nicht nur der rassische Snobismus, sondern auch die unvermeidlich damit verbundenen Begleiterscheinungen der Inzucht, Grausamkeit, Lasterhaftigkeit und eine Aura der Erschöpfung scheinen *‹Parsifal›* zur destillierten Quintessenz des Mystizismus und Dämonismus des Fin de siècle zu machen. Die Blumenmädchen sind Gespenster von Wagners früheren Frauengestalten, kraftlose Schatten der ihnen einstmals innewohnenden Sinnlichkeit. (Er hatte anfangs daran gedacht, die Gestalt der Isolde unter ihnen auftreten zu lassen.) Im winterlichen *‹Parsifal›* singen sie: «Im Lenz pflückt uns der Meister.» Nicht böse, weil sie nicht wirklich leben, sind sie absonderliche Geschöpfe, Trugbilder, ähnlich den Pflanzen von Odilon Redon, deren Stengel menschliche Gesichter tragen. Kundry als Versucherin ist die einzige Frauenrolle in der Oper, und diese Verkörperung aus antifemininem Satanismus wurde die Ahnherrin zu Oscar Wildes Salome, so wie Parsifal das Modell abgab für Jochanaan. Der Versuch des Sukkubus Kundry, den Helden durch die Verlockung zur fleischlichen Vereinigung ins Verderben zu ziehen, bildet den Höhepunkt des Dramas; sein Widerstand läßt an Huysmans' Schlußfolgerung denken, daß nur der Keusche allein wirklich obszön sein kann. Bei all seiner Größe muß der zweite Akt von *‹Parsifal›* vom Regisseur davor bewahrt werden, zu einer Folge von satirischen Zeichnungen im Stile von Beardsley oder Toulouse-Lautrec zu werden.

Die besessene Kundry ist nicht bloß ein Vampir, der seine Nahrung aus einem zerstörerischen Geschlechtsleben saugt, sondern auch eine Hysterikerin, die an mediumartigen Trance-Zuständen leidet und hin- und herschwankt zwischen einem Verlangen einerseits, mitzuhelfen, bestimmte rituelle Glaubensartikel an ihrem orthodoxen Platz für den kanonischen Gebrauch zu bewahren, und einem Zwang andererseits, sie dem Zauberer auszuliefern für seine eigenen Schwarzen Messen. (Huysmans selbst focht einen ähnlichen Kampf.) Die «heiligen» Symbole sind, wie weiter oben schon bemerkt, die alten Wagnerschen Fetische, hier nur neurotisch verklärt; das Nibelungen-Gold wird als der Gral des Überblutes verehrt, während Wotans Lanze, Abzeichen seiner herrscherlichen Macht, hier als der verehrte Speer auftaucht, den die Juden mit Hilfe des Reichstags an sich gebracht haben.

So findet sich über die ganze Oper verteilt eine ungewöhnliche Zahl von Elementen, die den Décadents lieb und teuer waren: das Erotische und Perverse, exemplifiziert in Kundry, der dämonischen Prostituierten, einer richtigen *femme fatale* à la Jugendstil (ihr charakteristisches Motiv hat etwas vom üppigen Rankenwerk der Jugendstil- und Sezessionsstil-Ornamentik); die Berauschung am Destruktiven, am Verbrecherischen und Entarteten in ihr, im selbstkastrierten Klingsor und der feindseligen Sturmabteilung der Gralsritter; die Freude am Satanischen, Okkulten und an schwarzer Magie; das Verlangen nach Keuschheit und Heilsrettung, wie es die Ausschweifenden immer wieder haben, «wenn die verunglückten Schweine dazu gebracht werden, die Keuschheit anzubeten», wie Nietzsche es formuliert, «o mit was für einem tragischen Gegrunz und Eifer!»; und die Flucht in Einsamkeit und Desinteresse als Schutz vor der Wirklichkeit, die Wagners Vorstellung von Montsalvat zugrunde liegt.

Der Schauplatz schwankt im wesentlichen zwischen einerseits der üppigen Pracht eines schwach erhellten, weihrauchgeschwängerten Heiligtums und dem orientalischen Glanz eines Harems und andererseits dem schwarzen Grauen der Zauberer-Zelle. Ein Gustave Moreau, Beardsley oder Gaudi hätten die Bühnendekorationen entwerfen sollen und ein Mucha die Kostüme und Accessoires. (Die herrliche musikalische Naturschilderung in den beiden schönen pyrenäischen Landschaftsszenen läßt zwar an den früheren Wagner denken, aber man spürt doch – um Hausers Worte zu benutzen –, daß sich der «Weltschmerz» in «ennui» verwandelt hat; ein «taedium vitae» hüllt *‹Parsifal›* ein, ein Gefühl von Stagnation, die alles vergeblich erscheinen läßt.) Es bleibt ein Rätsel der Genialität, wie es Wagner gelang, alle diese Bizarrerien, diesen ganzen Katalog seiner Neurosen zu einer Allegorie des gefallenen und erlösten Ariers und zugleich zur symbolischen Darstellung der sich entwickelnden menschlichen Seele zusammenzufassen; über das Ganze ein eher billiges, an allen Ecken und Enden reißendes Furnier aus unechtem Katholizismus zu leimen und trotzdem ein monumentales Meisterwerk zu schaffen: Nietzsche nannte den Helden der Oper «jene männliche (ach, so unmännliche) ‹Einfalt vom Lande› ... jener arme Teufel und Naturbursch Parsifal, der von ihm mit so verfänglichen Mitteln schließlich katholisch gemacht wird».

Und tatsächlich, in den Tempelszenen noch erkennbare Umrisse der Messe zu verwenden und sie mit einem fremden Inhalt zu füllen, der seinem Geiste nach eher an eine Séance erinnert, war, um das mindeste zu sagen, ein schwerer geschmacklicher Fehltritt. Während seiner Münchner Zeit hatte Wagner die katholische Liturgie bei Pater Petrus Hamp studiert, der Isolde* taufte. Das Wagnersche Ritual ist natürlich weder katholisch noch protestantisch in der Form, aber indem es die Symbole des christlichen Abendmahls und Fragmente aus der Bibel verwertet, schafft es unvermeidlich bestimmte Assoziationen. Wagner nannte diejenigen, die an dieser Adaptation Anstoß nahmen, «konvertierte Juden, von denen mir christlicherseits versichert wurde, daß sie die unduldsamsten Katholiken abgäben».

Der Weg von der Ausschweifung zum Altar ist oftmals nur kurz; aber es erstaunt doch, daß *‹Parsifal›* überhaupt jemals als ein christliches Werk betrachtet werden konnte. «Wenn Wagner ein Christ war, nun dann war vielleicht Liszt ein Kirchenvater!» rief Nietzsche. Daß viele die Aufführung der Oper anstößig finden, ist leicht zu verstehen. Mit dem Vorsatz, als Erzketzer eine neue Religion zu schaffen aus der Verbindung von Rasse und Gefühl – ein heiliger Ritus zur Selbstbeweihräucherung im eigenen Schrein –, braute Wagner ein Drama von monströser Virtuosität zusammen. (Schon Jahre zuvor hatte Fröbel sein Verlangen vorhergesehen, sein Theater in eine Kirche zu verwandeln.) Er forderte seine Anhänger auf, ein Rassenritual auszuführen zum Gedächtnis an ihren Magus und Hierophanten, eine Zeremonie der Selbstverehrung, die sicherlich nicht ohne Auswirkung blieb auf den George-Kreis mit seiner Verehrung des Dichter-Priesters. «Etwas von der Einrichtung des Oberammergauer Passionsspiels – auch dessen periodische Wiederkehr – scheint dem Begründer der Bayreuther Festspiele vorgeschwebt zu haben», bemerkte Hanslick.

‹Parsifal› und seinen Schöpfer hatte Nietzsche offensichtlich im Sinn, als er im fünften Buch seiner *‹Fröhlichen Wissenschaft: Wir Furchtlosen›* (angefügt 1887) von dem «tyrannischen Willen eines Schwerleidenden, Kämpfenden, Torturierten» schrieb, «welcher das Persönlichste, Einzelnste, Engste, die eigentliche Idiosynkrasie seines Leidens noch zum verbindlichsten Gesetz und Zwang stempeln möchte und der an allen Dingen gleichsam Rache nimmt, dadurch, daß er ihnen *sein* Bild, das Bild *seiner* Tortur aufdrückt, einzwängt, aufbrennt». Die üppige Kunst von *‹Parsifal›* erwuchs aus dem Haß, aus der zunehmenden Impotenz und einer immer bestürzender werdenden sexuellen Ambiguität.

Man kann sich den alten Hexenmeister in seinem Arbeitszimmer in Wahnfried vorstellen, in Gewänder aus Pelz, Seide und Satin gehüllt, wie er unter dem Anreiz von Judiths Parfums die musikalischen Umrisse ei-

* *Es handelt sich um das Kind, das Cosima von Bülow am 10. April 1865 gebar. Nach außen hin galt es als Kind Hans von Bülows, in Wahrheit war Richard Wagner der Vater. Wie weit die Verlogenheit und Geschmacklosigkeit getrieben wurde, zeigt die Tatsache, daß Wagner als Pate bei der Taufe auftrat.*

ner Oper heraufbeschwört. Eine morbide Atmosphäre künstlich erregter Sinnlichkeit und Krankheit umgibt ein Werk, das von Aphrodisiaka stimuliert wird. Eine merkwürdige, mystische Verrückung der Gestalten und Situationen, eine Irrationalität und dämmerige Gestimmtheit – selbst in der Verführungsszene – zeigen ‹*Parsifal*› als das Werk eines alten Meisters, einer phantastischen männlichen ‹*Venus im Pelz*›, die sich mehr Phantasievorstellung und der Selbstliebkosung hingibt als tatsächlicher Liebe.

Und doch zeigt sich keine Müdigkeit im Musikalisch-Handwerklichen; in ‹*Parsifal*› verrät der bürgerliche Wagner eine unvermutet aristokratische Hand. Liebevoll arbeitete er an der Instrumentierung, zeitweilig schaffte er nur ein paar Takte pro Tag. Aber man merkt deutlich, daß die Abfolge herrlichster musikalischer Visionen durch die Erinnerung an Längstvergangenes heraufbeschworen ist. ‹*Parsifal*› steht im Vakuum des Sinnens eines erschöpften, fanatischen Décadents, und man kann leicht ersticken in dieser so wirklichkeitsfremden Welt. Wenn ‹*Tristan*› endet, mag sich der Zuschauer fragen, ob er nicht zuviel von einem schweren Wein getrunken hat; ‹*Parsifal*› gibt ihm das Gefühl, als ob er unter der Einwirkung von Drogen gestanden habe. Nietzsche schrieb in der ‹*Fröhlichen Wissenschaft*›: «Jetzt will man mit den Kunstwerken die armen Erschöpften und Kranken von der großen Leidensstraße der Menschheit beiseite locken, für ein lüsternes Augenblickchen; man bietet ihnen einen kleinen Rausch und Wahnsinn an.» Mit beinahe göttlicher Sehergabe scheint der große Deutsche oftmals davor zu warnen, daß der Weg nach Wagners absonderlich schönem Montsalvat zu einem Wahnsinn ohnegleichen führen sollte.

In den Schlußstellen von ‹*Parsifal*› berührt sich Wagner mit Huysmans, der Beiträge für die *Revue Wagnérienne* liefern sollte. Am Ende seines Romans ‹*À Rebours*›, der bald nach der Oper erschien, fällt Des Esseintes, der größte Décadent, in einen Stuhl und bittet Gott um Erbarmen für den Christen, der zweifelt, für den Skeptiker, der glauben wolle, und für alle, die allein auf See gehen ohne das tröstende Leuchtfeuer der alten Hoffnung. Das war eine Bitte, die in die Richtung wies auf seine künftige Aussöhnung mit der Kirche – ein Weg, den Wagner nicht gehen konnte. Aber als der Gral in Parsifals Händen erglüht und der Lichtschein aus der Höhe immer stärker anwächst, da proklamieren die Chöre, bis hoch in die Kuppel des Tempels gestaffelt, zwar Wagner als den Heiland, aber hoffnungsvoll flüstern sie doch die Bitte um seine Erlösung: «Erlösung dem Erlöser!»

Die Begegnung zwischen Gurnemanz (stehend), Parsifal und Kundry am Karfreitagsmorgen. Szenenbild des dritten Aufzugs aus Wieland Wagners Bayreuther Inszenierung (1962).

EINE BEKANNTMACHUNG DER FESTSPIELLEITUNG AUS FRÜHEREN JAHREN · A NOTICE PUBLISHED BY THE FESTSPIEL MANAGEMENT FROM FORMER FESTIVAL YEARS · UN AVERTISSEMENT DE LA DIRECTION DES FESTIVALS PUBLIÉ LORS DE REPRÉSENTATIONS ANTÉRIEURES

Da es zu lauten Klagen über den Umstand gekommen ist, dass nach den Aktschlüssen bei den Aufführungen des Parsifal von einem Teil des Publicums gezischt worden ist, um den Applaus zu unterdrücken, sieht sich die Festspielleitung veranlasst die von dem Meister im Jahre 1882 selbst geäusserten Wünsche in Bezug auf Applaus und Nicht-Applaus dem verehrten Publikum kundzuthun.

Das ruhige Verklingen des ersten Aktes schliesst einen Applaus von selbst aus. Dagegen wünschte der Meister es ausdrücklich, dass nach dem 2. und 3. Akt das Publicum den Künstlern seinen Dank durch Beifall ausdrücke. Das Oeffnen des Vorhanges am Schluss ist auf seinen Wunsch hin angeordnet worden und an dieser Bestimmung wird festgehalten.

Plusieurs réclamations ayant été faites au sujet de l'attitude d'une partie des spectateurs, qui essayent en chutant d'empêcher les applaudissements après chacun des actes de Parsifal, le Comité juge opportun de faire connaître les volontés du Maître lui-même à cet égard.

La fin recueillie du 1r acte exclut naturellement toute manifestation bruyante, mais le Maître a désiré qu'après les 2me et 3me actes, le public puisse exprimer par des applaudissements ses remerciments et ses félicitations aux artistes.

La réouverture du rideau, à la fin du 3me acte, a été instituée par le Maître en personne, et sa volonté sera, par conséquent, toujours exécutée.

As many complaints have been made that a part of the audience attempts by hissing to prevent the applause after the Acts of Parsifal, the Committee thinks it advisable to publish the wishes of the Master himself in this respect: —

The quiet finish of the first Act precludes, of course, any applause; but the Master himself wished that after the 2nd and 3rd Act the audience might express their thanks to the Artists by applause.

The re-opening of the curtain at the end has been arranged by the Master's desire and it will, therefore, be continued.

Links:
Daß auch im Jahre 1969 – die Abbildung stammt aus dem Programmheft der ‹Parsifal›-Aufführungen der Bayreuther Festspiele dieses Jahres – die Frage des Beifalls im Falle des «Bühnenweihfestspiels» immer noch eine verbindliche Antwort notwendig machte, zeigt der nebenstehende Rekurs der Festspielleitung auf des Komponisten eigene Verfügung bei den Bayreuther Festspielen 1882. In Cosimas Tagebüchern erfahren wir über die Hintergründe folgendes: «Wie nach dem zweiten Akt stark gelärmt und gerufen wird, tritt R. an die Brüstung, sagt, daß die Beifallsbezeugungen seinen Künstlern und ihm zwar sehr willkommen, daß sie aber übereingekommen seien, sich, um den Eindruck nicht zu stören, nicht zu zeigen, also das ‹Sogenannte Herausrufen› fände nicht statt. [...] Doch am Schluß ärgert R. das stumme Publikum, welches ihn mißverstanden hat, er redet es noch einmal von der Galerie an, und wie darauf der Beifall sich entlädt und immer wieder gerufen wird, tritt R. vor den Vorhang und erklärt, er habe seine Künstler versammeln wollen, aber diese seien schon halb entkleidet. Die Heimfahrt, mit diesem Thema erfüllt, ist ärgerlich» (Eintragung am Tag der Uraufführung). Als aber bei der zweiten Aufführung am 28. Juli 1882 nach dem zweiten Aufzug es «peinlich» (Cosima Wagner) wirkt, daß die «Beifall-Spendenden wieder ausgezischt werden» (Tagebucheintragung), entschließt sich Wagner zu der bekannten Verfügung, nur den ersten Aufzug – seines Charakters wegen – ohne Beifall nachklingen zu lassen.

Den folgenden Auszug aus einer großen Studie des Münchner Germanisten Hartmut Zelinsky über die ‹Rettung ins Ungenaue› der bekannten Wagner-Biographie Martin Gregor-Dellins, erschienen im Parsifal-Band der ‹Musik-Konzepte› (1982), haben wir ausgewählt, weil Zelinsky hier nicht nur das mehr als zweifelhafte Verfahren Gregor-Dellins, sich mit seinem Gegenstand zu identifizieren und ihn folglich zu verharmlosen, ja sogar stellenweise zu verfälschen, korrekt aufdeckt (er bezieht sich dabei konsequenterweise auf die übrigens von Gregor-Dellin mitherausgegebenen Tagebücher Cosima Wagners), sondern sich speziell mit dem von Gregor-Dellin «verschwiegenen Gehalt» des ‹Parsifal› beschäftigt. Zelinskys Forschungsergebnisse, gestützt auf gerade die Tagebuchstellen, die Gregor-Dellin verschont oder verkürzt, vermitteln jedoch nur das ideologische Umfeld des ‹Parsifal›, können aber keine unmittelbare Interpretation des Werkes abgeben, weil Zelinsky seine Thesen leider nicht einer immanenten Werkkritik unterwirft. Voraussetzung dafür wäre allerdings eine umfassende Analyse des Textbuches und vor allem der Musik, die Zelinsky, aus welchen Gründen auch immer, unterläßt. Deshalb wohl zog er sich den Zorn der Wagnerianer zu.

Hartmut Zelinsky

Der verschwiegene Gehalt des ‹Parsifal›

Zu Martin Gregor-Dellins Wagner-Biographie

Da Gregor-Dellin durch das ganze Buch hindurch das Leitmotiv der «Wunde, die nicht heilen wollte» zur Sprache gebracht hat, macht er – am Schluß des Kapitels «Erlösung dem Erlöser» – dem Leser fragend weis, daß mit der Beendigung der Partitur des *‹Parsifal›* alles abgetragen und geleistet, die Wunde geschlossen und das Sterben die einzige Gnade» sei. Die weiteren Sätze lauten:

«Zuletzt sagt alles die Musik, sie entsiegelt erst, was gemeint war: ein glückliches Trauern, wenn das Ende winkt. Vielleicht ist das ganze Werk Richard Wagners, wie Wapnewski vermutet, wirklich ‹das Monument der getilgten Lebenslüge›, bewältigte Schuld und Aufhebung aller Daseinsnot in dem, was doppelt leuchtet. Dann hat er mit diesen letzten Takten den Ruf dessen komponiert, der seiner Mission müde ist: Erlösung dem Erlöser. Und es bleibt nicht mehr viel zu tun» (S. 800).

Auch hier am Schluß des Kapitels mit der *‹Parsifal›*-Schlußformel als Titel «Erlösung dem Erlöser», wo es jetzt sogar «doppelt leuchtet», geht es lediglich um die *Musik* der letzten Takte, mit denen Wagner den «Ruf dessen, der seiner Mission müde ist», komponiert habe, und geht es also lediglich um die Schließung der angeblichen Lebenswunde Wagners. Doch aus den Tagebüchern erfährt man – und die Bedeutung dieser Stelle kann nicht hoch genug eingeschätzt werden –, daß Wagner diese Schlußformel im vertrauten Gespräch mit Cosima allein «den Gehalt dieses Werkes», des *‹Parsifal›*, genannt hat. Die entscheidendc Passage lautet: «‹... ich weiß, was ich weiß und was darin ist; und es kann die neue Schule, Wolz.[ogen] u. a., sich daran halten›; er deutet mehr an dann, als er ausspricht, den Gehalt dieses Werkes, ‹Erlösung dem Erlöser› – und wir schweigen, nachdem er noch gesagt: ‹Gut, daß wir allein sind.›»[1]

Wagner spricht also von «Gehalt», von «Wissen», das – seine Schlußbemerkung deutet darauf hin – ein Geheimwissen ist und auch Cosima gegenüber mehr angedeutet als ausgesprochen wird, und von der «neuen Schule», seiner durch die von Wolzogen herausgegebenen *Bayreuther Blätter* zusammengehaltenen Gemeinde, die – wie die Tagebücher festgehalten haben – «durch Kritik des Bestehenden ... die Zeiten nach dem vollsten Untergang» vorbereiten solle, und deren Gedanke in seinem «letzten Werk» in der «Ritterschaft des Grales» ausgedrückt sei.[2] Und eben diesen Gehalt meint Wagner, wenn er in dem oben bereits angeführten Brief an Wolzogen vom 17. Januar 1880 von dem «für alle Zukunft wahrhaft erkannten, von aller alexandrinisch-judaisch-römisch despotischen Verunstaltung gereinigten und erlösten, unvergleichlich erhaben einfachen Erlöser in der historisch erfaßbaren Gestalt des Jesus von Nazareth» spricht und dann fortfährt:

«Dennoch, indem wir Kirche, Christentum, ja die ganze Erscheinung des Christentums in der Geschichte schonungslos daran geben, sollen unsere Freunde immer wissen, daß dies jenes Christus willen geschieht, den wir in seiner vollen Reinheit, seiner absoluten Unvergleichlichkeit und Kenntlichkeit wegen, uns erhalten wollen, um – wie vielleicht die sonstigen erhabensten Produkte des menschlichen Kunst- und Wissensgeistes – ihn mit hinüberzutragen in jene furchtbaren Zeiten, welche dem notwendigen Untergange alles jetzt Bestehenden folgen dürften. – Was wir daher gern der vollsten Schonungslosigkeit preisgeben, ist, was uns diesen Heiland schädigt und entstellt: deshalb bitten wir um feinfühlige Besonnenheit im Ausdruck, um nicht mit den Juden und für die Juden zu arbeiten.»[3]

1 Cosima Wagner: Tagebücher (= CW), II. Band [der zweibändigen Ausgabe]. München 1977, S. 866.

2 CW II, S. 815, 925.

3 Richard Wagner: Ausgewählte Schriften und Briefe, Band II, eingeleitet und mit biographischen und kritischen Erläuterungen versehen von Alfred Lorenz. Berlin 1938, S. 376ff.

Gregor-Dellin, der diese zentralen Dokumente verschweigt, kommt auf die im Sommer 1878, während der Arbeit am ‹*Parsifal*›, entstandene Schrift ‹*Publikum und Popularität*› zu sprechen, deren wesentliche Passagen Wagner – wie Gregor-Dellin unter völliger Verkennung der Grundidee der neuen Bayreuther Religionskunst behauptet – «die Berührungsangst vor der Wirklichkeit der Theater» eingegeben habe; er zitiert aus der Schlußseite des zweiten Teils den Satz: «Erst die höchste Reinheit im Verkehr eines Kunstwerkes mit seinem Publikum kann die nötige Grundlage zu seiner edlen Popularität bilden», und kommentiert ihn mit den Worten: «Hier liegt die eigentliche Begründung seiner Festspielidee: sie ist Ausdruck eines Qualitäts-Purismus, der sich zunächst darüber hinwegtäuscht, daß auch bei Musteraufführungen nur mit Wasser gekocht wird» (S. 781 ff). Der Leser behält im Ohr «Berührungsangst», «Festspielidee», «Qualitäts-Purismus», «Musteraufführungen», Worte, die Sympathien hervorrufen, aber er erfährt nicht, daß Wagner im wichtigsten dritten Teil dieser Schrift seine Festspiel-Vorstellung der «edlen Popularität» verknüpft mit *seiner* Idee der «erhabenen Gestalt des Erlösers» und daß er es dort «eine der schrecklichsten Verwirrungen der Weltgeschichte» nennt, «daß der Gott unseres [sic!] Heilands uns aus dem Stammgotte Israels erklärt werden sollte»[4]. Und der Leser erfährt natürlich auch nicht den Tagebucheintrag Cosima Wagners über die Vorlesung dieses Aufsatzes: «... dann liest er uns, W[olzogens] und mir, seinen Aufsatz, der ebensowenig ein Aufsatz ist als wie der Kaisermarsch etwa ein Marsch!» Als daraufhin Cosima zu Wagner sagt: «Erlösung dem Erlöser, das ist das Motto dieser Schluß-Abhandlung», da antwortet dieser: «Du bist kühn, Weibchen.»[5]

Wagner selber sagte: «... selbst meine Märsche, die zielen woanders hin», und Cosima Wagner notiert sich über den amerikanischen Marsch: «R. freut sich des Marsches und glaubt, daß dereinst nur die Amerikaner seine Bedeutung erfassen werden: ‹Auch Zukunfts-Werk!› lacht und seufzt er.»[6] Selbst Wagners Märsche – und man lese nach, was Gregor-Dellin über sie zu sagen weiß (S. 692) – zielen also auf die «reine Christuslehre», die auch hinter den seit dreißig Jahren zu verfolgenden, aber während der ‹*Parsifal*›-Zeit besonders häufig geäußerten Amerika- und Auswanderungsplänen steht, deren religiöse Motivation bei Gregor-Dellin nicht einmal angedeutet wird (S. 788 ff). Da Wagner die Erfüllung seiner «reinen Christuslehre» seit 1848 an den Untergang und die Vernichtung der Welt des Geldes gekoppelt hatte, und weil er den Juden und den Ju-

4 Richard Wagner: Sämtliche Schriften und Dichtungen [Volksausgabe]. Leipzig o. J., Band X, S. 86 ff.
5 CW II, S. 145, 25. Juli 1878.
6 CW II, S. 237, 249.

dengott als Repräsentanten dieser Welt – so Meyerbeer als den Vertreter der seinen eigenen Herrschaftsplänen im Weg stehenden auf Gelderverdienst ausgerichteten Opernwelt – sah, war der «Untergang» und damit der Sieg des «*reinen* Christus», das heißt sein Sieg, der Sieg seiner unbarmherzigen, verachtungsvollen und schonungslosen Zerstörungs- und Ausrottungsphantasien und seines künstlerischen Terrorismus, das zentrale Thema und die einzige Zukunftslinie seines Denkens und seines «Kunstwerkes der Zukunft». Der entscheidende Knotenpunkt des *‹Parsifal›* und die unabdingbare Voraussetzung der «Erlösung des Erlösers» – und es sei an den Schluß der Schrift *‹Das Judentum in der Musik›* erinnert – ist die Taufe und damit der Untergang Kundrys, der Vertreterin alles dessen, was Wagner mit dem Judentum verbindet. Es ist daher von höchstem Interesse, daß Cosima Wagner, als ihr Wagner auf dem Flügel die «Salbung Parsifals durch Titurel mit dem wunderbaren Kanon und die Taufe von Kundry» vorspielt, zu der «Taufe von Kundry» hinzusetzt – und hier gewinnt man einen Eindruck, in welchem Maße Wagners Musik Weltanschauungsträger ist und sein soll –: «mit dem Vernichtungsklang der Pauke» und Wagners Bekenntnis festhält, «daß der Eintritt der g-Pauke das Schönste ist, was ich je gemacht habe»[7].

Das musikalisch «Schönste», was Wagner je gemacht hat, ist also ein «Vernichtungsklang», ist der letzte und endgültige Vernichtungsklang, der der Welt – vor allem der deutschen Welt – seinen messianischen Anspruch verkünden soll. Deshalb nannte Wagner *‹Parsifal›* ein «Bühnen*weih*festspiel» und seine «letzte Karte»[8], und deshalb sollte es *nur* in Bayreuth aufgeführt werden. Gregor-Dellin spricht von «teils abstrusen, teils nur verwunderlichen Gedanken» der Schrift *‹Religion und Kunst›* (S. 790), aber auch und gerade in ihr geht es Wagner um *seine* Christusidee des «rein christlichen Evangeliums», um den «sündenlosen Jesus», um den «Verderb der christlichen Religion» durch die «Herbeiziehung des Judentums zur Ausbildung ihrer Dogmen», um Verfall, Entartung und Degeneration des menschlichen Geschlechtes, dessen unaufhaltsamen Verfall er mit dem Umstand verbindet, «daß das Christentum als aus dem Judentum hervorgegangen angesehen werden konnte»; hier behauptet

7 CW II, S. 303. «Um noch einen angemesseneren Vernichtungsklang zu erreichen, ersetzt Wagner in der Partitur die g-Pauke durch Violincello und Kontrabaß, und so kann man in handschriftlichen Aufzeichnungen über die *‹Parsifal›*-Aufführungen 1882 und 1883, an denen Cosima Wagner im Haus ‹Wahnfried› mitwirkte, lesen: ... Mit der Taufe hat Kundry das Ziel ihres Sehnens erreicht, ihre gänzliche Vernichtung (wie es auch die Musik – Bässe Pizzicato –, als sie ganz zur Erde niedersinkt, angibt» (Februar 1984).

8 CW II, S. 718.

er: «... über den Besitz der Welt verständigt sich jetzt der Jude mit dem Junker, während der Jurist mit den Jesuiten über das Recht im allgemeinen ein Abkommen zu treffen sucht», die vier oft und auch von Gregor-Dellin zur Sprache gebrachten «J» und zwar – um ein Beispiel zu geben – *so* zur Sprache gebracht: «... Unter den Lumpen fand er immer auch einige Vertrags-Juristen – das vierte ‹J›» (S. 693); hier weist er ausdrücklich darauf hin, «daß die Musik das eigenste Wesen der christlichen Religion mit unvergleichlicher Bestimmtheit offenbart ...», daß «der tondichterische Seher das Unaussprechbare» offenbaren würde, nämlich das «Ich weiß, daß mein Erlöser lebt», und daß er befragt werden könnte – und das ist Wagners Art, darauf aufmerksam zu machen –: «Wollen sie etwa eine Religion stiften?»[9]

Wie las man: «teils abstruse, teils nur verwunderliche Gedanken»? Verwunderlich ist nur die Unbekümmertheit, mit der Gregor-Dellin, den – nach eigenem Zeugnis – schon mit fünfzehn Jahren «alles interessierte, was mit Religion, Kirchengeschichte und Christologie zusammenhing»[10], der also weiß, was er nicht nur hier wegläßt und verschweigt, einer gutgläubigen und interessierten Öffentlichkeit eine derart «abstruse» Biographie als «ein Ereignis der Literatur und der Wagner-Forschung» und «ein Werk vorurteilsloser biographischer Geschichtsschreibung ... unter Einbeziehung neuerschlossener Quellen – wie der Tagebücher Cosimas –»[11] anbietet und anbieten läßt.

Auch die Diskussion des angeblichen Einflusses von Gobineau auf Wagner verkennt, daß ihm dessen Weltbild und Umgang – wie das Werk Schopenhauers – als Bestätigung seiner längst fertig ausgebildeten «Kunst- und Weltanschauung» willkommen war, sogar sehr willkommen war. In diesem Zusammenhang kommt Gregor-Dellin auch auf die Schrift ‹*Heldentum und Christentum*› zu sprechen und bemerkt dazu:

«... Die Idee, das erlösende Blut Jesu sei der Reinigung aller Rassen zugedacht (in ‹*Heldentum und Christentum*›, 1881, der frühestmöglichen Reaktion auf Gobineau), ist zwar abstrus [sic!], aber mit Gobineau kann man sie schwerlich in Übereinstimmung bringen.

Richard Wagner kam mit Degeneration und Regeneration, mit Judentum und Deutschtum noch lange nicht zu Rande [sic!], weil er Religiöses, Soziales und Politisches unentwegt durcheinanderbrachte. Wenn etwas seine tiefgreifende Ratlosigkeit beweist, dann das Bestreben, eine ‹Geschichte des deutschen Wesens› zu schreiben und an frühere Überlegun-

9 Richard Wagner, a. a. O., S. 232, 231, 234, 222, 250, 251.

10 Carl Christian Bry: Verkappte Religionen. Kritik des kollektiven Wahns. Herausgegeben mit einem Vorwort von Martin Gregor-Dellin. München 1979, S. 10.

11 Der Spiegel, 22. September 1980 und in zahlreichen anderen Zeitschriften und Zeitungen.

gen unter dem Titel *‹Was ist deutsch›* (die er 1878 für die *Bayreuther Blätter* redigierte) wieder anzuknüpfen ...» (S. 769)

Der Leser weiß schon, was sich hinter dem Schutzwort «abstrus» verbirgt und wovon solche Schutzformeln «Wagner kam noch lange nicht zu Rande, weil er alles durcheinanderbrachte», und zwar «unentwegt», und «seine tiefgreifende Ratlosigkeit», ablenken sollen, die auf niemanden weniger zutreffen als auf Wagner, dessen Weltbild sich gerade durch unbeirrbare und unaufhebbare Sicherheit und durch konsequente, schonungslose Planmäßigkeit auszeichnet. Die antisemitische Blutideologie steht im Zentrum des *‹Parsifal›* lange vor der Begegnung mit Gobineau, und zwei Tagebuchnotizen weisen ausdrücklich darauf hin: «... im *‹Parsifal›* sei alles jäh, der Heiland am Kreuz, da sei alles blutig», und: «‹Parsifal sieht Tristan› (Amfortas) ... ‹Dazwischen ist etwas getreten – das Blut Christi.›»[12] Der Leser des Aufsatzes *‹Heldentum und Christentum›*, den Wagner «für sein Bestes»[13] hielt, und auf dessen erster Seite er Gobineaus rassistische Verfallslehre mit überzeugter Zustimmung anführt, und von den anderen sogenannten Regenerationsschriften, von denen Gregor-Dellin die in den Tagen der Vollendung des *‹Parsifal›* entstandene *‹Wollen wir hoffen?›* überhaupt nicht erwähnt, wird ein klares Bild gewinnen von dem Zusammenhang zwischen diesen Schriften mit dem *‹Parsifal›*, den ihm Gregor-Dellin schuldig bleibt. Er behauptet: «Gobineaus Lehre von den Ariern als ‹Eliterasse› blieb ihm weiterhin verborgen» (S. 792), und schreibt zu dem Besuch Gobineaus in der Villa Wahnfried im Mai 1881:

«Er blieb fast vier Wochen, und was wie die abenteuerliche Verschwörung zweier Rassen-Fanatiker aussehen könnte, muß in Wahrheit ein krauses Mißverstehen und Aneinandervorbeireden gewesen sein» (S. 796).

Dann gibt Gregor-Dellin ein paar Beispiele für dieses angebliche «krause Mißverstehen» aus den Tagebüchern, bei deren genauerer Betrachtung man schöne Entdeckungen macht. Er zitiert Cosima Wagners Notiz vom 18. Mai 1881: «Der Graf geht in seinen Gedanken so weit, dem Evangelium einen Vorwurf daraus zu machen, für die Armen eingetreten zu sein», um gleich darauf emphatisch zu erklären: «Auch das konnte der alte Achtundvierziger Richard Wagner, der im Revolutionsjahr *‹Jesus von Nazareth›* geschrieben hatte, nicht billigen!» (S. 796) Abgesehen davon, daß Wagner kein Achtundvierziger, sondern wenn überhaupt ein Dresdener 49er im Sinne der Durchsetzung seiner religiösen Privatrevolution und revolutionären Privatreligion war, für die er – allerdings im Januar 1849 und nicht im «Revolutionsjahr 48» – seinen *‹Jesus von Naza-*

12 CW II, S. 496, 853.
13 CW II, S. 1109.

reth› schrieb, hätte die vollständige Notiz keinerlei Anlaß zu einem kritischen Kommentar, geschweige denn zu solcher Klitterung, geboten, denn die weiteren Sätze lauten: «Doch endigt alles sehr freundlich, R. bekennt, daß er die Frage im einzelnen nicht kenne, und der Graf sagt ihm: Vous voyez la chose en philosophe et moi en homme d'affaires.» [14]

Weiter liest man bei Gregor-Dellin: «Am 3. Juni schließlich explodierte Wagner förmlich bei Tisch ‹zu Gunsten des Christentums gegenüber dem Racengedanken›. Auch in Anbetracht dieser Differenzen wird der vermutete Einfluß Gobineaus immer fadenscheiniger, und was sich daran knüpft, auch.» Und es folgen nun die Sätze:

«Man kann sich des Eindrucks nicht ganz erwehren, als sei eine bestimmte Art von Wagner-Kritik auf eine Konstruktion hereingefallen, die von Glasenapp und Chamberlain stammt und ganz anderen Zwecken dienen sollte und auch gedient hat. Noch immer haben ja die Wagnerianer die besten Argumente – gegen Wagner geliefert» (S. 796).

Gregor-Dellin, der nicht nur hier das von Wagner, von Bayreuth und seiner Gemeinde installierte Wagnerianer-Wagnergegner-Schema weiterpflegt, suggeriert dem Leser, daß die rassistischen und unausgesprochen antisemitisch-rassistischen Vorstellungen Gobineaus von Glasenapp und Chamberlain auf Wagner unzulässig übertragen worden seien, der «zu Gunsten des Christentums» sogar explodiert sei – wie es mit dem bestellt ist, hat nicht zu interessieren –, und daß diese zu «ganz anderen Zwecken» (zu welchen denn?) dienende «Konstruktion» heute eigentlich erledigt sein sollte, das heißt: Gobineau hatte keinen Einfluß auf Wagner, sondern dieser war und blieb ein «Achtundvierziger»! Doch im weiteren Verlauf des «Explosions»-Tages, dem 3. Juni, notiert sich Cosima Wagner: «Heitere Stimmung», und am 4. Juni findet sich der Eintrag: «Dem Grafen schenkt er die Gesammelten Schriften mit der Widmung: ‹Normann und Sachse, das ist der rechte Bund, was noch frisch und gesund, daß das blühe und wachse.›» [15] Mit dem «rechten Bund» hat Wagner selber sein Verhältnis zu Gobineau treffend gekennzeichnet, dessen Einfluß er gar nicht mehr nötig hatte und der deshalb auch nicht so bemüht diskutiert werden muß, dessen Umgang er aber schätzte, weil er sich durch ihn in seinem Untergangs- und Vernichtungssyndrom, seiner damit verzahnten «reinen Christuslehre» und in seinem Antisemitismus und Judenhaß bestätigt und bestärkt fühlte. Tagebuchnotizen wie: «... ich bin immer gobinistischer gesinnt» – «er sagt scherzend ..., er lese jetzt nur noch Gobineau, Schopenhauer und sich» – «Zu Gobineau spricht er auch sehr,

14 CW II, S. 739.
15 CW II, S. 744, 745.

sehr erregt mit dem Wunsch, den Grafen zu bewegen, ganz unser Leben zu teilen»[16] – sucht man bei Gregor-Dellin vergeblich. Er spricht über Wagners Antisemitismus und kritisiert ihn zuweilen auch mit rhetorischer Schärfe, aber die Art und Weise, wie er unter Verschweigung und Vernachlässigung der heute tatsächlich fast vollständig vorliegenden Quellen über ihn spricht, der viel folgenreicher als die Musik, die auf ihn einstimmen und ihn verbreiten sollte, Schule und Geschichte gemacht hat, wie er die durch die Cosima Wagner-Tagebücher jetzt völlig sichtbar gemachte religiös-antisemitische ideologische Hauptspur von Wagners Weltanschauung und Wagners Werk verwischt, abblendet und minimisiert – diese Art und Weise ist fast noch schlimmer, als hätte er von alldem geschwiegen. Gregor-Dellin meint: «Einem ist von vornherein entschieden zu widersprechen: der heute Mode gewordenen Sicht vom Ende her»[17], aber gerade seine Schutzhaltung und Schutzsprache, seine Identifikationsbereitschaft und seine Isolierung der Musik verraten erst recht eine «Sicht vom Ende her», denn sie dienen und nützen der Stützung und Etablierung eines gefälligen Wagner-Bildes, das als kulturpolitisch unverzichtbarer Export- und Einnahmeartikel heute immer mehr Mode zu werden beginnt: Wagner als wieder und besonders brauchbare und vorzeigbare nationale Figur. Eine der Formeln dafür bei Gregor-Dellin lautet:

«Die Diskussion um die Priorität von Religion oder Theater beim *‹Parsifal›* – das Theatralische als Vehikel einer Botschaft, oder das Religiöse als Material zu einem Drama – ist nach hundert Jahren vollends sinnlos geworden» (S. 743).

«Nach hundert Jahren» sei diese Diskussion «vollends sinnlos geworden», behauptet Gregor-Dellin und meint damit, daß sie eigentlich immer schon sinnlos gewesen sei; und so überträgt er diese im Grunde – und aus gutem Grunde – verweigerte Diskussion als «heute Mode gewordene Sicht vom Ende her» auf seine Beurteilung und Interpretation des *‹Parsifal›* und seiner Zeit vor hundert Jahren. Es geht aber gar nicht um die «Priorität von Religion oder Theater», so diskutiert man vielleicht im heutigen Kulturbetrieb, in dem der *‹Parsifal›* in allgemeinen Theatern und Opernhäusern aufgeführt wird, doch wurde er bis 1913, bis zum Ende der dreißigjährigen Schutzfrist, mit wenigen Ausnahmen auf Wunsch Wagners nur im Bayreuther Festspielhaus als Bühnenweihfestspiel gezeigt. Wer ihn dort sah, erhielt durch das Schauspiel der «Erlösung des Erlösers» die «Weihe» und wurde insgeheim, und sollte es werden, Mitwisser und Zeuge der neuen Wagner-Religion und ein neues Glied der «Gemeinde»: er wurde Bayreuther Antisemit.

16 CW II, S. 923, 947, 948.
17 Frankfurter Allgemeine Zeitung, 1. April 1980.

Hartmut Zelinsky

Richard Wagners letzte Karte

Anmerkungen zum Gehalt des Bühnenweihfestspiels ‹*Parsifal*›

Durch das in Bayreuth mit einer Neuinszenierung gefeierte hundertjährige Jubiläum der Uraufführung des ‹*Parsifal*› am 26. Juli 1882 bereitet sich das Wagner-Jahr 1983 vor. Doch weisen auch andere Ereignisse darauf hin, daß das Wagner-Thema und das Grals-Thema Konjunktur haben: Syberberg krönt seine makaber inszenierte Wagner-Nachfolge mit der Präsentation seines ‹*Parsifal*›-Films in Bayreuth zum Jubiläumstag, im Pariser Goethe-Institut zeigte und diskutierte man die ‹*Parsifal*›-Ausstellung der Genfer Oper, und der Wagner-Film mit Richard Burton wird seit Monaten geschickt lanciert. Ein Begleitbuch dieser Konjunktur ist die nun als Taschenbuch angekündigte Wagner-Biographie des Mitherausgebers der Cosima Wagner-Tagebücher Martin Gregor-Dellin, der allerdings mit diesem Buch eine fragwürdige «Rettung ins Ungenaue» betreibt (so der Titel meiner umfangreichen Besprechung im gerade erschienenen Parsifal-Heft der *Musikkonzepte*). Gregor-Dellin behauptet: «Die Diskussion um die Priorität von Religion oder Theater beim ‹*Parsifal*› ... ist nach hundert Jahren vollends sinnlos geworden.» Gerade die Tagebücher aber erlauben nun und fordern auch dazu heraus, diese Diskussion neu zu führen. Schließlich sollte der ‹*Parsifal*› als Bühnenweihfestspiel nach dem Willen Wagners *nur* im Bayreuther Festspielhaus gezeigt werden und war auch – abgesehen von zwei Ausnahmen – bis 1913, bis zum Ende der Schutzfrist, die verschiedene ‹*Parsifal*›-Schützer und ‹*Parsifal*›-Schutzbewegungen, geleitet von Cosima Wagner, ad infinitum verlängern wollten, nur dort zu sehen.

Die von der deutschen Kritik allzu hochgelobten und als neues Dokument sensationellen Tagebücher beseitigen nun auch den letzten Zweifel daran, daß Wagner sich mit absolutem Herrschaftsanspruch als Verkünder einer antisemitischen neuen Religion der Erlösung durch Vernichtung und daß er sein zu deren Verkündung errichtetes Bayreuther Festspielhaus als musikalisch-religiöses Erlösungszentrum verstand. Das als Vermächtnis gedachte Losungswort seiner «Kunst- und Weltanschauung», deren Hauptbegriffe in einem 1883 erschienenen Wagner-Lexikon gesammelt worden sind, hat Wagner in der Schlußformel des ‹*Parsifal*›, «Erlösung dem Erlöser», zum erstenmal seiner Gemeinde und auch der Öffentlichkeit mitgeteilt. Hinter dieser Schlußformel verbirgt sich – wie Wagner im Januar 1880 an Hans von Wolzogen, von 1878 bis 1938 Heraus-

Richard Wagner, fotografiert am 1. Mai 1882 in München von Joseph Albert. Es ist die letzte Aufnahme des Komponisten.

geber der Wagner-Propaganda-Zeitschrift *Bayreuther Blätter,* schreibt – «für alle Zukunft der wahrhaft erkannte, von aller alexandrinisch-judaisch-römisch despotischen Verunstaltung gereinigte und erlöste, unvergleichlich erhaben einfache Erlöser in der historich erfaßbaren Gestalt des Jesus von Nazareth». Diesen «Christus» wolle er mit hinübertragen «in jene furchtbaren Zeiten, welche dem notwendigen Untergange alles jetzt Bestehenden folgen dürften». Und zwei Jahre später hält Cosima Richard Wagners erregten Ausspruch fest: «. . . ‹Nein, nein, ich habe mir heute gesagt, es ist doch sehr merkwürdig, daß ich mir dieses Werk für die höchste Reife habe erspart›; ‹ich weiß, was ich weiß und was darin ist; es kann die neue Schule, Wolzogen u. a. sich daran halten›; er deutet mehr an dann, als er ausspricht, den Gehalt dieses Werkes, ‹Erlösung dem Erlöser› – und wir schweigen, nachdem er noch gesagt: ‹Gut, daß wir allein sind.› –»

Der deutsche Christus

Dieses hier ein einziges Mal ausgesprochene Geheimwissen und dieser «ersparte Gehalt» verbindet auch die seit 1878 in den *Bayreuther Blättern* erschienenen sogenannten Regenerationsschriften Wagners, die aber entgegen dieser Bayreuther Sprachregelung religiös-rassistisch-antisemitische Begleittexte zum ‹*Parsifal*› darstellen, in denen Wagner wie im ‹*Parsifal*› seine auch vom Grafen Gobineau vertretene Blutideologie gegen den «Verfall» des menschlichen Geschlechtes und des Christentums durch das Judentum entwickelt. «Die neue Schule» der Wolzogen, Schemann, Chamberlain bis zu Hitler und die in den immer zahlreicher werdenden Wagner-Vereinen sich sammelnde Gemeinde Wagners hat sich auch mit der dienbereiten Opferseligkeit und der glücklich-fanatischen Unbeirrbarkeit, die Sekten eigentümlich ist und die der Wagner-Schüler Adolf Hitler zu nutzen verstand, an das «Wissen» und den «Gehalt» des ‹*Parsifal*› gehalten.

Wagner hat Cosima gegenüber den ‹*Parsifal*› seine «letzte Karte» genannt, wodurch er nicht nur die seine Werke verbindende Idee des reinen – unjüdischen, sündenlosen, arischen – Christus andeutet, sondern auch den seit 1848 erkennbaren Plan, den ‹*Parsifal*› als letztes Werk und als die entscheidende «Karte» zu vollenden. Seine Musik schrieb er zur Durchsetzung dieser Werkidee, und er hatte ein genaues Bewußtsein von dieser ihrer Aufgabe. Bereits 1848 spricht er von der «reinen Christuslehre», deren Erfüllung das Verschwinden des dämonischen Geldbegriffes voraussetze, und weist – seinen ‹*Ring*›-Plan und den ersten Entwurf ‹*Siegfrieds Tod*› vor Augen – darauf hin, daß der Christus des deutschen Volkes Siegfried heiße. *Sein* Kunstwerk der Zukunft ist unabtrennbar von seiner Idee einer *neuen* Religion der Vernichtung und Selbstvernichtung, welche er an seinem Leitbild Jesus betont hat. Diese Idee verbindet die Dramenentwürfe ‹*Siegfrieds Tod*› (1848), ‹*Jesus von Nazareth*› (1849) mit der Programmschrift ‹*Das Kunstwerk der Zukunft*› (1849) und der zentralen Kampfschrift ‹*Das Judentum in der Musik*› (1850). Deren Schluß lautet: «... Nehmt rückhaltlos an diesem selbstvernichtenden, blutigen Kampfe teil, so sind wir einig und untrennbar! Aber bedenkt, daß nur Eines Eure Erlösung von dem auf Euch lastenden Fluche sein kann, die Erlösung Ahasvers: der Untergang!» Cosima Wagner hat es festgehalten, wie sie einmal gelacht hätten, «daß wirklich, wie es scheint, sein Aufsatz über die Juden den Anfang dieses Kampfes» gegen das Judentum gemacht habe.

Im Sinne seines Werkplanes – ‹*Ring*›, ‹*Meistersinger*›, ‹*Tristan*›, ‹*Parsifal*› –, seiner Werkidee und seiner Vorstellung eines alle anderen Theater aufhebenden eigenen Kunstreligion-Tempels bejaht Wagner nun auch jede reale Vernichtung, Zerstörung, Revolution und das Mittel des künstlerischen Terrorismus; und es ist diese Seite – und nur diese –, die er am Sozialismus, Kommunismus, Nihilismus bis an sein Lebensende befürwortet. Seine Sprache bleibt – gerade dem Judentum gegenüber – eine Sprache der Gewalt, des Fanatismus und der Verachtung, die das antisemitische Hetzvokabular bis zu den Nazis vorbildet. Er sah sich selbst als «Plenipotentarius des Untergangs» und freute sich, «im *‹Ring›* das vollständige Bild des Fluches der Geldgier gegeben zu haben und des Untergangs, welcher daran geknüpft ist». In seiner Schrift *‹Das Kunstwerk der Zukunft›*, die 1850 in Leipzig erschien, verkündet er, daß erst wenn die «herrschende Religion des Egoismus ... aus jedem Momente des menschlichen Lebens verdrängt und mit Stumpf und Stiel ausgerottet» sei, die «neue Religion, und zwar ganz von selbst, ins Leben treten (könne), die auch die Bedingungen des Kunstwerkes der Zukunft in sich schließt».

Als Hermann Levi, Leiter des Münchner Hoforchesters, den Ludwig II. gegen den Willen Wagners (der Levi taufen lassen und zum Abendmahl führen wollte) als Dirigenten der *‹Parsifal›*-Uraufführung 1882 durchsetzte, in einem Gespräch mit Cosima und Richard Wagner im Januar 1879 von einer großen Bewegung gegen die Juden auf allen Gebieten berichtet, notiert sich Cosima Wagner: «... in München wolle man sie aus dem Magistrat entfernen – er [Levi] hofft, in zwanzig Jahren würden sie mit Stiel und Stumpf ausgerottet und das Publikum des *‹Ringes›* ein anderes Volk abgeben, ‹wir wissen es anders›! ...» Soweit hat Wagner einen Juden, der ihm «mit Leib und Seele verfallen» war (Levi an Heyse, 31.12.1880), zu bringen vermocht.

Der Vernichtungsklang der Pauke

Es ist nur konsequent, daß Wagner nach der Uraufführung der *‹Meistersinger›* (August 1868), die man eine Neuauflage der Kampfschrift *‹Das Judentum in der Musik›* mit anderen Mitteln nennen könnte, diese im März 1869 wieder – nun unter seinem Namen – veröffentlicht. In einem hinzugefügten Brief *‹Aufklärung über das Judentum in der Musik›* behauptet er die siegreiche «Einmischung» der Juden auf «unsere Kunst» und «Kunstzustände» und spricht von der Möglichkeit, daß «der Verfall unserer Kultur durch die gewaltsame Auswerfung des zersetzenden Elementes aufgehalten werden könne»; als Vertreter des «Musikjudentums» wird der Kritiker Eduard Hanslick höhnisch abgefertigt. In den *‹Meistersingern›* hat Wagner diese «Einmischung» und «Auswerfung» in der Hanslick-Karikatur des Beckmesser thematisiert. Die «heil'ge deutsche Kunst» weist insgeheim auf den entstehenden ‹*Ring*› und den ‹*Parsifal*›, in dem Kundry all das verkörpert, was Wagner mit dem Judentum verbindet, und in bezug auf ihre Taufe hat Wagner ausdrücklich den «Vernichtungsklang der Pauke»* als das Schönste, was er je gemacht habe, hervorgehoben. Zu betonen ist die enge – gerade in den ‹*Meistersingern*› zentrale – innere, auf Nachfolge bedachte Anlehnung an den religiös-fanatischen Juden-Hasser Luther und den Protestantismus. Auch Cosima Wagner mußte 1872 konvertieren, und schon 1868 notierte Wagner sich ihr «Confessionswechselversprechen». Die Wahl Bayreuths galt auch – gegen das verhaßte «jesuitische» München – der *protestantischen* bayerischen Kleinstadt.

Wagner als Vorbild

Hitler hat – Rauschnings ‹*Gespräche mit Hitler*› zufolge – Wagner als seinen einzigen Vorläufer anerkannt, er verstand dessen Werkidee und «Kunst- und Weltanschauung» als «umstürzende Kulturlehre» und den ‹*Parsifal*› als Verherrlichung des reinen adligen Blutes.** Hitler hat nach seinem Vorbild Wagner die Kunst eine «erhabene und zum Fanatismus verpflichtende Mission» genannt. Und die ‹*Meistersinger*› standen nicht allein Pate bei der Wahl Nürnbergs als Ort der Reichsparteitage und des Erlasses der Rassengesetze als «Nürnberger Gesetze» im Jahre 1935 mit ihren furchtbaren Konsequenzen.

* *Vgl. dazu S. 247.*

** *In seinen ‹Gesprächen mit Hitler› zitiert Rauschning Hitler: «... Keiner von diesen Epigonen aber wisse, was Wagner wirklich sei. Er meine nicht bloß die Musik, sondern die ganze umstürzende Kulturlehre bis hinab in das scheinbar kleine, belanglose Detail ... Er sei nicht bloß Musiker und Dichter. Er sei die größte Prophetengestalt, die das deutsche Volk besessen habe. Er, Hitler, sei durch Zufall oder Schickung früh auf Wagner gestoßen. Er hätte mit einer geradezu hysterischen Erregung gefunden, daß alles, was er von diesem großen Geist las, seiner innersten, unbewußten, schlummernden Anschauung entsprochen habe ... Das Problem ist: wie kann man den Rassenverfall aufhalten? ... / Sie müssen übrigens den ‹Parsifal› ganz anders verstehen, als er so gemeinhin interpretiert wird ... Nicht die christlich-Schopenhauersche Mitleidsreligion wird verherrlicht, sondern das reine, adlige Blut, das in seiner Reinheit zu hüten und zu verherrlichen sich die Brüderschaft der Wissenden zusammengefunden hat ... / Ich kehre auf jeder Stufe meines Lebens zu ihm [Wagner] zurück. Nur ein neuer Adel kann uns die neue Kultur heraufführen. Streichen wir alles Dichterische ab, so zeigt sich, daß es nur in der fortgesetzten Anspannung eines dauernden Kampfes eine Auslese und Erneuerung gibt. Ein weltgeschichtlicher Scheidungsprozeß vollzieht sich. Wer im Kampf den Sinn des Lebens sieht, steigt allmählich die Stufen eines neuen Adels hinauf ... Meine Pädagogik ist hart. Das Schwache muß weggehämmert werden. In meinen Ordensburgen wird eine Jugend heranwachsen, vor der sich die Welt erschrecken wird. Eine gewalttätige, herrische, unerschrockene, grausame Jugend will ich ...» (Hermann Rauschning: Gespräche mit Hitler, Zürich 1940, S. 215ff, 237).*

Joachim Kaiser

Hat Zelinsky recht gegen Wagners ‹Parsifal›?

Daß gerade der *‹Parsifal›*, also die langsamste – sich «Bühnenweihfestspiel» nennende – Oper der Musikgeschichte, auch hundert Jahre nach der Uraufführung noch soviel Bewegung, Erregung und phantastische Auslegung zu provozieren vermag!

Da ahnt Rolf Liebermann hinter gramgebeugtem Schmerz und Vereinzelung, von denen Worte wie Töne dieser letzten Wagner-Schöpfung künden, den düsteren Abglanz einer Menschheitskatastrophe: Und Liebermann siedelte bei seiner Genfer Inszenierung jüngst die von Schwächen und Gebresten geschlagenen Gralsritter in einer zerstörten Welt *nach der Atom-Katastrophe* an.

Da wollte der streit- und kränkbare Filmemacher H. J. Syberberg die *‹Parsifal›*-Musik «sichtbar machen wie noch nie gehört». Und er tut das in einem Film, wo nach Kundrys Kuß, welcher den Parsifal bisher nur «welthellsichtig» werden ließ, das Geschlecht des Parsifal eine Umwandlung erfährt. Auch auf diesen Film über die *‹Parsifal›*-Partitur, der am Vormittag der Bayreuth-Eröffnung in einem Bayreuther Kino vorgeführt wurde (in der Annahme, pflichtbewußte Übermenschen könnten, vom Film zum Festspielhaus eilend, zehn bis zwölf Stunden lang einer hochentwikkelten Partitur und ihren ehrgeizig-bedeutungsträchtigen Vergegenwärtigungen folgen wollen), wird in der *Süddeutschen Zeitung* noch einzugehen sein.

Eine weitere Herausforderung an die *‹Parsifal›*-«Gemeinde» brachte – zuletzt in den *Musik-Konzepten,* danach in einem enthüllenden *Spiegel*-Gespräch (19. Juli 1982) und schließlich in der *Süddeutschen Zeitung* vom 24./25. Juli – der Germanist Hartmut Zelinsky vor.

Wenn Zelinsky recht hätte gegen Wagners *‹Parsifal›*, dann müßte sich jetzt beispielsweise der Bayreuther *‹Parsifal›*-Dirigent James Levine gründlich entnazifizieren lassen. Dann gehörten, neben vielen anderen, der Innenminister Baum, Berlins Regierender Bürgermeister von Weizsäcker, Hamburgs unter erschwerten Umständen regierender Bürgermeister von Dohnanyi sowie zahllose Botschafter und Gesandte aus aller Herren Länder, die sämtlich an der Bayreuther Jubiläumspremiere teilnahmen, zumindest in einen sorgfältigen Umerziehungskurs!

Denn Zelinsky hat die Idee, der «verschwiegene Gehalt» des *‹Parsifal›* laufe darauf hinaus, daß jeder, der sich im Festspielhaus zu einer *‹Parsifal›*-Aufführung einfindet, «ob er es wollte, wußte oder nicht, insgeheim ein Sympathisant des Bayreuther Antisemitismus werden» solle.

Zelinsky argumentiert scheinbar einleuchtend so: Man unterschätze Wagners Intelligenz und Wagners Wirkungswillen, wenn man das weltanschaulich-antisemitische Programm des Bayreuther Meisters, wie es liberal gutgesinnte Wagnerianer ach so gern tun, für das unkontrollierte Gerede eines stets über alles sich äußernden Total-Künstlers hält, der es im *‹Parsifal›* ja schließlich auch mit der Tierliebe, dem Vegetarianismus, der Abendmahls-Wandlung, Schopenhauer und Indien aufnehme.

Nein, sagte Zelinsky, Wagner war kein unzurechnungsfähiger Schwätzer. Wagner wußte, was er konnte, was er mit seiner Musik zu leisten vermochte – aus den Cosima-Tagebüchern sei ja herauszulesen, wie bös und zielbewußt er war. Nehmen wir an, mit allen diesen Erwägungen hätte Zelinsky recht, obwohl aus den Cosima-Aufzeichnungen und Wagners sonstigen Plänen oder Ansichten gewiß auch ganz andere Kausalketten herausgezogen werden könnten.

Trotzdem: Unterstellen wir, Wagner sei es in seiner letzten Oper zielbewußt um antisemitische Propaganda gegangen!

Was wäre dann? Nun, dann wäre der *‹Parsifal›* ein bewunderungswürdiges Zeichen und Zeugnis dafür, daß der *Künstler* Wagner zu entschiedenem und erkennbarem Antisemitismus oder Profaschismus im *‹Parsifal›* gerade nicht imstande war!

Der *‹Parsifal›* enthält nämlich kein antisemitisches Wort, keine irgendwie eindeutig antisemitische Konstellation! Wenn Zelinsky im *Spiegel*-Interview gefragt wird, wo konkret «antisemitische Parolen» im *‹Parsifal›* vorgetragen würden – gerät er in gebildete Totalverlegenheit, muß schwätzen und auf immer wieder ein einziges Zitat zurückgreifen: «Erlösung dem Erlöser» –, das aber im gegebenen *‹Parsifal›*-Kontext mit Antisemitismus nichts zu tun hat ... Viel lieber zitiert Zelinsky denn auch ein paar Tagebuchmeinungen. Und am überzeugendsten Adolf Hitler, von dem ja kaum bestritten wird, daß der ein Nazi war.

Hinfällig ist die Konsequenz-These des *‹Parsifal›*-Entzauberers aus folgendem Grund: Wenn Wagner bewußt plante auf Antisemitismus hin: War er dann zu feige, um das im *‹Parsifal› erkennbar* auszusagen? Feigheit paßt weder zu Konsequenz noch zu Wagner, der ein manchmal abgründig irrender, aber doch verdammt couragierter Kerl gewesen ist.

Und «Erlösung dem Erlöser»? Zelinsky wäre es gewiß lieber, wenn da stünde: «Entjudung dem Heiland» – denn so habe Wagner das geheim gemeint. Aber es steht nun mal, offensichtlich auf *‹Parsifal›* gemünzt, «Erlösung dem Erlöser» da, und das Wort *Erlösung* ist weder in Wagners Gesamtwerk noch gar hier (Hans Küng hat die Parallelstellen gesammelt im Programmheft) im mindesten etwas Schmähliches.

Germanisten, die sich über Wagner äußern, gehen gern und einäugig von

Zitaten aus statt auch von der Musik. Die Musik des ‹*Parsifal*› ist, trotz mancher Momente, auf die Wagner mit recht stolz war, weitaus weniger rhetorisch, rauschhaft, verführerisch, als es die ‹*Tristan*›-Partitur oder die ‹*Meistersinger*› oder der ‹*Ring*› gewesen. Soll Wagner bei seiner letzten Karte (die es nicht war, er hätte auch noch anderes gern gemacht), gerade wenn es um den ihm so wichtigen Antisemitismus ging, auf Wirkungsmittel verzichtet und erst im zweiten Akt in den «Farbtopf» gegriffen haben?

Nein, die Partitur kann Zelinsky nicht für seine Thesen heranziehen. Kundry ist Heidin, nur mühsam als «Jüdin», als Ahasver interpretierbar, obwohl gewiß heimatlos wie der ewige Jude. Und außerdem: Die Musik verdammt Kundry nicht, sondern tönt mitleidig. Sie nimmt jeden Schmerz leise und nachdenklich ernst. *Erschlaffte Gralsritter, vom Blute des Heilands lebend, haben so viel Ähnlichkeit mit der SS, wie Wagners hier manchmal fast nazarenerhafter Mitleidsgestus mit dem Faschismus.* Der Nazi-Faschismus wird vielmehr verdammt aufgewertet, wenn ein entschlossen seine Fäden ziehender, eifriger Aufklärer Hitlers Erwägungen mehr glaubt als dem Werk selbst.

Daß Wagner eine langsame, um Verständnis für jeden Sonderfall plädierende Mitleidsoper schrieb – obwohl er vielleicht, laut Zelinsky, die Absicht hatte, Jüdisches so zurückzuweisen, wie Shakespeare im ‹*Kaufmann von Venedig*› vielleicht den Shylock zurückweisen wollte, dann aber doch ein Kunstdenkmal für ein unterdrücktes Volk daraus machte – daß also Wagner künstlerisch gerechter sein mußte, als er angeblich vor hatte: kein überzeugenderer Beleg für seine Genialität ist denkbar. Niemand leugnet, daß Finsternisse und Widersprüche Wagners riesige Dramen überschatten. Doch um den ‹*Parsifal*› zu entzaubern ist Zelinsky weder konkret noch schlau genug.

Hartmut Zelinsky

Erwiderung auf Joachim Kaiser

Joachim Kaisers Behauptung, daß Wagner als Künstler «zu entschiedenem und erkennbarem Antisemitismus oder Profaschismus im ‹*Parsifal*› gerade nicht imstande war» und daß kein überzeugenderer Beleg für seine Genialität denkbar sei, hat sicher dankbaren Beifall gefunden, doch bezeugt sie im Zusammenhang mit den anderen sich daraus ergebenden Darlegungen viel eher, welche Grenzen die heutige Wagner-Diskussion kanalisieren und banalisieren.

Statt sich mit ruhigen Argumenten auf die These von Wagners Werkidee, das heißt der Zusammengehörigkeit und Aufeinanderbezogenheit von Wagners «neuer Religion», seiner Christus-Vorstellung, seinem «Kunstwerk der Zukunft» und seinem seit 1850 davon unabtrennbaren Kampf gegen das «Judentum» einzulassen, setzt Joachim Kaiser sich mit großer Geste mit Thesen auseinander, die er unter anderem unterstellt und falsch zitiert. Eine Antwort im *Spiegel*-Gespräch, auf die sich Kaiser bezieht, lautete: «Jedem, der sich zu einer Vorstellung dieses ‹Bühnenweihfestspieles› im Festspielhaus einfand, sollte die Weihe zuteil werden. Durch sie sollte dann aber jeder, ob er es wollte, wußte oder nicht, ein Sympathisant des Bayreuther Antisemitismus werden.» Daraus macht Joachim Kaiser: «Denn Zelinsky hat die Idee, der ‹verschwiegene Gehalt› des *‹Parsifal›* laufe darauf hinaus, daß jeder, der sich im Festspielhaus zu einer *‹Parsifal›*-Aufführung einfindet, ‹ob er es wollte, wußte oder nicht, insgeheim ein Sympathisant des Bayreuther Antisemitismus werden› solle.» Und schon läßt sich trefflich von neuer «Entnazifizierung» und «sorgfältigen Umerziehungskursen» reden. Kaiser unterstellt, «Wagner sei es in seiner letzten Oper zielbewußt um antisemitische Propaganda gegangen!», um dann zu dem Schluß zu gelangen: «Der *‹Parsifal›* enthält nämlich kein antisemitisches Wort, keine irgendwie eindeutig antisemitische Konstellation!» Davon ist auch an keiner Stelle die Rede gewesen. Entscheidend ist aber, daß der *‹Parsifal›* weder die «letzte Oper» noch – wie Kaiser schreibt – eine «Mitleidsoper» Wagners ist, sondern ein «Bühnenweihfestspiel», mit dessen Schlußformel «Erlösung dem Erlöser» Wagner seiner Gemeinde die Geheim- und Weiheformel seiner Werkidee als weltanschauliches Vermächtnis hinterlassen wollte.

Die Tagebücher der Cosima Wagner bezeugen nun, wie sehr die rassistisch-religiös-antisemitischen Begleitschriften zum *‹Parsifal›* – die sogenannten Regenerationsschriften – dessen Blutideologie theoretisch fundieren und die «Wiedergeburt eines wahrhaften Rassengefühles» und damit die «gegenwärtige Bewegung gegen die Juden» bestärken sollten. Nach bewährtem Sektenprinzip war die Geheimformel «Erlösung dem Erlöser» weitaus anziehender, wirkungsvoller und folgenreicher als jede «konkrete antisemitische Propaganda», die es im Umkreis Wagners außerdem zur Genüge gab. Wagner und nach ihm Cosima Wagner und die Angehörigen der verschiedenen Wagner-Gemeinden praktizierten bei der Durchsetzung der Bayreuther «Idee» den Juden und dem Judentum gegenüber eine mehrschichtige Strategie und ein Vorgehen auf verschiedenen Ebenen der Agitation und Propaganda. Im Bewußtsein seines auch im *‹Parsifal›* vorgestellten «Ideals» sagt Wagner am 24. Februar 1881 zum Herausgeber der *Bayreuther Blätter*, Hans von Wolzogen, «das wir in unseren Blättern keine Spezialität wie die der Vegetarianer vertreten können, sondern nur immer das Ideal festhalten und zeigen und die draußen die Spezialitäten verfechten [sollten]; so könnten wir auch an der Juden-Agitation keinen Anteil nehmen».

Wagner hat seit 1871 seine schriftlichen Werke noch selber in einer dann zehnbändigen Ausgabe der «Gesammelten Dichtungen und Schriften» herausgegeben, die später zur sechzehnbändigen Volksausgabe erweitert wurde. Die Germanisten haben schon aus diesem Grund allen Anlaß, sich um Wagner zu kümmern. Bei Cosima Wagner und anderen Wagner-Jüngern wurden diese Schriften zumindest bis 1914 wie heilige Schriften angeführt; der damalige Wagner-Hörer und Bayreuth-Besucher war auch ein Wagner-Leser. Es gibt zahlreiche Zeugnisse, die Wagners einzigartiges und in der Geschichte wohl erstmaliges Bewußtsein von den Wir-kungsmöglichkeiten und der Wirkungsaufgabe seiner Musik als Weltanschauungsträger und Macht- und Rauschmittel offenlegen. So der Brief an Mathilde Wesendonck vom 24. August 1859, in dem sich auch der für Wagners strategisches Bewußtsein aufschlußreiche Satz findet: «Sie sehen, Sie kommen mir nicht bei, ich bin von durchtriebener Schlauheit und habe entsetzlich viel Mythologie im Kopf.» Meine verschiedenen konkreten Versuche, Wagner doch «beizukommen», hätte Joachim Kaiser seit über sechs Jahren verfolgen und diskutieren können: «Die ‹Feuerkur› des Richard Wagner oder die ‹neue Religion› der ‹Erlösung› durch ‹Vernichtung›» *Musikkonzepte* 5, 1978); Richard Wagners *‹Kunst- und Weltanschauung›* und ihre Kritik in zeitgenössischen Karikaturen;[1] *‹Der Plenipotentarius des Untergangs oder der Herrschauftsanspruch der antisemitischen Kunstreligion des selbsternannten Bayreuther Erlösers Richard Wagner.›*[2]

Hitler jedenfalls hat die Wagnersche Botschaft eines vom Judentum «gereinigten» Christus und Deutschtums verstanden, worauf der *‹Parsifal›* zielte. Wir sollten denen mehr Beachtung schenken, die immun blieben gegen Wagners «durchtriebene Schlauheit» und immer feiner gesponnenen «künstlerischen Terrorismus»: Am 26. Juni 1899 schreibt der Münchner Bildhauer Adolf von Hildebrand an Hermann Levi über Wagner: «... Ich bin ein Feind der Eroberer und Tyrannennaturelle auf allen geistigen Gebieten. Dagegen lehne ich mich auf, während Du das genießt. Sie gehören in die Politik und sollen Schlachten schlagen. In der Kunst gibt es aber weder ein Überreden noch Erzwingen.»

1 In: Nervöse Auffangorgane des inneren und äußeren Lebens – Karikaturen. Herausgegeben von Klaus Herding und Gunter Otto, Gießen 1980.

2 Anmerkungen zu Cosima Wagners Tagebüchern 1869 – 1883. In: Neohelicon IX, 1. Budapest–Amsterdam 1982.

Carl Dahlhaus

Erlösung dem Erlöser

Warum Richard Wagners ‹*Parsifal*› nicht Mittel zum Zweck der Ideologie ist

Die Wagnerianer in Aufruhr zu versetzen ist seit den Bayreuther Inszenierungen Wieland Wagners und Patrice Chéreaus immer schwieriger geworden. Aber mit der These, daß es nicht Ernst Bloch, sondern Adolf Hitler war, der den Sinn des ‹*Parsifal*› genau verstand – und in die gräßliche Tat umsetzte –, ist es Hartmut Zelinsky geglückt, die kaum noch Provozierbaren dennoch zu provozieren. Daß «hinter der Gründung der auf Hitler persönlich vereidigten und als Truppe nur ihm persönlich zur Verfügung stehenden SS und Waffen-SS» die «Blutideologie des ‹*Parsifal*›» gestanden habe, ist eine Behauptung, die betroffen macht, zumal sie von einem Wissenschaftler stammt, der dem Wagner-Buch von Martin Gregor-Dellin ‹*Rettung ins Ungenaue*› vorwirft, also für die eigenen Thesen Anspruch auf historisch-philologische Genauigkeit erhebt.

Wagner war Antisemit. Niemand leugnet die fatale Tatsache, die für Wagnerianer früher Jahrzehnte – vor dem Holocaust – teils selbstverständlich und «erhebend», teils irritierend und quälend war. (Wer unter den assimilierten und im Sinne der Assimilation gebildeten Juden um 1900 nicht Wagnerianer war, stellte eher eine Ausnahme als die Regel dar.) Niemand bestreitet auch, daß der Geist von Bayreuth, wo er zum Ungeist wurde, zu den wesentlichen Tendenzen der Vorgeschichte des Nationalsozialismus gehörte.

In der Kontroverse aber, die durch Zelinsky entfesselt wurde, handelt es sich nicht um biographische Fakten, die offen zutage liegen, sondern um Werkinterpretationen und deren Zusammenhang mit der Wirkungsgeschichte, vor allem um eine Interpretation des ‹*Parsifal*›. Das «Bühnenweihfestspiel», behauptet Zelinsky, sei ein antisemitisches Ritual. Wer es in Bayreuth sah, «erhielt durch das Schauspiel der ‹Erlösung des Erlösers› die ‹Weihe› und wurde insgeheim, und sollte es werden, Mitwisser und Zeuge der neuen Wagner-Religion und ein neues Glied der ‹Gemeinde›: Er wurde Bayreuther Antisemit.» (Zelinsky formuliert im Präteritum, aber er suggeriert, daß er zugleich die Gegenwart meint – warum sonst der publizistische Aufwand?)

Der Zeitpunkt, zu dem Zelinsky seine provozierenden Thesen (nachdem frühere Fassungen bereits 1976 und 1978 erschienen waren) einer breiten Öffentlichkeit zugänglich machte – und zwar gleich doppelt und

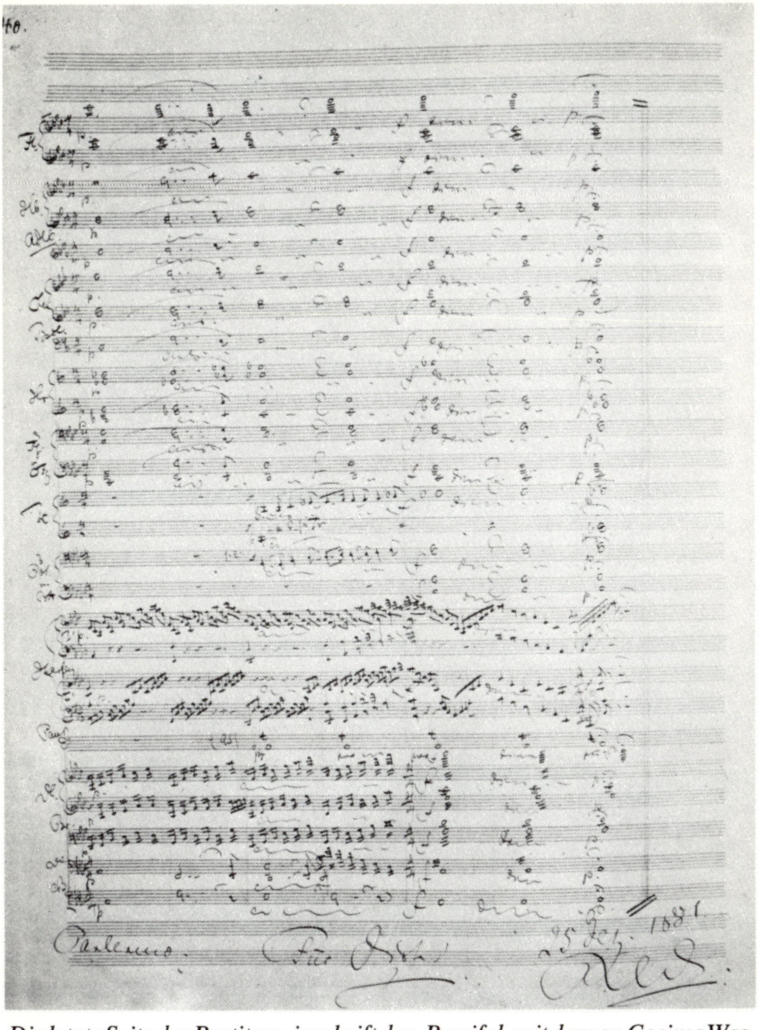

Die letzte Seite der Partiturreinschrift des ‹Parsifal› mit dem an Cosima Wagner gerichteten Vermerk «Für Dich!» und einer vorgezogenen Datierung (25. Dezember 1881), denn die Partitur wurde erst am 13. Januar des nächsten Jahres endgültig fertig. Wagner leistete sich diesen «frommen Betrug» (wie Cosima es nannte), um seine Frau zu ihrem Geburtstag zu überraschen.

dreifach: in den *Musik-Konzepten,* in der *Süddeutschen Zeitung* und im *Spiegel* –, war mit sicherem Instinkt für den Effekt gewählt: Zur Hundertjahrfeier des ‹*Parsifal*› sollte einem Publikum, das in Bayreuth das «Bühnenweihfestspiel» sah und hörte, das peinliche Gefühl vermittelt werden, Pietät und musikalischen Enthusiasmus an ein antisemitisches Propagandawerk zu vergeuden.

Die Wirkung blieb denn auch nicht aus: In den ‹*Parsifal*›-Rezensionen großer Tages- und Wochenzeitungen war – wohl auch aus Verlegenheit gegenüber der Inszenierung von Götz Friedrich – weniger vom Nutzen oder Nachteil des Versuchs, am «Bühnenweihfestspiel» die Prinzipien des «Regietheaters» zu erproben, als von Zelinskys herausfordernden Thesen die Rede.

Zelinsky fand teils Zustimmung, teils Ablehnung. Aber genaugenommen stützt er sich auf einen einzigen Satz, den Satz allerdings, mit dem ‹*Parsifal*› schließt: «Erlösung dem Erlöser». Natürlich weiß er, als Literaturhistoriker, daß es in einem Drama – als einer in letzter Instanz unauflösbaren dialektischen Struktur – eine Quintessenz, die sich in einem Satz zusammenfassen läßt, gar nicht gibt. Aber im Augenblick will er es nicht wissen, weil die Mühe, als Literaturwissenschaftler die Regeln des Metiers zu respektieren, den publizistischen Effekt schmälern würde. (Daß Wagner selbst – oder Cosima: die Tagebuchnotiz ist nicht ganz klar – den Spruch «Erlösung dem Erlöser» einmal «den Gehalt des Werkes» nannte, besagt wenig: Nicht, was der Ideologe Wagner glaubte, sondern was der Dramatiker realisierte, ist entscheidend.)

Die Substanz eines Dramas besteht in der Konfiguration der Personen und Handlungsmomente, aus denen es sich zusammensetzt. Und in dem Drama, das sich zwischen Amfortas, Kundry und Parsifal ereignet, eine antisemitische Struktur zu «entlarven», wird von Zelinsky nicht einmal versucht. Oder doch? In einem versteckten Nebensatz ist von Kundry als «Vertreterin alles dessen, was Wagner mit dem Judentum verbindet», die Rede. Von einem Beweis keine Spur; und Zelinsky, der sonst immer biographisch argumentiert, hütet sich, von Judith Gautier zu sprechen; denn zu erwähnen, daß Wagner sie liebte und zugleich als Modell für Kundry benutzte, hätte Zelinskys Hypothesen ausweglos durcheinandergebracht – es sei denn, er griffe selbst zu den psychoanalytischen Kategorien, deren Gebrauch durch Martin Gregor-Dellin er so heftig tadelt.

Außerdem wäre sogar dann, wenn man die Isolierbarkeit des Satzes «Erlösung dem Erlöser» einen Augenblick lang konzedierte, der Spruch allzu dunkel und mehrdeutig, um zur Parole zu taugen. Daß Parsifal gemeint ist, der als Erlöser des gequälten Amfortas selbst der Erlösung von vergangener Schuld bedarf, ist offenkundig, im Zusammenhang der Diskussion, wie Zelinsky sie führt, jedoch kaum von Bedeutung. Und auch Spekulationen darüber, daß Wagner an sich selbst dachte, sind überflüssig: eine Privatsache, die das Drama als Kunstwerk nicht berührt. Entscheidend ist – angesichts der «christlichen Ritterschaft» als Träger einer das Werk konstituierenden Idee – ausschließlich, worin die Erlösung besteht, von der Wagner glaubte, daß Christus, der Erlöser, sie suche, um sich endlich so zu offenbaren, wie er eigentlich war.

Daß das Christentum als Institution versteinert sei und daß die christliche Substanz transformiert werden müsse, um gerettet zu werden, war ein Gemeinplatz des 19. Jahrhunderts. Und daß die Kunst eine der Formen bilde, in denen Religion aufbewahrt werden könne, gehörte zu den Überzeugungen, die ein Theologe wie Schleiermacher mit einem schwärmerischen Dichter wie Wackenroder teilte. Das alles war romantische Tradition, und mit dem, was im 19. Jahrhundert «die Judenfrage» hieß, hatte die «Kunstreligion», der Wagner eine extreme Formulierung gab, nicht, aber auch gar nichts zu tun. Daß Wagner Antisemit war – und er war es in einer manchmal bestürzenden und widerwärtigen Form –, berechtigt keineswegs dazu, dem Spruch «Erlösung dem Erlöser» zu unterstellen, es handle sich – chiffriert und dennoch unermeßlichen politisch-moralischen Schaden stiftend – um eine Aufforderung, das Christentum vom Judentum durch dessen Ausrottung zu «reinigen».

Das Dokument, das Zelinskys Deutung des Spruchs stützen soll, ist ein Brief Wagners an Hans von Wolzogen, in dem Jesus von Nazareth als der «von aller alexandrinisch-judaisch-römisch despotischen Verunstaltung gereinigte und erlöste, unvergleichlich erhaben einfache Erlöser» apostrophiert wird. Kein Zweifel: «Erlösung dem Erlöser» ist – auch – ein Satz über Christus. Aber Wagner schrieb «alexandrinisch-judaisch-römisch», nicht bloß «judaisch». Was er retten wollte, war eine christliche Substanz, die er durch eine jurifizierte Kirche («römisch»), durch eine petrifizierte Dogmatik («alexandrinisch») und einen «ruchlosen Optimismus» («judaisch») gefährdet glaubte. Der Begriff des «ruchlosen Optimismus» stammt von Schopenhauer. Und 1855, ein Jahr nach seiner Konversion zu Schopenhauers Metaphysik, sprach Wagner in einem Brief an August Röckel von der «ungeheuren Schwierigkeit, ja Unmöglichkeit, diesen reinen, durchaus weltverachtenden und dem Willen zum Leben abgewandten Gedanken» – nämlich den «ursprünglichen Gedanken des Christentums», der «seine Heimat in Indien hat» – «auf den fruchtlosen Stamm des Judentums zu pfropfen». Was Wagner dem Judentum vorwarf, war also – Optimismus. «Der eigentliche Kern des Judentums ist aber jener geist- und herzlose Optimismus», heißt es wenige Zeilen später in dem Brief an Röckel. Und wenn er die Juden am Schluß des Zweitdrucks (1869) der – 1850 anonym erschienenen – Broschüre ‹*Das Judentum in der Musik*› zur «Selbstvernichtung» aufforderte, so war damit eine Teilhabe an einer «Erlösung» durch «Vernichtung» im Sinne Schopenhauers oder eines durch Schopenhauer vermittelten Buddhismus gemeint: «Nehmt rücksichtslos an diesem, durch Selbstvernichtung wiedergebärenden Erlösungswerk teil, so sind wir einig und ununterschieden.» Zweifellos: Wagner sprach von «Erlösung» und «Vernichtung»; aber er meinte nicht allein «die anderen»: die Juden, sondern zugleich sich selbst. (1978, in den *Musik-Konzepten* 5, war Zelinsky die vertrackte psychologische Verquickung noch bewußt; 1982, in den *Musik-Konzepten* 25, ist davon nicht mehr die Rede: Nun geht es nur noch darum, die These durchzusetzen, daß ‹*Parsifal*› durch den Schlußsatz zum antisemitischen Ritual werde.)

Zelinsky ist Literaturhistoriker. Ob er Noten lesen kann, weiß ich nicht. Um aber zu erkennen, daß in dem Chor, der die Worte «Erlösung dem Erlöser» singt, nicht die geringste Spur von Aggression enthalten ist, braucht man nicht einmal «musikalisch» zu sein; es genügt, sich nicht taub zu stellen. Über Musik aber läßt Zelinsky nicht mit sich reden; er beharrt darauf, daß Theater und Musik für Wagner nichts als Vehikel waren, um eine antisemitisch pointierte «reine Christuslehre» zu propagieren.

In der Diskussion, ob die Kunst ein Mittel zum Zweck der Ideologie oder die Ideologie ein Mittel zum Zweck der Kunst war, ist bei Wagner – wie übrigens auch bei Brecht – ein Ende kaum absehbar, und es führt zu nichts, sich gegenseitig die Vorwürfe der «Kunstfremdheit» und des «Eskapismus» an den Kopf zu werfen. Doch wäre es immerhin möglich, eine entscheidende Instanz nicht allein in der Intention des Autors, sondern auch in der Wirkungsgeschichte des Werkes zu sehen. Dann aber ist es unverkennbar, daß von 1933 bis 1945 – und in manchen Zirkeln schon früher – der Akzent auf der Ideologie, seit 1951 dagegen auf dem Werk lag; und es besteht kein Grund, eine Entwicklung zu beklagen, in der – einstweilen – der Wagner Thomas Manns und Ernst Blochs gegenüber dem Wagner Adolf Hitlers das letzte Wort behielt. (Warum ignoriert Zelinsky, der sonst die Bedeutung der Wirkungsgeschichte für die Werkinterpretation allenthalben hervorhebt, gerade die Rezeptionsgeschichte der letzten Jahrzehnte, als wäre sie das «Mißverständnis», als das er die Wagner-Rezeption durch Hitler nicht gelten lassen möchte?)

Es könnte sein – darüber müßte man miteinander sprechen –, daß in dem, was im 19. Jahrhundert «die Judenfrage» hieß, «historische Differenzierungen» moralisch nicht zulässig sind und daß wir – die Deutschen – die Auffassung Gershom Scholems und anderer, die Assimilation sei immer schon verfehlt gewesen, einspruchslos akzeptieren müssen (trotz all dessen, was wir – und die Juden – ihr verdanken). Schuldhaft vertan

Richard Wagner am Vorabend seines Todes in Venedig, Zeichnung von Paul von Joukowsky in einem Notizbuch Cosima Wagners. Die Unterschrift Cosimas («R. lesend 12 Febr. 1883») bezieht sich auf Wagners Lieblingstätigkeit: Das Vorlesen. Am fraglichen Abend las er seiner Familie Friedrich de la Motte Fouqués Prosa-Märchen ‹Undine› vor.

wurde die Chance eines vernünftigen Zusammenlebens: eines Zusammenlebens im selben Staat unter der Voraussetzung gegenseitigen Respekts (bloße Toleranz – Duldung also – genügt nicht: Was notwendig gewesen wäre, ist Achtung für den anderen gerade dort, wo er anders ist als man selbst).

Differenziert man aber, so wäre daran zu erinnern, daß Wagners berüchtigte Schrift ‹*Das Judentum in der Musik*›, als sie 1850 erschien, dem paradoxen geschichtlichen Kontext eines Antisemitismus der Liberalen angehörte, der um die Jahrhundertmitte grassierte und dessen Spuren

Das originale Bühnenbild von Klingsors Zauberschloß für die Bayreuther Uraufführung des ‹Parsifal›. Die Regieanweisung für den zweiten Aufzug lautet: «Klingsors Zauberschloß. – Im inneren Verließe eines nach oben offenen Turmes; Steinstufen führen nach dem Zinnenrande der Turmmauer; Finsternis in der Tiefe, nach welcher es von dem Mauervorsprunge, den der Boden darstellt, hinabführt. Zauberwerkzeuge und nekromantische Vorrichtungen. – Klingsor auf dem Mauervorsprunge zur Seite, vor einem Metallspiegel sitzend.»

sich bei Wagner wie bei Karl Marx, bei Hans von Bülow wie bei Gustav Freytag finden lassen (um Namen zu nennen, die man sonst schwerlich miteinander koppeln würde). Wagners Antisemitismus war allerdings unentwirrbar gemischt aus privatem Ressentiment und der Stilisierung «des» Juden (der fatale Singular richtete völkerpsychologisch, nicht allein in der Geschichte des Antisemitismus, unermeßlichen Schaden an) zur Symbolfigur kraß divergierender Erscheinungen der «Moderne» – vom Finanz- und Industriekapitalismus über die Presse bis zur Gärung in der Arbeiterklasse –, die man als störend, befremdlich und unheimlich empfand.

Dennoch: Wagner war Antisemit. Und wegen der Konsequenzen, die daraus erwuchsen, ist es unzulässig, die Tatsache, daß er es war, zu vergessen und aus dem geschichtlichen Bewußtsein zu verdrängen. Zelinskys These aber, ‹*Parsifal*› sei als Kunstwerk ein Mittel zum Zweck chiffrierter antisemitischer Propaganda, ist absurd. Und dem publizistischen Effekt, den sie erzielte, kann man darum mit Recht vorwerfen, was Wagner von Meyerbeers Opern zu Unrecht behauptete: Er ist «Wirkung ohne Ursache».

Zeittafel

1813 22. Mai: Richard Wagner wird in Leipzig geboren.

1836 Die Übersetzung des *‹Parzival›* Wolframs von Eschenbach erscheint. Der Übersetzer ist, unter dem Pseudonym San Marte, Albert Schulz. Wagner benutzt später diese Ausgabe.

1845 Im Sommer, bei einem Kuraufenthalt in Marienbad, beschäftigt sich Wagner mit dem *‹Parzival›*-Stoff zum erstenmal.

1857 Am 20. April will Wagner, seiner Autobiographie zufolge, in seinem Züricher Asyl die Eingebung zum «Karfreitagszauber» als Grundstimmung seines späteren *‹Parsifal›* empfangen haben. Das ist natürlich Legende, da der Karfreitag in diesem Jahr auf den 10. April fällt. Wagner schreibt eine erste Prosaskizze der Handlung nieder, die indessen verschollen ist.

1865 Auf Betreiben seines Gönners Ludwig II. von Bayern verfaßt Wagner seinen ersten Prosaentwurf zum *‹Parzival›* (so lautet der Name jetzt noch) in den Tagen vom 27. bis 30. August. Er schickt eine Reinschrift am 31. August an den König, der sich mit überschwenglichen Worten bei ihm bedankt: «... o wie liebe ich Sie, mein angebeteter, heiliger Freund.»

1877 Am 25. Januar notiert Cosima Wagner in ihrem Tagebuch den Beginn der Arbeit Wagners am zweiten Prosaentwurf: «Ich beginne den Parzival und laß nicht eher von Ihm, als er fertig ist.» Am 28. Februar legt er Cosima den «in Prosa dialogisierten, vollendeten Parzival» vor. Am 14. März, dem Tag des Beginns der Niederschrift des Librettos, entscheidet Wagner: «Und Parsifal wird er heißen.» Die Änderung des Namens Parzival in Parsifal übernimmt Wagner von Görres, der behauptet, die letztere Schreibweise stamme angeblich aus dem Persischen und bedeute: *fal parsi*, der törichte Reine. Daraus wird bei Wagner der «reine Tor» = Parsifal. In Wagners Briefwechsel mit Judith Gautier wird diese Frage diskutiert. Weil Judith Gautier die Behauptung Görres' anzweifelt, antwortet Wagner: «Der ‹Arabi-Dialekt›, worin ‹Fal› Narr, Ungeschliffener bedeuten sollte, war meine Erfindung. [...] Görres [...] muß seiner Sache ganz sicher sein. Vermutlich hat er nicht Arabisch gekonnt, aber er wird das von einem Orientalisten gehört haben. Im übrigen stört mich das nicht.»
Die Dichtung des *‹Parsifal›* beendet Wagner am 19. April. Einen Tag später

trägt Cosima in ihr Tagebuch ein: «Abends liest R. mir den 3ten Akt von Parsifal vor und übergibt mir die Dichtung, welche mir als höchster Trost in der Not des Daseins gilt.»
Am 2. August hört Cosima, ihrem Tagebuch zufolge, «einige erste Töne» der ‹*Parsifal*›-Musik. Die kontinuierliche Arbeit an der Kompositions- und (parallelen) Orchesterskizze beginnt am 17. September: «Er scheint jetzt wirklich zu skizzieren» (Eintragung Cosimas in ihr Tagebuch).
Im Dezember veröffentlicht Wagner das ‹*Parsifal*›-Libretto als eigenständige Dichtung. Ein Exemplar schickt er auch an Friedrich Nietzsche, der sich bereits während der ersten Bayreuther Festspiele (1876) innerlich von ihm abgewandt hat.

1878 Am 3. Januar trifft das Textbuch bei Nietzsche ein. Gleichzeitig schickt Nietzsche ein Exemplar seines neuesten Buches ‹*Menschliches, Allzumenschliches*› an Wagner. Das Kreuzen dieser beiden Werke empfindet Nietzsche als Klang zweier Degen. Die Moral des Buches «für freie Geister» und dagegen die des Mitleids im ‹*Parsifal*› haben nichts mehr gemeinsam.
31. Januar: Wagner schließt die Arbeit an den Skizzen zum ersten Akt ab. Am 7. Februar beginnt er mit den Skizzen zum zweiten Akt. Cosimas Tagebücher halten den Entstehungsprozeß bis in Details fest. So überliefert sie auch eine Äußerung Wagners zur Verwendung «sensitiver» Intervalle im zweiten Akt, zum «alten Farbentopf» erotischer Musik, der im ersten Akt nicht vorkommt. Je weiter der Kompositionsvorgang fortschreitet, um so ungewisser erscheint dem Komponisten die szenisch-sinnfällige Realisierung: «Ach! es graut mir vor allem Kostüm- und Schminke-Wesen; wenn ich daran denke, daß diese Gestalten wie Kundry nun sollen gemummt werden, fallen mir gleich die ekelhaften Künstlerfeste ein, und nachdem ich das unsichtbare Orchester geschaffen –» Wagner bezieht sich hier auf den verdeckten Orchestergraben des Bayreuther Festspielhauses – «möchte ich auch das unsichtbare Theater erfinden! – Und das unhörbare Orchester» (23. September). Im Sommer schreibt er bereits den Aufsatz ‹*Publikum und Popularität*›, in dem er die aufkeimende Berührungsangst mit der Bühnenrealität thematisiert.
Am 13. Oktober «um 12 Uhr» (Cosimas Tagebuch) ist die Skizze des zweiten Aktes beendet. «Abends spricht er entschieden aus, er möchte ‹*Parsifal*› nicht aufführen, er möchte [...] nichts mit Sängern und Orchester, nichts vor allem mit der Münchner Theater-Intendanz zu tun haben» (Tagebucheintragung Cosimas am 13. Oktober).
Am 16. Oktober meldet Cosimas Tagebuch den Anfang der beschwerlichen Arbeit Wagners an der Skizze zum Vorspiel des dritten Aktes («R. sammelt sich zum dritten Akt»). Am 28. Oktober ist das Vorspiel fertig: «Er spielt mir das Vorspiel! Und zeigt mir die vielen Blätter, die er dafür entworfen. [...] Hier ist ihm auch wunderbar gelungen, auf einer ganz elementaren trüben Stimmung die Themen sich abheben zu lassen» (Cosimas Tagebuchbemerkung). Aber erst am 31. Oktober ist die endgültige Fassung des Vorspiels beendet: «Es ist sehr verändert, noch lichtloser! Wie die Klage eines erlo-

schenen Sternes klingt der Beginn, worauf wie Gebärden nur man das mühevolle Wandern und das Erlösungsflehen der Kundry erschaut» (Eintragung Cosimas in ihr Tagebuch).

6. November: Wagner sagt zu Cosima: «Nulla dies sine linea.» Er arbeitet an der Skizze des zweiten Aktes fortlaufend weiter.

25. Dezember: Zu Cosimas Geburtstag holt Wagner das Meininger Hoforchester nach Wahnfried und führt das Vorspiel zum ersten Akt (mit neukomponiertem Konzertschluß) in einer vorweg instrumentierten Fassung auf.

1879 Die Kompositionsskizze das dritten Aktes ist am 16. April, die Orchesterskizze zehn Tage später vollendet. Nach Abschluß dieser Arbeit, die bei Wagner stets die eigentliche musikalische Substanz bereits enthält, faßt er den Gehalt des ‹*Parsifal*›, auf das religiöse Element bezogen, so zusammen: «Ihm sei ein Pfaff das Unausstehlichste, was er kenne, aber das habe mit dem Akt der Taufe und mit dem Symbol der Erlösung nichts zu tun» (Eintragung Cosimas in ihr Tagebuch am 27. April). Auf die künftige Instrumentationsarbeit hinweisend, sagt er zu Cosima, die Instrumentation des ‹*Parsifal*› werde ganz anders sein als die des ‹*Rings*›: «wie Wolkenschichten, die sich teilen und wieder bilden». Immer wieder betont Wagner, wie Cosimas Tagebuchaufzeichnungen festhalten, den Abstand der ‹*Parsifal*›-Musik von jeglicher Sentimentalität: «Alles ist *direkt*!»

Am 7. August beginnt er mit dem Liniieren der Partiturseiten, eine zeitraubende Arbeit, die sich bis zum 24. September des folgenden Jahres erstreckt. «Am 23ten (August) beginnt R. die Instrumentation, doch unterbricht er sich bald», vermerkt Cosimas Tagebuch.

1880 4. Januar: Wagner trifft mit Cosima in Neapel ein. Es ist der Beginn eines Italien-Aufenthaltes, der bis zum 31. Oktober dauern wird. Die Arbeit an der Partitur, abgesehen vom Ziehen der Linien, wird zurückgehalten. Wagner schreibt statt dessen seine sogenannten «Regenerationsschriften», eine Art Kommentar zum Gehalt und zur Ideologie des ‹*Parsifal*›.

Am 26. Mai besichtigt Wagner Ravello und den Palazzo Rufolo und schreibt ins Gästebuch: «Klingsors Zaubergarten ist gefunden!»

21. August: Wagner sieht zum erstenmal das Innere des Doms von Siena. Er ist zu Tränen hingerissen, und Cosima notiert: «Ich möchte das Vorspiel zu Parsifal unter der Kuppel hören!» Das Vorbild für den Gralstempel ist gefunden.

In einem Brief vom 28. September aus Siena teilt Wagner König Ludwig II. mit, daß er seinen ‹*Parsifal*› nur dem Bayreuther Festspielhaus vorbehalten will seines außerordentlichen Werkcharakters wegen, und um ihn vor der Entweihung zum «Amusement» durch den gewöhnlichen Theaterbetrieb zu bewahren. Bereits am 31. März 1878 war der Vertrag zwischen dem König und Wagner geschlossen worden, der für die geplante Bayreuther Uraufführung des ‹*Parsifal*› das Personal des Münchner Hoftheaters und das Hoforchester mitsamt seinen beiden Dirigenten Hermann Levi und Franz Fischer vorsah.

23. November: In Wahnfried beginnt Wagner kontinuierlich mit der Instrumentationsarbeit und Partiturreinschrift.

1881 Wagner führt im Januar Vorbesprechungen für die Dekoration und Kostüme der geplanten Uraufführung des ‹*Parsifal*›.
25. April: Die Originalpartitur des ersten Aktes ist vollendet.
Am 12. Mai notiert Cosima in ihrem Tagebuch, daß Wagner, angeregt durch die Lektüre des ‹*Essai sur l'inégalité des races humaines*› (1853–55) des Grafen Gobineau, einen Zusatz zu dem Aufsatz ‹*Religion und Kunst*›, dem philosophischen Kommentar des ‹*Parsifal*›, plant: ‹*Heldentum und Christentum*›. In dieser Zeit ist der Rassentheoretiker Gobineau Gast in Wahnfried.
Am 8. Juni beginnt Wagner mit der Instrumentation und Partiturreinschrift des zweiten Aktes. Im Juni und Juli finden Klavierproben mit den künftigen Solisten in Wahnfried statt.
23. August: Wagner beginnt den Aufsatz ‹*Heldentum und Christentum*› zu schreiben. Die Instrumentationsarbeit am zweiten Akt geht, wie alles an der ‹*Parsifal*›-Musik, mit großem Bedacht voran: «An solch einem Werk könnte man das ganze Leben arbeiten», sagt er am 1. September zu Cosima.
19. Oktober: Vollendung der Originalpartitur des zweiten Aktes. Anfang November bricht Wagner mit seiner Familie nach Palermo auf. Dort beginnt er am 8. November mit der Arbeit an Instrumentation und Partiturreinschrift des dritten Aktes.
Wagners Antisemitismus steigert sich immer mehr; am 18. Dezember sagt er «im heftigen Scherz, es sollten alle Juden in einer Aufführung des ‹*Nathan*› verbrennen» (Eintragung Cosimas in ihr Tagebuch).
In der Vorfreude auf die vollendete Partitur schenkt Wagner Cosima zu ihrem Geburtstag am 25. Dezember als «*pia fraus*» wie sie es selbst nennt, die «vollendete» Partitur, das heißt, er überspringt, da er die linierten Seiten korrekt durchpaginiert hat, einige Blätter der Partitur und schenkt Cosima die letzte Seite, die er vorab fertig ausgearbeitet hat an Hand der Orchesterskizze.

1882 13. Januar: «Es ist vollbracht» vermeldet Cosimas Tagebuch.
2. Juli: Die Proben in Bayreuth zur Uraufführung des ‹*Parsifal*› beginnen. Während der Generalprobe am 24. Juli macht Wagner zu Cosima die auf den Dirigenten Levi gemünzte unverschämte Bemerkung, er möchte nicht als Orchester-Mitglied von einem Juden dirigiert werden. Auch ärgert ihn die szenische Unzulänglichkeit. Schon bei den Proben klagt er, anläßlich der großen Szene zwischen Kundry und Parsifal, daß sie wohl kaum jemals so wiedergegeben werden könnte, wie er sich das vorstelle: «R. klagt es, wie ahnungslos die Darsteller dessen, was darin sei, blieben, und gedenkt der Schröder-Devrient, wie sie würde das gesprochen haben: ‹So war es mein Kuß, der hellsichtig dich machte.› Nun müsse die Musik alles übernehmen» (Tagebucheintragung Cosimas am 9. Juli).
26. Juli: Im Bayreuther Festspielhaus wird das «Bühnenweihfestspiel» uraufgeführt. Allgemein wird der außerordentliche Charakter der Musik anerkannt. Der Gehalt des Stückes und die Frage, ob es Blasphemie sei oder nicht, bleiben umstritten.

1883 9. Februar: In Venedig sagt Wagner zu Cosima, daß er seinen Aufsatz ‹*Heldentum und Christentum*› «für sein Bestes» halte.

13. Februar: Richard Wagner stirbt im Palazzo Vendramin in Venedig. Im Dezember erscheint der Erstdruck der ‹*Parsifal*›-Partitur.

1914 Der ‹*Parsifal*›-Schutz, die Schutzfrist von dreißig Jahren, erlischt entgegen dem Protest zahlreicher, auch prominenter Wagnerianer. 1884/85 haben ohnehin Privataufführungen in München für König Ludwig II., der die Uraufführung nicht besucht hat, stattgefunden, ferner auch konzertante Aufführungen in London (1884) und New York (1886), in Boston (in englischer Sprache, 1891) und in Amsterdam (1896). Ebenfalls illegale Bühnenaufführungen kamen 1903 in New York und 1905 in Amsterdam heraus. Die erste Aufführung nach Erlöschen der Schutzfrist bringt die Frankfurter Oper am 2. Januar 1914 auf die Bühne. Das Erdenleben Parsifals beginnt.

Bibliographie

Eine Auswahl empfohlener Schriften zum Thema ‹Parsifal›

I. Primärliteratur

Richard Wagner: Sämtliche Schriften und Dichtungen. Volks-Ausgabe in 16 Bänden. Leipzig o. J. (1911)

Richard Wagner: Das Braune Buch. Tagebuchaufzeichnungen 1865–1882. Hg. von Joachim Bergfeld. Zürich/Freiburg 1975

Richard Wagner an Mathilde und Otto Wesendonck. Tagebuchblätter und Briefe. Hg. von Julius Kapp. Leipzig o. J. (1915)

Die Briefe Richard Wagners an Judith Gautier. Hg. von Willi Schuh. Zürich und Leipzig 1936

König Ludwig II. und Richard Wagner: Briefwechsel. Hg. von Otto Strobel. 5 Bde. Karlsruhe 1936–1939

Cosima Wagner: Die Tagebücher. Ediert und kommentiert von Martin Gregor-Dellin und Dietrich Mack. 4 Bde. München/Zürich 1982

Hans von Wolzogen: Richard Wagner, Entwürfe zu «Die Meistersinger von Nürnberg», «Tristan und Isolde», «Parsifal». Mit einer Einführung. Leipzig 1907

Edwin Lindner: Richard Wagner über «Parsifal». Aussprüche des Meisters über sein Werk. Leipzig 1913

II. Sekundärliteratur

Friedrich Nietzsche: Sämtliche Werke. Kritische Studienausgabe in 15 Bänden. Hg. von Giorgio Colli und Mazzino Montinari. München 1980

Hans von Wolzogen: Thematischer Leitfaden durch die Musik zu Richard Wagners PARSIFAL nebst einem Vorworte über den Sagenstoff des Wagnerschen Dramas. Leipzig 1882

Carl Friedrich Glasenapp: Das Leben Richard Wagners. 6 Bde. Leipzig 1894–1911

Hanns Fuchs: Richard Wagner und die Homosexualität. Unter besonderer Berücksichtigung der sexuellen Anomalien seiner Gestalten. Berlin 1903

Arthur Drews: Mozarts «Zauberflöte» und Wagners «Parsifal». In: Richard-Wagner-Jahrbuch I. Berlin 1906, S. 326–361
Houston Stewart Chamberlain: Richard Wagner. 5. Aufl. München 1910
Otto Weininger: Geschlecht und Charakter. 12. Aufl. Wien und Leipzig 1910. Neudruck: München 1980
Robert Petsch: Zur Quellenkunde des «Parsifal». In: Richard-Wagner-Jahrbuch IV. Berlin 1912, S. 138–161
Arthur Seidl: Richard Wagners «Parsifal». Zwei Abhandlungen. Regensburg o. J. (1914)
Richard Mauke: Richard Wagner als Gefahr. In: Die neue Zeit. Jg. 32 (1914)
E. Hemmes: Richard Wagners «Parsifal». Aufbau und Gedankenwelt des Bühnenweihfestspiels unter Berücksichtigung der Quellen dargestellt. 2. Aufl. Mainz 1914
Ernst Bloch: Geist der Utopie (1. Fassung 1918, 2. Fassung 1923). Frankfurt a. M. 1973
Friedrich Naumann: Gestalten und Gestalter. Lebensgeschichtliche Bilder. Berlin und Leipzig 1919. (Enthält auf S. 138–150 einen Aufsatz über Wagner und «Parsifal»)
Paul Bekker: Richard Wagner. Das Leben im Werke. Stuttgart, Berlin und Leipzig 1924
Alfred Lorenz: Das Geheimnis der Form bei Richard Wagner. 4 Bde. München 1924–1933
Kurt Hildebrandt: Wagner und Nietzsche. Breslau 1924
Arthur Prüfer: Parsifal und der Kulturgedanke der Regeneration. 3. Aufl. Leipzig 1924
Wolfgang Golther: Parzival und der Gral in der Dichtung des Mittelalters und der Neuzeit. Berlin 1925
Hermann Güntert: Kundry. o. O. 1928
Ernest Newman: The Life of Richard Wagner. 4 Bde. New York 1933–1946
Samuel Singer: Die Quellen von Richard Wagners Parsifal. In: Germanisch-Romanisches Mittelalter. Aufsätze und Vorträge. o. O. 1935
Konrad Burdach: Der Gral. Forschungen über seinen Ursprung und seinen Zusammenhang mit der Longinuslegende. Neudruck: Darmstadt 1974
Theodor W. Adorno: Versuch über Wagner: Berlin/Frankfurt a. M. 1952
Johannes Bertram: Mythos, Symbol, Idee in Richard Wagners Musikdramen. Hamburg 1956
Theodor W. Adorno: Zur Partitur des «Parsifal». In: Moments musicaux. Frankfurt a. M. 1964
Ernst Bloch: Literarische Aufsätze. Frankfurt a. M. 1965
Ernest Newman: The Wagner Operas. 4. Aufl. New York 1968
Peter Dettmering: Dichtung und Psychoanalyse. Thomas Mann – Rainer Maria Rilke – Richard Wagner. München 1969
Robert Gutman: Richard Wagner. Der Mensch, sein Werk, seine Zeit. Deutsche Übersetzung von Horst Leuchtmann. München 1970
Martin Geck und Egon Voss (Hg.): Richard Wagner, Sämtliche Werke, Bd. 30.

Dokumente zur Entstehung und ersten Aufführung des Bühnenweihfestspiels Parsifal. Mainz 1970
Carl Dahlhaus: Richard Wagners Musikdramen. Velber 1971
Dieter Schnebel: Aktualität Wagners. In: Denkbare Musik. Köln 1971
Adolf Nowak: Wagners «Parsifal» und die Idee der Kunstreligion. In: Richard Wagner. Werk und Wirkung. Hg. von Carl Dahlhaus. Regensburg 1971
Gösta Neuwirth: «Parsifal» und der musikalische Jugendstil. In: Richard Wagner. Werk und Wirkung. Hg. von Carl Dahlhaus. Regensburg 1971
Werner Diez: Prometheus, Luzifer und die Gralsutopie. In: Programmheft «Parsifal», Bayreuth 1972
Heinrich Zimmer: Abenteuer und Fahrten der Seele. Mythen, Märchen und Sagen aus keltischen und östlichen Kulturbereichen. Düsseldorf/Köln 1977 (bes. S. 63 f.)
Hans-Joachim Bauer: Wagners «Parsifal». Kriterien der Kompositionstechnik (= Berliner musikwissenschafliche Arbeiten, Band 15). München–Salzburg 1977
Walter Keller: Parsifal-Variationen. Tutzing 1979
Pierre Boulez: Wege zu «Parsifal». In: Anhaltspunkte. Essays. Deutsch von Josef Häusler. München 1979
Ulrich Müller: Parzival und Parsifal. Vom Roman Wolframs von Eschenbach und vom Musikdrama Richard Wagners. In: Sprache – Text – Geschichte (...). Hg. von Peter K. Stein (u. a.). Göppingen 1980 (= Göppinger Arbeiten zur Germanistik Nr. 304)
Peter Wapnewski: Tristan der Held Richard Wagners. Berlin 1981 (das Buch enthält im Anhang ein Kapitel über «Das Weltabschiedswerk: Parsifal»)
Heinz-Klaus Metzger und Rainer Riehn (Hg.): Musik-Konzepte Bd. 5: Richard Wagner. Wie antisemitisch darf ein Künstler sein?. 2. Aufl. München 1981
Heinz-Klaus Metzger und Rainer Riehn: Musik-Konzepte Band 25: Richard Wagner. Parsifal. München 1982
Gernot Gruber: Wagners Naturbegriff und die Naturbilder im «Parsifal». In: Wagner-Interpretationen. München/Salzburg 1982
Peter Wapnewski: Der traurige Gott. Richard Wagner in seinen Helden. 2. Aufl. München 1982
Dieter Schickling: Abschied von Walhall. Richard Wagners erotische Gesellschaft. Stuttgart 1983
Hartmut Zelinsky: Richard Wagner – Ein deutsches Thema. Eine Dokumentation zur Wirkungsgeschichte Richard Wagners 1876–1976. Berlin 1983

Joachim Matzner

Anmerkungen zur Diskographie

Anfang der sechziger Jahre hieß es in einem Schallplattenführer noch: «Ohne das technische Wunder Schallplatte schmälern zu wollen, sträubt sich etwas in uns gegen ‹*Parsifal*› auf Platten. Von allen musikalischen Bühnenwerken kann ‹*Parsifal*› auf die Atmosphäre der Bühne am wenigsten verzichten.»

Heute sehen wir das anders. In Dresden hat man den ‹*Parsifal*› sogar konzertant aufgeführt, und das wurde durchaus nicht als Sakrileg empfunden. Die Schallplatte deutet gegenwärtig eine ähnliche, für Hörer wie Werk nicht unbekömmliche Entwicklung vom Bühnenweihfestspiel zum absolut musikalischen Ereignis an. Lange Jahre gab es nur eine einzige, dann zwei ‹*Parsifal*›-Aufnahmen, beide Bayreuther Mitschnitte unter Hans Knappertsbusch (von 1951 und 1962). Demgegenüber ist zur Zeit fast ein Dutzend ‹*Parsifal*›-Aufnahmen erhältlich, davon – ein Kuriosum der Schallplattengeschichte – nicht weniger als fünf verschiedene Knappertsbusch-Aufführungen aus Bayreuth.

Es stellt sich heraus, daß der ‹*Parsifal*›-Dirigent Knappertsbusch nicht nur quantitativ den gewichtigsten Teil in die ‹*Parsifal*›-Diskographie einbringt. Nicht etwa im Sinne jener «Gralshüter»- und «Großsiegelbewahrer»-Devotionalien, mit denen man seit eh und je glaubt, die Verbindung Knappertsbusch–‹*Parsifal*› ehrerbietig untermauern zu müssen. Man untergräbt sie damit eher. Weihebreite ist keine notwendig beeindruckende ästhetische Qualität. Dagegen wird eine viel höhere bei Knappertsbusch im Vergleich mit seinen Kollegen Karajan, Solti oder Boulez vernehmbar: Künstlerische Natürlichkeit (nur scheinbar ein Paradoxon), so etwas wie musikalische Richtigkeit.

Karajan mit seinen Berlinern: gelassen, klangschön, eher kammermusikalisch als pompös, rhythmisch insgesamt weich gezeichnet, nicht immer auf äußerste Präzision bedacht. Solti mit den Wienern: prägnant artikuliert bis in feinste Verästelungen der Phrasierung hinein, Pathos verknappt, konturiert, trotzdem mit Nerv fürs weitgespannte Melos. Boulez in Bayreuth: in ganz anderer Weise als Knappertsbusch unprätentiös, zügig, vollends aufs Absolutmusikalische setzend (matt an Stellen, die Wagner etwa «etwas zögernd und sehr ausdrucksvoll» verlangt). Dafür wiederum nicht genau genug: ein Konzept, das so schier der Musik vertraut, muß dort makellos professionell nun wirklich alles realisieren, was in der Partitur steht.

Ein ‹*Parsifal*›-Dirigent von hohen Graden muß Vittorio Gui gewesen sein. Seine Aufnahme mit der Callas-Kundry teilt trotz ihrer so bedauerlichen plattentechnischen Miserabilität immerhin noch einiges von Guis dramatischer, strenger und sensibler Interpretationskunst mit. Im Soundtrack zu Syberbergs ‹*Parsifal*›-Film spielt sympathisch warmherzig das Orchestre Philharmonique de Monte Carlo unter Armin Jordan. Zumal im sängerischen Bereich erreicht diese Aufnahme jedoch nicht ganz das Niveau der übrigen.

Hätte ich nur eine einzige ‹*Parsifal*›-Aufnahme zu wählen, es wäre die Knappertsbusch-Aufführung von 1962. Sie ist bereits stereophon aufgezeichnet und bietet dadurch gegenüber den vier Knappertsbusch-Dokumenten von 1951, 1956, 1958 und 1960 einen sehr deutlich hörbaren Vorteil. Außerdem wartet sie mit einer der sängerisch ausgeglichensten Besetzungen auf, die mir lieber ist als die allenthalben so hochgepriesene der Decca-Einspielung von 1951. Denn dort irritiert Wolfgang Windgassen: sein Parsifal, teils recht spärlich bei Stimme, ist von einer unjugendlich nüchternen Aura umgeben, die eher an einen Fachmann für teilmusikalische Datenverarbeitung als an das denken läßt, das spüren läßt, was Wagner wohl mit seinem «reinen Toren» gemeint hat.

Zwei weitere Knappertsbusch-Aufnahmen (1958, 1960) leiden unter einem anderen Parsifal-Handikap: Hans Beirer, in fast jedem Betracht Gegencharakter zu Windgassen, singt die Titelpartie mit einer Siegfried-nahen, fast pausbäckigen Diesseitigkeit, daß man sich dann doch wieder einige Quentchen ‹*Parsifal*›-Weihe herbeiwünschte. Wer kann schon rein, wer will schon Tor sein – überzeugende Parsifale sind selten (einschließlich der bläßlichen Peter Hofmann, René Kollo und Reiner Goldberg).

Amfortas-Qualen sind unserer Zeit wohl eher einfühlbar. Von George London bis zu Thomas Stewart und José van Dam reicht die Reihe der anrührenden Amfortas-Gestalten, am markantesten vielleicht ein Italiener: Rolando Panerai in der alten Gui-Aufnahme.

Auch die schlichter dimensionierte Figur des Gurnemanz stellt nicht so heikle Interpretationsprobleme wie die Titelgestalt und wirkt nicht zuletzt deshalb meist gut besetzt. Das gilt besonders für Josef Greindl oder Jeróme Hines, aber auch für Hans Hotter oder Gottlob Frick. Boris Christoff bei Vittorio Gui bereitet durch sein recht starres Vibrato auf die Dauer Mißbehagen.

Zu den besten Klingsor-Darstellern gehört Gustav Neidlinger in den beiden späteren Knappertsbusch-Aufnahmen: denkbar souverän, jenseits der für diese Rolle naheliegenden Gefahr des Überchargierens. Sein Vorgänger Toni Blankenheim (Bayreuth 1956, 1958), durchaus ebenfalls von interpretatorischem Geschmack, steht Neidlinger rein gesanglich (Tiefe, Intonation) ein wenig nach.

Als Kundry kann sich Irene Dalis (Knappertsbusch 1962) durchaus mit der großen Konkurrenz ihres Fachs messen, mit Martha Mödl, Regine Crespin oder Christa Ludwig. Karajans Dunja Vejzovic fällt in ihrer leicht theatralischen Dramatik im Grunde aus dem doch eher nobel unaffektierten ‹*Parsifal*›-Konzept des Dirigenten.

Gwyneth Jones bei Boulez stürzt den Hörer wie immer – ob sie die ‹*Fidelio*›-Leonore, die Brünnhilde oder die Marschallin singt – in einen Zwiespalt: das humane Engagement, mit dem sie ihre Rolle erfüllt, nimmt für sie ein, die sängerischen Unzulänglichkeiten schaffen Distanzierung.

Ein Sonderfall ist Maria Callas als Kundry. Sie macht binnen kurzem vergessen, daß da italienisch und nicht deutsch gesungen wird (überhaupt ein bemerkenswertes Phänomen: es stört möglicherweise weniger, wenn der Text in fremder Sprache, als wenn er deutsch mit fremden – etwa englischem – Akzent erklingt). Zwar hat die Callas auch schon in dieser Aufführung von 1950 ihre antibelcantistischen Eigenheiten. Aber anders als im Fall von Gwyneth Jones wirkt das mehr als spezifischer Stil denn als Unvermögen. Man erlebt die Callas gar nicht primär als Sängerin, sondern als, wie das einmal formuliert wurde, «Tragödin, die zufällig singt». Wegen Callas, Panerai und Gui ist es schon ein Jammer, daß die technische Qualität dieser Platten so trostlos ist. Sie könnten sonst – trotz der italienischen Version – zu den empfehlenswertesten *‹Parsifal›*-Aufnahmen zählen.

Überhaupt die Aufnahme- und Preßtechnik. Man muß nicht HiFi-Fetischist sein, um auch, und vielleicht gerade für den *‹Parsifal›* den Kunstwert der Stereophonie anzuerkennen. Das gibt eben der Knappertsbusch-Kassette von 1962 den Vorsprung vor dessen vier anderen. Andererseits muß man indigniert vermerken, daß die beiden «modernen» Aufnahmen aus den siebziger und achtziger Jahren unter Boulez und Karajan mit Vorechos behaftet sind, die für *‹Parsifal›* geradezu eine Katastrophe bedeuten. Das ist ein Verhängnis von der Größenordnung, wie wenn Brucknersche Generalpausen durch Vorechos dejustiert werden. Die Musik bricht dann zusammen.

Fazit: rundum – dirigentisch, sängerisch, orchestral, schallplattentechnisch – befriedigt lediglich Knappertsbuschs letzte Bayreuth-Aufnahme. Georg Soltis Einspielung könnte eine der besten sein, hätte er, ein altes Solti-Problem, in der Auswahl seiner Sänger eine ebenso sichere Hand wie im Umgang mit dem Orchester.

Liste der Gesamtaufnahmen *

1950 Vittorio Gui (Panerai, Lopatto, Christoff, Badelli, Modesti, Callas; Chor und Orchester des römischen Rundfunks)
foyer FO 1002

1951 Hans Knappertsbusch (London, van Mill, Weber, Windgassen, Uhde, Mödl; Chor und Orchester der Bayreuther Festspiele)
Decca 6. 35006

1953 Clemens Krauss (London, Greindl, Weber, Vinay, Uhde, Mödl; Chor und Orchester der Bayreuther Festspiele)
Melodram MEL 533

1956 Hans Knappertsbusch (Fischer-Dieskau, Hotter, Greindl, Vinay, Blankenheim, Mödl; Chor und Orchester der Bayreuther Festspiele)
Melodram MEL 563

* *Reihenfolge der Hauptarien: Amfortas, Titurel, Gurnemanz, Parsifal, Klingsor, Kundry.*

1958 Hans Knappertsbusch (Wächter, Greindl, Hines, Beirer, Blankenheim, Crespin; Chor und Orchester der Bayreuther Festspiele)
Melodram MEL 583

1960 Hans Knappertsbusch (Stewart, Ward, Greindl, Beirer, Neidlinger, Crespin; Chor und Orchester der Bayreuther Festspiele) Melodram MEL 018

1962 Hans Knappertsbusch (London, Talvela, Hotter, Thomas, Neidlinger, Dalis; Chor und Orchester der Bayreuther Festspiele)
Philips 6747 250

1970 Pierre Boulez (Stewart, Ridderbusch, Crass, King, McIntyre, Jones; Chor und Orchester der Bayreuther Festspiele)
DGG 2740 143

1972 Georg Solti (Fischer-Dieskau, Hotter, Frick, Kollo, Kelemen, Ludwig; Chor der Wiener Staatsoper; Wiener Philharmoniker)
Decca SET 550/54

1980 Herbert von Karajan (van Dam, von Halem, Moll, Hofmann, Nimsgern, Vejzovic; Chor der Deutschen Oper Berlin; Berliner Philharmoniker)
DGG 2741 002

1982 Armin Jordan (Schöne, Tschammer, Lloyd, Goldberg, Haugland, Minton; Philharmonischer Chor Prag; Philharmonisches Orchester Monte-Carlo)
Erato NUM 750105

Nachweise

Quellen der Texte

Richard Wagners mutmaßlich erste Idee zum «Parsifal». In: Richard Wagner: Mein Leben. Hg. von Martin Gregor-Dellin. List-Verlag, München 1963

Richard Wagner: Erster Prosaentwurf zum «Parsifal». Und: Eine Tagebuchnotiz Richard Wagners zum «Parsifal-Stoff». In: Das Braune Buch. Hg. von Joachim Bergfeld. Atlantis-Verlag, Zürich 1975

Briefe Richard Wagners über «Parsifal» an König Ludwig II. In: König Ludwig II. und Richard Wagner. Briefwechsel. Hg. von Otto Strobel, in 5 Bänden. 3. Band. Karlsruhe 1936–1939

Programmatische Erläuterung Richard Wagners zum Vorspiel des «Parsifal». In: Richard Wagners gesammelte Schriften. Hg. von Julius Knapp, Hesse u. Becker Verlag, Leipzig o. J.

Aus Briefen Richard Wagners an Judith Gautier während der Komposition des «Parsifal». In: Die Briefe Richard Wagners an Judith Gautier. Hg. von Willi Schuh. Rotapfel-Verlag, Zürich/Leipzig 1936

Richard Wagner an Mathilde Wesendonck über die Idee des «Parsifal». In: Richard Wagner an Mathilde und Otto Wesendonck. Tagebuchblätter und Briefe. Hg. von Julius Knapp. Hesse und Becker Verlag, Leipzig o. J.

Felix Weingartner: Erinnerungen an die Parsifal-Aufführungen 1882. In: Felix Weingartner: Lebenserinnerungen. Wien/Leipzig 1923

Hermann Levi: Brief an seinen Vater über die letzte Aufführung des «Parsifal» im Festspielsommer 1882. In: Richard Wagner: Dokumentarbiographie. Bearbeitet von Egon Voss. Goldmann/Schott 1982

Eduard Hanslick: Richard Wagners «Parsifal». In: Eduard Hanslick: Aus dem Opernleben der Gegenwart. Neue Kritiken und Studien. Berlin 1884

Friedrich Nietzsche zu Wagners «Parsifal». In: Friedrich Nietzsche: Werke. 3 Bände. Hg. von Karl Schlechta. Hanser, München o. J.

Alban Berg: «Bayreuth, ein leerer Wahn –!» In: Alban Berg: Briefe an seine Frau. Hg. von Helene Berg. Langen/Müller, München 1965

Igor Strawinsky: Parsifal. In: Igor Strawinsky: Leben und Werk. Atlantis-Verlag, Zürich 1957.

Arnold Schönberg: Parsifal und Urheberrecht. In: Neue Musik-Zeitung. Heft 15, 1912

Ernst Bloch: Das metaphysische Adagio. In: Ernst Bloch: Geist der Utopie. Suhrkamp, Frankfurt a. M. 1973

Thomas Mann über «Parsifal». In: Thomas Mann: Leiden und Größe Richard Wagners. In: Thomas Mann: Gesammelte Werke in 12 Bänden. S. Fischer, Frankfurt a. M. 1960

Theodor W. Adorno: Zur Partitur des «Parsifal». In: Theodor W. Adorno: Musikalische Schriften IV. Suhrkamp, Frankfurt a. M. 1982

Ernst Bloch: Paradoxa in Wagners «Parsifal». In: Ernst Bloch: Literarische Aufsätze. Gesamtausgabe Band 9. Suhrkamp, Frankfurt a. M.1965

Carl Dahlhaus: «Parsifal». In: Carl Dahlhaus: Richard Wagners Musikdramen. Friedrich Verlag, Velber 1971

Robert Gutman: Moralischer Zusammenbruch: «Heldentum» und «Parsifal». In: Robert Gutman: Richard Wagner – Der Mensch, sein Werk, seine Zeit. Piper, München 1970

Hartmut Zelinsky: Der verschwiegene «Gehalt» des «Parsifal». In: Hartmut Zelinsky: Rettung ins Ungenaue. Musik-Konzepte 25 (hg. von Heinz-Klaus Metzger und Rainer Riehn). Edition Text und Kritik, München 1982

Hartmut Zelinsky: Richard Wagners letzte Karte. In: Wochenendbeilage der Süddeutschen Zeitung vom 24./25. Juli 1982

Joachim Kaiser: Hat Zelinsky recht gegen «Parsifal»? In: Süddeutsche Zeitung vom 27. Juli 1982

Hartmut Zelinsky: Erwiderung auf Joachim Kaiser. In: Süddeutsche Zeitung vom 21./22. August 1982

Carl Dahlhaus: Erlösung dem Erlöser. In: Süddeutsche Zeitung vom 27. August 1982

Quellen der Abbildungen

S. 4/5 Der Gralstempel, Bühnenbildentwurf von Paul von Joukowsky (Richard-Wagner-Gedenkstätte in Bayreuth)
S. 87 Joseph Albert, München
S. 106 Bayerisches Hauptstaatsarchiv München (Geheimes Hausarchiv)
S. 111 Foto aus: Karl Ipser: Richard Wagner in Italien, Salzburg 1951
S. 113 Richard-Wagner-Archiv Bayreuth
S. 115 Foto: Nadar, Paris 1875
S. 126 Zeichnung von Kirchhoff (Theatermuseum, München)
S. 132 Richard-Wagner-Gedenkstätte in Bayreuth
S. 169 Aus: Ernst Kreowski und Eduard Fuchs: Richard Wagner in der Karikatur. Berlin 1907
S. 174 Foto: Hoffmann, München
S. 253 Joseph Albert, München

Über den Verfasser des Essays

Egon Voss wurde 1938 in Magdeburg geboren. Einem Schulmusikstudium in Detmold schloß sich ein Studium der Germanistik, Musikwissenschaft, Philosophie und Pädagogik in Kiel und Münster an. Nach dem Staatsexamen in Germanistik, das er 1964 ablegte, studierte er Musikwissenschaft in Köln, Kiel und Saarbrücken. 1968 promovierte er zum Dr. phil. mit ‹*Studien zur Instrumentation Richard Wagners*› (Buchveröffentlichung Regensburg 1970) an der Universität Saarbrücken. Seit 1969 Herausgeber und hauptamtlicher Redakteur bei der Richard-Wagner-Gesamtausgabe in München.

Über den Verfasser der Diskographie

Joachim Matzner, geboren 1931 in Berlin, studierte an der Freien Universität Musikwissenschaft, Publizistik und Physik und promovierte 1967 zum Dr. phil. Ab 1958 journalistische Tätigkeit, u. a. Musikkritiker bei der *Welt*, danach Rundfunkredakteur beim RIAS. Von 1972–77 Musikredakteur beim Süddeutschen Rundfunk, seit 1977 Leiter der Abteilung Ernste Musik beim Bayerischen Rundfunk.

Über die Herausgeber

Attila Csampai, geboren 1949 in Budapest, studierte Musikwissenschaft, Theatergeschichte, Philosophie, Soziologie und Mathematik in München und arbeitet dort seit 1974 als freier Musikschriftsteller. Er schrieb zahlreiche Essays und Werkkommentare für Konzert- und Opernprogramme und Platteneditionen sowie Aufsätze in Fachzeitschriften. Daneben Rundfunksendungen und von 1975–78 Rezensent bei «Hi Fi Stereophonie». Seit 1978 dramaturgische Mitarbeit und musikalische Beratung bei verschiedenen Opern- und Theaterinszenierungen. Von 1980–83 ständige freie Mitarbeit beim Bayerischen Rundfunk als Autor und Programmgestalter; seit Herbst 1983 Redakteur für symphonische Musik.

Dietmar Holland, geboren 1949, studierte in München Musikwissenschaft, Philosophie und Theatergeschichte. Arbeitet derzeit an der opernästhetischen Dissertation und veröffentlichte außer Essays über musikalische Sachfragen Werkkommentare für Konzert- und Opernaufführungen bzw. -aufnahmen. Musikkritische Tätigkeit und Musiksendungen beim Rundfunk sind weitere publizistische Arbeitsgebiete. Seit der Spielzeit 1979/80 ist er Programmheftredakteur der Münchner Philharmoniker.

(Fortsetzung auf nächster Seite)